Agnes Essl

Wie ein gewebter Teppich

Agnes Essl

Wie ein gewebter Teppich

Ein Leben für die Kunst

unter Mitarbeit von Gert Dressel

MIT 85 ABBILDUNGEN

Frau Antje Metzler sehr herzlich
gewidmet von

Agnes Essl

13. August 2013

Amalthea

Besuchen Sie uns im Internet unter
www.amalthea.at

Umschlaggestaltung: Kurt Hamtil, Wien
Umschlagfotos:
Hintergrund: Wort-gewebt/Herz-hell, © by Franka Lechner, 2010;
Foto: Graphisches Atelier Neumann, Wien © by VBK, Wien, 2012
Herstellung und Satz: Franz Hanns
Gesetzt aus der 11/13,8 Punkt Adobe Garamond
Printed in EU
ISBN 978-3-85002-803-5

Inhalt

III. Leidenschaft für die Kunst

IV. Anhang

Für meine Kinder

Andrea, Heinz, Martin, Gudrun und Elisabeth

sowie für meine Enkelkinder

Thomas, Stefan, Isabella, Simon, Natascha,

Marian, Agnes, Sophie, Daniel und Olivia

Schlussendlich fügt sich alles wie ein gewebter Teppich zusammen; manchmal entstehen kräftige Knoten; schließlich soll sich noch ein feines Gewebe einfügen, damit es zu guter Letzt ein wunderbares Ganzes ergibt.

Agnes Essl

Im Idealfall sollen die Strukturen des Erlebens sich mit den Strukturen des Erzählens decken. Das wäre, was angestrebt wird: phantastische Genauigkeit. Aber es gibt die Technik nicht, die es gestatten würde, ein unglaublich verfilztes Geflecht, dessen Fäden nach den strengsten Gesetzen ineinandergeschlungen sind, in die lineare Sprache zu übertragen, ohne es ernstlich zu verletzen.

Christa Wolf

I.

Kindheit und Jugend

Meine Herkunft

Am Pfingstsonntag des Jahres 1937 wurde ich in Klosterneuburg bei Wien geboren. Es war der 16. Mai. Meine beiden Schwestern, Roswitha und Lore, waren acht und neun Jahre älter als ich. Eigentlich hatte man sich endlich einen männlichen Stammhalter erwartet. Daher war die Enttäuschung anfangs groß. Als Kind zog man mir immer wieder Hosen an. Ich sah aus wie ein Bub, der später einmal das Geschäft »seines« Vaters übernehmen sollte.

Mein Vater Fritz Schömer, ein Jahrgang 1902, soll als Kind angeblich ein sehr herziger Junge und ein Schlaumeier zugleich gewesen sein. Sein älterer Bruder Karl erzählte einmal: »Wenn er beim Spaziergang eine Nuss vor sich am Boden liegen sah, meinte er zu seinen Geschwistern: ›Da liegt eine Nuss. Man kann sie aufheben!‹ – Und das taten die anderen dann auch.«

Später hatte er nicht wie seine Brüder in die Fußstapfen einiger seiner Vorfahren, die Architekten gewesen waren, treten wollen. Stattdessen besuchte er die Weinbauschule in Klosterneuburg, um Weinhauer zu werden. Doch eine schwere Blutvergiftung, die seine linke Hand in lebenslange Mitleidenschaft zog, beendete diesen Traum. Stattdessen gründete er nach dem Ersten Weltkrieg sein erstes Geschäft. Er verkaufte zunächst Kohle, die er über Verwandte aus Mähren bezog. Die verteilte er in seiner Familie und unter den Freunden. Dann kamen Koks und Holz hinzu. Anfangs hatte er selbst seine Waggons am Bahnhof entladen und seine Ware zum Lager geführt, einer Baracke an der Donau. Später überließ ihm sein Vater seine ehemalige Betonwerkstätte in der Agnesstraße in Klosterneuburg, wo auch das stattliche Wohnhaus stand. Pferde, Wagen und Kutsche kamen hinzu. Es gab auch zwei Kutscher, die die beiden Pferde, Lax und Steirer genannt, betreuten. Mit einem großen Wagen und den Pferden wurden die Brennstoffe an die Kunden geliefert.

Mein Vater machte schon früh eine wichtige Bekanntschaft. Um einen Schulfreund in der Südsteiermark zu besuchen, nahm er in Wien die Südbahn. In Gloggnitz stieg eine Dame zu, die von ihrer Tochter zum Bahnhof gebracht worden war; sie blieb seine Reisegefährtin bis Sauritsch. Diese Dame hieß Marie von Saint George. Sie wurde später seine Schwiegermutter und ihre Tochter Hertha seine Frau und meine Mutter. 1925 sahen sich mein Vater und die drei Jahre jüngere Hertha von Saint George wieder. Fritz begleitete Hertha und ihre Cousine zu einer Aufführung ins Burgtheater. Als es beim Heimkommen in das Wiener Domizil der Saint Georges – man ging natürlich zu Fuß – etwas später wurde, machte unser Vater die Bekanntschaft mit einem aufgebrachten Herrn von Saint George.

Jugendfoto meines Vaters, 1922

Meine Mutter schilderte mit ihrem goldenen Humor einmal meines Vaters erste Liebesbekundung. Er wagte es nicht, sich direkt zu erklären, sondern sprach während eines Spazierganges stets von dem schönsten und liebsten Mädchen, das er meiner Mutter unbedingt zeigen wolle, bis er endlich in einer Auslage einen großen Spiegel entdeckte und erleichtert ausrief: »Da ist sie!«

Als er bei den Eltern Herthas um deren Hand anhielt, knurrte ihn Vater Saint George misstrauisch an: »Ja, können Sie denn überhaupt eine Frau und später eine Familie ernähren?«

Nun, er konnte, und 1926 wurde in der evangelischen Kirche geheiratet. Das war etwas ungewöhnlich, denn die Familie meines Vaters war katholisch, aber das Familienoberhaupt der Saint Georges hätte niemals einer katholischen Heirat zugestimmt. Er stammte aus einer

Meine Großeltern von Saint George, 1911

uralten Hugenottenfamilie, deren Geschichte sogar von Johann Heinrich Jung-Stilling, einem Freund Goethes, aufgezeichnet worden war. Mein Großvater stammte von einem Adam de Saint George, 1583 geboren, ab. Unter den Saint Georges gab es Kaufleute, Landwirte, aber auch einen Pfarrer. Alles in allem war es nicht verwunderlich, dass wir später sehr streng und pietistisch erzogen wurden.

In den ersten Ehejahren mussten meine Eltern öfters übersiedeln; Wohnungen waren zu dieser Zeit knapp. Schließlich wurde durch Tausch Platz im Elternhaus meines Vaters geschaffen. Während mein Vater weiterhin sein Geschäft ausbaute und auch Baustoffe ins Programm aufnahm, stellte sich Nachwuchs ein. Meine Schwester Lore wurde 1928 geboren, ein Jahr darauf meine Schwester Roswitha. Nachdem mein Großvater Saint George ganz unerwartet nach einer Operation gestorben war, wurde der Landsitz der Saint Georges bei Gloggnitz verkauft. Mit dem Erlös konnten sich unsere Eltern ein Wohnhaus in der Weidlinger Straße in Klosterneuburg kaufen, das vom Großvater Schömer für einen ehemaligen General gebaut worden war. Seit 1935 bewohnt unsere Familie nun diese Villa. Auch meine geliebte Großmutter Marie Saint George, die wir Omama nannten, zog aus Wien in eine eigene kleine Wohnung in diesem Haus.

Meine Schwestern und ich liebten es, bei ihr zu sein, mit ihr zu plaudern und zu spielen, oder auch ihr zuzuhören, wenn sie Klavier spielte. Erst als verheiratete Frau hatte sie ein Instrument, ein wunderschönes noch dazu, bekommen. Es ist später in meinen Besitz übergegangen. Bei dem vergeblichen Versuch, meiner fünfjährigen Schwester Lore das Spielen beizubringen, sagte sie immer wieder: »Wenn ich früh genug Gelegenheit zum Üben gehabt hätte, wäre ich gewiss eine berühmte Pianistin geworden!«

Klavierspielen haben wir drei Mädchen aber alle gelernt, mit mehr oder weniger Erfolg. Für meine Ohren spielte Omama ganz wunderbar. Ich erinnere mich an meine Mittagsruhe in ihrem Wohnzimmer und dass sie mich regelmäßig in den Schlaf spielte. Noch als ältere Frau saß sie nach dem Mittagessen immer am Klavier. Sie war stets geschmackvoll gekleidet und trug gerne Schmuck. Sie erzählte mir einmal, dass sie sich immer, bevor ihr Mann vom Büro nach Hause gekommen war, umgezogen und ihre wunderschönen Haare gerichtet hätte. Bis an ihr Lebensende trauerte Omama um ihre Tochter Emmi, die bereits als Kind verstorben war. Dieses Ereignis überschattete auch die ersten Lebensjahre meiner Mutter, die von einem Kindermädchen aufgezogen wurde. Wie auch immer: Omama ganz in der Nähe zu haben, war herrlich für uns.

Meine Mutter mit ihrem ersten Kind, 1928

Kindheit in Kriegs- und Nachkriegszeit

Meine Schwester Lore hat mir so einiges aus ihrer Kindheit erzählt, auch über die Jahre, die ich, obwohl schon geboren, nicht mehr bewusst und nur schemenhaft in Erinnerung haben kann. 1938 kam es zum »Anschluss« Österreichs an das nationalsozialistische Deutsche Reich. Viele wurden von einer euphorischen Stimmung erfasst; viele glaubten, es breche das »goldene Zeitalter« an. Nicht wenige waren auch deutschnational eingestellt. Unsere Eltern bezogen eine Zeitlang deutsche Zeitungen und diverse Illustrierte. Diese landeten in einem Kabinett am Dachboden, wo meine Schwestern gerne spielten. Alte Möbel standen dort, und drinnen lag etwa auch die Zeitschrift »Der getreue Eckart«. Meine Schwester Lore liebte es, hier zu lesen.

Als Hitler mit seinen Truppen einmarschierte, meinte mein Vater, wie so viele andere, ihm entgegenfahren zu müssen, um ihn zu begrüßen. Hitler kam aber letztendlich gar nicht zu dem angekündigten Zeitpunkt – und so fuhr man unverrichteter Dinge wieder heim. Meinen Schwestern war das alles ziemlich egal. Sie waren damals neun und zehn Jahre alt. In der Zeit darauf kam viel deutsches Militär nach Österreich. Alle bemühten sich darum, auch einen deutschen Soldaten zu beherbergen. Unsere Mutter nahm ebenfalls einen auf: einen Funker, der im Dienstbotenzimmer wohnte. Ebenso waren im Nachbarhaus einige untergebracht. Abends trafen sich dort die Soldaten. Auch meine Schwestern waren manchmal dabei, um vom sogenannten Kommissbrot zu kosten.

Meine Schwester Lore war öfters bei ihrer Freundin zu Besuch, deren Vater Offizier war und mit seiner Familie in der Magdeburgkaserne in Klosterneuburg lebte. Daneben gab es Truppenübungsplätze. Dort trieben sich die beiden gerne herum. Auf dem Übungsplatz wuchsen eine Menge Weidenbüsche, die sie zusammenbanden und daraus Häuser für ihre Puppen bauten. Einmal saßen sie wieder in ihren Weidenpuppenhäusern, als es plötzlich vorne und hinten zu krachen begann. Ganz aufgeregt stürzte ein Soldat auf sie zu und rief: »Ja, was macht ihr denn da? Wir haben eine Übung! Schaut, dass ihr weiterkommt, denn sonst passiert noch etwas!«

Es waren aufregende Momente, die meine Schwester nie vergessen sollte. Als sie meiner Mutter davon erzählte, ging daheim noch einmal ein Donnerwetter los. Unsere Mutter war sehr schlagkräftig, manchmal auch im wahrsten Sinn des Wortes, und ihre Strenge ließ sie uns Mädchen immer wieder spüren.

Mit besonderer Hingabe legte unsere Mutter übrigens stets Wert auf unsere Haarpracht. Solange wir daheim wohnten, frisierte sie uns jeden Morgen und legte uns damit sozusagen die Zügel an. Ich litt darunter sehr. Lore ließ sich das eher gefallen. Meine Schwester Roswitha hatte eine Sonderstellung bei unserer Mutter, sie durfte sich selbst frisieren. Als wir noch Kinder waren, steckte Mutti meinen beiden Schwestern die Zöpfe in Schneckenform über den Ohren fest. Sie nannte das die Biedermeierfrisur. Bei jeder raschen Bewegung lösten sich die Zöpfe, und unsere Mutter musste vor allem der Lebhaftesten

Familienfoto mit Omama Marie von Saint George, 1942

von uns, nämlich Lore, unter heftigem Schimpfen die Pracht wieder in Ordnung bringen. »Warst wieder einmal schlimm, und jetzt siehst du furchtbar aus!« Später entschieden wir uns für die Gretelfrisur, die etwas besser hielt.

Ich selbst war als Kleinkind oft krank. Ich war sehr zart und erwischte jede Kinderkrankheit: Masern, Mumps, Röteln, Scharlach, Keuchhusten und im Alter von fünf Jahren auch Kinderlähmung. Diese Krankheit war damals gang und gäbe und gerade deshalb sehr gefürchtet. Viele Kinder und auch manche Erwachsenen wurden nicht mehr gesund, weil man kaum eine Medizin dagegen kannte. Nachdem meine Mutter eine Gesichtslähmung bei mir festgestellt hatte, ging sie mit mir sofort zu unserem Hausarzt, der uns mit der Rettung ins Wiener Wilhelminenspital schickte. Dort wurde ich nochmals untersucht und abrupt von meiner Mutter getrennt. Es war für uns beide eine schreckliche Situation. Wir weinten bittere Tränen. Auch meine Omama, meinen Vater und meine Schwestern vermisste ich. Ich fühlte mich verstoßen. Erst viel später konnte man mich davon überzeugen, dass ich vor vielem bewahrt worden war, denn ich wurde wieder ganz gesund. Aber als ich wieder heimdurfte, war meine Kinderseele verändert. Ich war ein ernstes, dünnes Kind geworden, weinte viel und war sehr ängstlich. Die Versorgungslage im Land wurde, je länger der Krieg dauerte, immer schlechter. Man musste viel Fantasie aufbringen, mit so wenigen Lebensmitteln eine halbwegs gute und nahrhafte Speise auf den Tisch zu bringen. Mein Appetit ließ zu wünschen übrig, obwohl man mir sicher die besten Stücke anbot. Meine Mutter hatte zu wenig Zeit, um sich stundenlang zu mir zu setzen und mir gut zuzureden. Dafür wurde meine Schwester Roswitha auserkoren, die mich mit wenig Einfühlungsvermögen zum Essen zwang. Ich bin sicher, sie hätte die Leckerbissen, die ich bekam, gerne selbst gegessen.

Ich besuchte keinen Kindergarten. So war ich nicht gewohnt, mit vielen Kindern zusammen zu sein. Unser Spielplatz war entweder unser Kinderzimmer oder unser Garten, in dem ein wunderhübsches Lusthaus stand, das von uns als Spielhaus benutzt wurde. Wir durften unsere Puppenmöbel, die Puppenküche und natürlich unsere Puppen mitnehmen und spielten typische Mädchenspiele. Lore und Roswitha spielten miteinander, während ich mit einem Mädchen in ungefähr gleichem Alter befreundet war, das im Untergeschoss unseres Hauses wohnte. Im Nebenhaus lebte eine Freundin von mir, mit der ich mich über die Gartenmauer hinweg austauschte. Oder wir besuchten uns gegenseitig in unseren Gärten. Um die Weihnachtszeit durfte ich mit ihr, ihren Geschwistern und ihrer Mutter Weihnachtsbäckerei fabrizieren. Den Duft der Kekse habe ich noch heute in der Nase.

In Klosterneuburg merkte man zunächst nicht allzu viel vom Krieg. Hin und wieder kamen Verwundetentransporte, man hörte manchmal von einem, der gefallen oder verletzt war, aber gekämpft wurde hier nicht. Unser Vater war glücklicherweise nicht eingerückt, da er wegen seiner steifen Hand kein Gewehr bedienen konnte. Er war »unabkömmlich« gestellt. Alle drei Monate musste er sich bei einer Kommission melden, die seinen körperlichen Zustand überprüfte. Aber er kam jedes Mal triumphierend heim: »Ich bin wieder ›uk‹ gestellt!«

Seine Aufgabe war es, die Bewohner der Stadt mit Brennstoffen zu versorgen. So betrieb er auch während des Krieges sein Geschäft weiter. Zu Kriegsbeginn hatte er zwei Lastautos und drei Pferde mit Fuhrwerken. Eines Tages musste unser Kutscher Anton Fleischmann, eine treue Seele, samt den Pferden einrücken. Unser Vater kaufte neue Pferde und bekam auch zwei junge Burschen aus Ungarn, die nun die Tätigkeit von Herrn Fleischmann übernahmen.

1943 kam ich in die Schule – ein Albtraum für mich! Meine Lehrerin, sie gehörte der nationalsozialistischen Partei an, begrüßte uns mit einem deutlichen »Heil Hitler«. Ich hatte noch nie so gegrüßt, und so kam ein zaghaftes »Grüß Gott« über meine Lippen. Mehr habe ich nicht gebraucht. Sie ließ mich vortreten und zeigte mir den berüchtigten Hitlergruß. Dabei funkelte sie mich mit ihren bösen Augen an. Sobald sie in der Pause die Klasse für einen Augenblick verließ, nahm ich meine Schultasche und lief so schnell ich konnte nach Hause. Daheim sagte ich: »Ich will nicht in die Schule gehen!«

Man versuchte mir zu erklären, dass zu lernen und zur Schule zu gehen meine Pflichten wären. Nicht einmal meine Tränen halfen. Tags darauf begleitete mich Omama in die Schule und versprach mir, bei mir zu bleiben. Sie saß während des Unterrichts in der letzten Bank. Das wurde drei Tage lang erlaubt, dann wurde ich zum Direktor beordert. Auch er versuchte mir klarzumachen, dass es meine Pflicht sei, die Schule zu besuchen. Punkt! Ich spüre noch heute das Gefühl der Abneigung gegenüber meiner Lehrerin und ihren Unterrichtsmethoden.

Meine Eltern, 1944

Wie viele andere junge Mädchen musste auch Lore in den letzten Kriegsjahren in einer Fabrik arbeiten, zunächst in der Samum-Fabrik in Wien, in der Packpapier, vor allem aber Zigarettenpapier für Soldaten hergestellt wurde. Während dieses Kriegseinsatzes erlebte sie etwas, das sie sehr berührte. Wieder einmal fuhr sie mit der Bahn von Wien nach Hause, als eine alte, schwer bepackte Frau zustieg. Lore erkannte sie kaum, so abgehärmt sah ihre ehemalige Lehrerin Frau Buckwitz aus. Meine Schwester fragte die wegen des Gewichts und des schweren Asthmas Keuchende, ob sie ihr vielleicht helfen könnte. Sie antwortete leise: »Ich kann nicht darüber reden, später erzähle ich dir alles!«

Meine Schwester half ihr beim Tragen der Pakete und lud sie kurz zu uns nach Hause ein. Oben, bei unserer Mutter, brach das ganze Elend aus ihr heraus. Sie erzählte, man hätte bemerkt, dass sie und ihr Bruder »Halbjuden« seien. Beiden waren daher die Lebensmittelkarten weggenommen worden. Glücklicherweise war ihre Mutter, die mit ihnen zusammenwohnte, »Arierin«, wie man im nationalsozialistischen Jargon sagte, und so hatten sie zu dritt wenigstens eine Karte. Frau Buckwitz wurde zur Zwangsarbeit eingeteilt und musste zu Hause aus großen Papierrollen Papiersäcke kleben. Es war kurz vor Weihnachten, und unsere Mutter buk auch für sie Kekse. Lore ging daraufhin jeden Samstagnachmittag nach ihrem Dienst in der Samum zu Frau Buckwitz in die Wohnung und half ihr, Papiersäcke zu kleben. Es kamen auch andere junge Mädchen, um zu helfen. Nach dem Krieg erfuhren wir, dass sie von so manchen Nachbarn mit Lebensmitteln versorgt worden war. Auch in der Samum waren »Halbjuden« zur Arbeit zwangsverpflichtet worden. Lore berührte das sehr.

Luftangriffe gab es, seit ich in der Schule war. Wenn der Fliegeralarm ertönte, mussten wir die Klasse sofort verlassen und in die Keller des Stifts Klosterneuburg tief hinuntersteigen. Ängstlich saßen wir da, enganeinandergeschmiegt, weinend und verzweifelt, weil wir Angst hatten, alles um uns würde in Staub und Asche zerfallen. Wir waren damals ja noch kleine Mädchen. Auch die Buben weinten mit uns. Jeder von uns wollte viel lieber bei seinen Eltern sein, um nicht allein sterben zu müssen. Es war eine schreckliche Zeit; niemand wusste, ob wir heil aus dem Kellergewölbe wieder herauskommen würden. Einmal, es wird Anfang 1945 gewesen sein, hatten wir furchtbare Angst, als Lore nach einem schweren Bombenangriff nicht nach Hause kam. In Klosterneuburg ging das Gerücht um, dass die Samum bombardiert worden sei. Meine Eltern befürchteten das Schlimmste. Das Gerücht stimmte glücklicherweise nicht, die Bomben fielen »nur« in den Hof der Fabrik und zerstörten alle Fenster, die Heizung und alle Leitungen. Aber es fuhren keine Züge mehr, und so mussten alle zu Fuß nach Hause eilen. Trotzdem erwartete man von den Arbeitern, dass sie am nächsten Tag wieder um sieben Uhr in die Fabrik zu den Aufräumungsarbeiten kamen. Alle Toiletten waren kaputt und es war bitterkalt. Trotz allem musste die Arbeit getan werden. Meine Schwester holte sich einen Blasenkatarrh. Zu ihrem Glück konnte unser Vater sie für den eigenen Betrieb anfordern. Sie half im Büro. Es waren nun immer tristere Zeiten, denn es gab kaum mehr Brennmaterial zu kaufen. So bestand Lores einzige Tätigkeit darin, die Kunden zu beruhigen und zu sagen: »Es tut uns leid, wir haben kein Brennmaterial für Sie!«

Dann hörte man, dass »die Russen« im Anmarsch wären. Wir hatten große Angst und empfanden das in keiner Weise als Befreiung, denn man erzählte von Vergewaltigungen. Die Deutschen hatten während des Russlandfeldzugs gemordet und vieles zerstört. Wir fürchteten, die sowjetischen Soldaten würden sich dafür revanchieren. In den letzten Tagen, als sie schon im Tullnerfeld waren, richteten wir uns so gut es ging im Keller unseres Hauses ein. Dort standen Stockbetten und andere Möbel. Auch einige Nachbarsfamilien zogen bei uns ein, denn nicht alle hatten einen Keller, um sich in Sicherheit zu bringen. Dann erreichte die Rote Armee mit LKWs über Kierling Klosterneuburg und suchte die Häuser nach Wehrmachtssoldaten ab. Eines Nachts kamen sowjetische Soldaten in unser Haus. Wir lagen aneinandergeschmiegt auf einer Pritsche. Plötzlich näherte sich uns ein Soldat. Wir fingen an zu weinen. Da tauchte ein großer blonder Russe auf, schob den Mann zur Seite und schenkte meiner Schwester einen Apfel. Wir heulten weiter, und endlich gingen die Soldaten wieder, ohne uns Leid zuzufügen. Wir versperrten ab diesem Zeitpunkt unser Haus. Wenn es läutete, zogen sich die großen Mädchen in ein Versteck unter der Stiege im Keller zurück. Dort gab es Gerümpel, und der Eingang wurde verbarrikadiert. Die kleinen Mädchen blieben mit den alten Frauen und Männern im Kellerraum. Unsere Mutter und einige andere Frauen versteckten sich am Dachboden. Unser Haus hat zwei Türme, unter denen je ein Dienstbotenkabinett lag. Mit einer Leiter, die aufgezogen wurde, konnte man unter eines der Türmchen klettern. Dort im Matratzenlager, mit Decken versehen, war man sicher. Wir hatten auch ein Codewort. Wenn fremde Menschen bei uns läuteten und wir öffnen mussten, riefen wir entweder »Mama« für: Es droht keine Gefahr! Oder »Papa« für: Macht euch aus dem Staub!

Wenn ich heute daran denke, spüre ich wieder diese Angst in mir. Über viele Jahre hatte ich das alles vergessen.

Eines Tages, nachdem sich wieder einmal alle Frauen und Mädchen auf dem Dachboden versteckt hatten, rannte unser Vater die Stiege hinauf und rief atemlos: »Es werden siebzig Matrosen bei uns einquartiert, sofort aus dem Haus mit euch!«

Unser Haus hat einen zweiten Ausgang in den Garten. Von dort kam man entlang des Baches auf einem schmalen Weg zu einigen Häusern in unserer Nachbarschaft. Meine beiden Schwestern fanden vorerst Unterschlupf bei einer befreundeten Familie. Auch dort hatten am Tag vorher sowjetische Soldaten nach Frauen gesucht. Schlussendlich wurden meine Schwestern zu Großvater Schömer gebracht, der etwa einen halben Kilometer von uns entfernt wohnte. Ich selbst lag mit hohem Fieber und einer Mundfäule, einer unangenehmen Krankheit, im Bett. Meine Eltern und Omama räumten noch rasch Porzellan, Silber und Wäsche auf den Dachboden, den sie daraufhin absperrten. Dann hieß es auch für uns, das Haus in Richtung Großvater zu verlassen.

Großvater Schömer, 1944

Meine Mutter packte mich auf einen Leiterwagen und zog mich durch die Hintertür hinaus. Dann geschah etwas Entsetzliches. Mein Vater wurde im Garten von russischen Soldaten an die Wand gestellt. Man drohte, ihn zu erschießen. Wir beide hörten meinen Vater vor Verzweiflung schreien – und dann einen Schuss! Weinend und mit letzter Kraft zog meine Mutter den Leiterwagen den Berg hinauf. Immer wieder flehte ich sie an, mich doch selbst laufen zu lassen, aber sie hörte nicht auf mich. Endlich kamen wir völlig verstört im Elternhaus meines Vaters an. Ich kann mich nur noch erinnern, dass irgendwann Omama bei uns eintraf – und auch mein Vater! Wir waren überglücklich, wieder vereint zu sein.

Wenige Tage nach diesem Ereignis kam die erlösende Nachricht, dass der Krieg zu Ende war. Das war mein Geburtstagsgeschenk in diesem Jahr. Im Moment hatte sich aber für uns nicht viel verändert. Russische Matrosen waren in unser Haus gezogen, und unser Vater bemühte sich darum, für uns eine Wohnung zu finden. Vom Wohnungsamt wurde uns eines Tages die Wohnung eines geflüchteten Nationalsozialisten zur Verfügung gestellt. Unsere Eltern zeigten den Besitzern des Hauses einen Überweisungsschein von der Behörde. Wir sollten hier ins leerstehende Untergeschoss einziehen, bis unser Haus wieder frei wurde. Damals wohnten nur zwei alte Damen – zwei Schwestern – hier. Sie waren die Hausbesitzerinnen. Eine von ihnen regte sich über die Einweisung so auf, dass sie der Schlag traf und noch am gleichen Tag verstarb. Unsere Eltern und Großmutter machten sich schreckliche Vorwürfe. Ursprünglich hatte die Wohnung einer dreiköpfigen Familie gehört. Der Mann war eingerückt und mit einer »Reichsdeutschen« verheiratet, wie man damals zu den Deutschen sagte. Weil die junge Frau mit dem Baby nicht alleine in der sowjetischen Zone leben wollte, war sie mit dem Kind geflüchtet. Dadurch stand die Wohnung leer. Es war eine moderne, saubere und schöne Wohnung, auf die wir sehr aufpassten. Mehr und mehr freundeten wir uns mit der Schwester der Verstorbenen an und sagten schließlich Tante zu ihr. Ihr Name war Claudia Salzer. Bis zu ihrem Tod war unsere Familie mit Tante Claudia innig verbunden.

Als wir dort untergebracht waren, tauchte meine Patentante Hansi aus Kirchstetten bei St. Pölten bei uns auf, wo ihr Mann als Gemeindearzt tätig war. Sie brachte uns verschiedene Lebensmittel, die ihr Mann oft von seinen Patienten anstelle von Geld bekam. Eines Tages brachte sie auch Eier mit, die damals eine Kostbarkeit waren. Unsere Mutter kochte gleich für jeden ein weiches Ei, ein langersehnter Genuss. Meiner Schwester Lore wurde wahnsinnig schlecht. Am nächsten Tag erklärte die herbeigerufene Ärztin, sie hätte Typhus und müsse ins Spital. Unsere Mutter hatte panische Angst vor Krankenhäusern und weigerte sich, Lore dorthin zu geben. Diese Angst war damals wegen der sowjetischen Besatzung berechtigt, denn auch im Spital suchten sie nach Frauen. Lore hatte glücklicherweise nur einen leichteren Paratyphus. Sie bekam ein kleines Zimmerchen im Haus zugewiesen, das sie während ihrer Krankheit nicht verlassen durfte. Sie konnte mit kaum jemandem in Kontakt treten. Als einzige Medizin bekam sie Abführmittel verordnet.

Großvater Schömer stellte uns ein Grundstück in einem kleinen Nachbarort zur Verfügung. Dort bauten Omama, unser Vater und meine Schwestern Gemüse, Kartoffeln, Fisolen, Kraut, Mohn und Hirse, an. Langsam kehrten auch einige der Arbeiter unserer Firma aus dem Krieg zurück. Immer wieder kam einer von ihnen und erklärte meinem Vater, dass er wieder arbeiten möchte. Darauf mein Vater: »Ich habe keine Arbeit für Sie. Es gibt weder Holz noch Kohle. Aber ich habe ein Grundstück, und dort kann jeder etwas anbauen.«

Wenn die wirtschaftliche Lage problematisch ist, wird der Beschaffung von Lebensmitteln größte Priorität zugemessen. Was fängt man mit Geschirr, Damasttischwäsche und Silberbesteck an, wenn es an Nahrung mangelt? Nun, wir hatten weder das eine noch das andere, jeder hatte Hunger, und so manche Krankheit hat uns zu schaffen gemacht.

Ende August 1945 waren die desolaten Kasernen, die die Deutschen zu sprengen versucht hatten, wieder so weit hergerichtet, dass die sowjetische Besatzungsmacht aus den Privathäusern dorthin übersiedeln konnte. So durften wir wieder in unser Haus in die Weidlinger Straße zurück. Aber wie sah es hier aus! Bis auf einige große Möbelstücke, die man schlecht abtransportieren konnte, war das Haus leer geräumt. Es war vom Keller bis zum Dachboden, der aufgebrochen war, verschmutzt. Weil die Senkgrube nicht geleert worden war, hatten die Soldaten ihre Notdurft am Dachboden verrichtet und statt Klosettpapier die Seiten von Büchern aus unserer Bibliothek verwendet. Es war furchtbar! Zuerst war man bemüht, die notwendigsten Räume zu säubern, dann versuchten unsere Eltern, Sessel und Betten von Freunden und Bekannten zu bekommen. Weil man ja nichts kaufen konnte, suchten meine Schwestern mit den Eltern nach Brauchbarem auf dem Dachboden. Das Porzellan war größtenteils zerschlagen, die Bettwäsche, die man dort gelagert hatte, war zerrissen und beschmutzt, ebenso die Tischwäsche, die Kleider, die Wäsche. Es war ein völliges Desaster. Es schmerzt mich bis heute, dass auch die Fotoalben zerstört worden waren. Nur einige wenige Bilder konnten noch gefunden werden. Sie wurden gewaschen und sahen nach dem Trocknen dementsprechend aus. Aber sie sind mir bis heute wichtige und schöne Erinnerungen.

1945 war es auf den Straßen schrecklich schmutzig; es gab weder eine Müllabfuhr noch eine Straßenreinigung. Die Stadt war in einem schrecklichen Zustand. Man sah nur Fahrzeuge der Roten Armee, ab und zu vielleicht ein altes Waffenrad, soweit es nicht von den Besatzungssoldaten konfisziert worden war. Damals gab es in unserer Straße einige kleine Geschäfte: eines für Lebensmittel, ein anderes für Gemüse und Obst, einen Fleischhauer gleich nebenan und ein Milchgeschäft. Gegenüber hatte es einen Bäcker gegeben, der von den Russen kurzerhand erschossen worden war. Ein Geselle führte in der Folge das Geschäft weiter. Aber nirgends gab es genug, alles war rationiert. Nur für das Allernötigste hatte man Lebensmittelkarten. Aus Beständen der deutschen Wehrmacht gab es die sogenannte »Erbsenspende«: Hülsenfrüchte mit Würmern, die man ausklauben musste. Ich erinnere mich an die Abende, an denen die ganze Familie zusammensaß und mit Grauen diese Arbeit verrichtete. Bevor die sowjetischen Soldaten gekommen waren, hatte die einheimische Bevölkerung die Lager der Wehrmacht geplündert, um zu Lebensmitteln zu kommen. Das Wenige, das noch geblieben war, wurde von den Russen an die Zivilbevölkerung weitergeleitet. Hauptsächlich waren das eben Erbsen und auch schlechtes Mehl, das zu Brot verarbeitet wurde. Das schmeckte entsprechend grauslich, aber es gab nichts anderes. Zum Glück hatten wir Fließwasser, meistens elektrischen Strom, aber keine Heizung. Im Winter saßen wir alle in der Küche um einen kleinen Ofen, den unser Vater gebracht hatte. Dieser »Molly-Ofen« war emailliert, mit einer kleinen Kochplatte oben, unten befand sich ein Ölbrenner, und das Öl tröpfelte von oben hinunter ins Feuer. Diese Öfen hat unser Vater später auch verkauft. Wir saßen bei einer Petroleumlampe und spielten Karten. Zum Lesen oder

Hausaufgabenmachen war es zu finster. Zeitungen konnte man übrigens damals kaum kaufen, lediglich eine kommunistische: »Die Volksstimme«. Sie war voll Propagandagesäusel. Vom Westen erfuhr man gar nichts. Radio gab es schon, nur hatten wir keines mehr.

Ab September 1945 gingen wir wieder in die Schule. Ich kam in die dritte Volksschulklasse in Klosterneuburg. Wegen meiner vielen Krankheiten versäumte ich oft den Unterricht. Zeitweise wurde ich daheim von einer alten Hauslehrerin, die Rückenschmerzen hatte und immerfort auf und ab marschierte, unterrichtet. Ich kann mich nur mehr an die Rechenstunden erinnern, die mir Vergnügen bereiteten. Alles andere habe ich völlig verdrängt. Noch heute wundert es mich, dass ich die Volksschule überhaupt abschließen konnte, obwohl ich kein Abschlusszeugnis erhielt.

In der Schule bekamen wir die sogenannte Ausspeisung. An einem Tag Erbsen mit Würmern, an einem anderen Milchreis, eingebrannte Kartoffeln und dann wieder Bohnengemüse. Eines Tages entdeckte ich in meinem Essen eine tote Maus. Von dem Moment an gab ich meine Ration immer einem anderen Mädchen, und ich war froh, nicht mittagessen zu müssen. Zu Hause erzählte ich natürlich nichts davon. So wurde ich immer dünner und dünner. Mir schmeckte es auch daheim nicht. Meine Mutter meinte, ich bekäme sowieso eine warme Mahlzeit in der Schule. Sie konnte sich nicht erklären, warum ich so schlecht ausschaute. Als sie eines Tages bei der Lehrerin nachfragte, kam die ganze Wahrheit zutage. Daheim bekam ich meine Ohrfeigen. Heulend saß ich da. Erst nachdem sich meine Mutter beruhigt hatte, konnte ich ihr von der Maus erzählen. Jetzt verstand sie, aber sie hätte erwartet, dass ich ihr von diesem schrecklichen Erlebnis sofort berichte. Mir wurde eine Entschuldigung über »mein falsches Verhalten« abgerungen.

Als Pflegekind in der Schweiz

Aber es kam eine große Veränderung auf mich zu. Eine Tante aus Wien, die Schwester meiner Mutter, arrangierte, dass ich als Pflegekind in die Schweiz geschickt werden konnte. Sie hatte gehört, dass dort unterernährte Kinder von Pflegeeltern in Obsorge genommen wurden. Meine Mutter sträubte sich zunächst, aber schließlich wurde ich samt einem Rucksack voll mit geflickten Kleidern am Wiener Franz-Josefs-Bahnhof in einen Kindertransport gesetzt. Der Abschiedsschmerz war groß. Als ich mit dem Zug in Klosterneuburg am Weidlinger Bahnhof vorbeifuhr, sah ich Omama zum allerletzten Mal. Wir winkten einander zu, mit Tränen in den Augen.

Die Reise selbst wurde für mich zur Katastrophe. Alle Kinder saßen auf den harten Holzbänken und sahen einander total verschreckt an. Jedes Kind hatte um den Hals ein Schild umgehängt: mit Foto, Namen und anderen wichtigen Daten. Der Zug war enorm lang und fuhr relativ langsam. Ich erinnere mich an das Geräusch der Räder und an den Ruß, der in Schwaden an unseren Fenstern vorbeizog. Ich erbrach immer wieder und wurde immer schwächer. Daraufhin nahm mich eine Krankenschwester in ein eigenes Abteil, wo nur wenige Kinder auf den Bänken lagen, die das gleiche Schicksal erlitten hatten. Dort wurden wir liebevoll und persönlich betreut.

Nach einer unendlich langen Fahrt kamen wir am Grenzbahnhof Buchs an. Dort mussten alle Kinder aussteigen. Wir wurden in Gruppen eingeteilt und in einer riesigen Halle verwahrt. Man suchte uns nach Läusen und Flöhen ab, duschte uns und wusch uns die Haare. Ich hatte lange Zöpfe und war nicht gewohnt, sie selbst zu frisieren. Nach dieser Tortur und einer schlaflosen Nacht fuhren wir mit dem Zug weiter in eine andere Stadt. Ich habe keine Ahnung, wo wir dann für eine ganze Woche in Lagerhallen untergebracht waren. Möglicherweise hat die Stadt Winterthur geheißen. Jedenfalls wurden wir dort wieder geduscht und bekamen regelmäßig zu essen. Es schmeckte sogar mir, obwohl mich das Heimweh plagte. Alle Kinder wurden medizinisch untersucht, einige geröntgt. Ich war auch darunter. Man vermutete eine Lungenkrankheit bei mir, weil ich gar so dünn war. Mit meinen neun Jahren hatte ich ein Körpergewicht von nur neunzehn Kilogramm bei normaler Größe. Anscheinend war ich gesund, denn ich wurde für den Weitertransport vorgesehen. Nun trafen wir Kinder endlich unsere Pflegeeltern, die uns vom Bahnhof abholten. Ich sollte nach Basel kommen, wo mich die liebsten Menschen, die man sich vorstellen kann, begrüßten: die Familie Brütsch.

Tante Hanny, Onkel Schaggy und ich in der Schweiz, 1946

Anfangs gab es natürlich Probleme. Noch nie zuvor war ich von daheim weg gewesen, außer damals, als ich wegen meiner Kinderlähmung im Spital gelegen war. Ich war scheu, weinte viel, und meine neue Tante mit mir. Eines Tages kam der Onkel aus dem Büro nach Hause und sah die zwei Häufchen Elend vor sich. Onkel Schaggy kam an mein Bett und sah mich traurig an. Dann meinte er: »Ja, wenn du nicht hier bleiben willst, müssen wir dich wieder ins Lager zurückschicken.«

Noch nie war ich so schnell gesund gewesen. Ich stand auf und war das glücklichste und zugänglichste Kind der Welt.

Mein Wesen veränderte sich in diesen Monaten sehr stark. Innerhalb kürzester Zeit sprach ich die schweizerische Mundart und war beim Sprechen kaum von den anderen Kindern zu unterscheiden. Auch mit Tante Hanny und Onkel Schaggy gab es keine Probleme mehr. Der Onkel spielte mit mir im langen Gang ihrer Wohnung Fußball, und wir lachten viel. Die Tante war auch fröhlich, aber uns verband eher die ruhige Art. Bei ihr lernte ich ein bisschen kochen. Es gab ja viele Speisen, die ich nicht kannte, zum Beispiel das berühmte Bircher Müsli, das ich bis zum heutigen Tag gerne esse. Neu für mich waren auch die Rösti und das Zürcher »Gschnätzlets«, Rindsrouladen, die hier »Fleischvögel« genannt wurden, und herrliches Gemüse. Erbsen, Bohnen und Linsen gab es zum Glück nie.

Ich, als glückliches Kind, 1946

Zu meinem Lehrer hatte ich ein besonderes Verhältnis. Täglich holte ich ihn von seinem Haus ab. Meistens saß er noch beim Frühstück, und ich begrüßte ihn und seine Frau. Hand in Hand gingen wir dann in die Schule. Er war für mich nicht nur mein Lehrer, sondern auch mein Freund. Hier lernte ich die totale Freiheit kennen.

Einmal wöchentlich bekam ich von Tante und Onkel den Auftrag, einen Brief nach Hause zu schreiben. Dabei lernte ich das Briefeschreiben – eine Tätigkeit, die mir bis heute lieb ist. Lange Zeit musste ich auf eine Nachricht von daheim warten. Alle Briefe wurden geöffnet und kontrolliert, ob wir ja nichts Abfälliges über die Besatzungsmächte schreiben würden. Aber endlich kamen Briefe von meiner Mutter, meinem Vater und meinen Schwestern. Ich wunderte mich nur, dass meine geliebte Omama mir nie schrieb. Sie konnte mich doch nicht vergessen haben!

Eines frühen Morgens schreckte ich aus meinem Schlaf auf und weinte bitterlich. Tante und Onkel kamen fast gleichzeitig in mein Zimmer und fragten mich, was ich geträumt hätte. Ich erzählte, ich wäre mit meiner Großmutter Hand in Hand in Klosterneuburg in die Kirche gegangen, die ich oft mit ihr besucht hatte. Plötzlich standen wir vor dem Altar. Ich fühlte, dass meine Omama meine Hand losließ und dann vor mir mit geschlossenen Augen in einem Sarg lag. Ich habe diesen Traum so deutlich geträumt, dass er mich heute noch aus der Fassung bringt, wenn ich daran denke. Meine Pflegeeltern versuchten mich damals zu beruhigen und sagten, dass Menschen oft ganz lange leben, wenn man so etwas träumt. Wochen später erfuhren Tante Hanny und Onkel Schaggy vom Tod meiner Großmutter. Sie war genau zu dem Zeitpunkt gestorben, als ich den Traum gehabt hatte. Es muss eine eigene Verbindung zwischen uns gegeben haben, denn ihre letzten Worte waren: »Moidi, mein armes Moidi!« So wurde ich daheim genannt.

Solange ich in der Schweiz war, verschwieg mir meine Mutter den Tod von Omama. Ich fragte in jedem Brief nach ihr. Ich verstand nicht, warum sie mir nie schrieb. Dann kam eines Tages ein Brief von meiner Mutter: Omamas Brille wäre zerbrochen; sie könne deshalb nicht auf meine Briefe antworten. Ich wusste, dass das eine Lüge, vielleicht eine Notlüge, war. Ich wurde mit dieser Situation fertig, indem ich mich ablenkte und viel mit meinen Freundinnen unterwegs war. Ich war glücklich und erholte mich körperlich sehr gut. Innerhalb dieser drei Monate in der Schweiz nahm ich neun Kilogramm zu.

Als ich von Basel wieder nach Wien fuhr, fiel mir der Abschied sehr schwer. Ich wollte eigentlich nicht mehr nach Hause. Tante Hanny versprach mir, mich fürs nächste Jahr wieder einzuladen. Am Bahnhof in Wien angekommen, holte mich die ganze Familie ab, nur nicht Omama. Aber ich wusste ja, dass sie nicht mehr lebte. Daheim feierten wir ein Wiedersehensfest. Ich vermied es, ins Schlafzimmer meiner Großmutter zu gehen. Am nächsten Morgen nach dem Frühstück nahm mich meine Mutter zur Seite und sagte, dass Omama gestorben sei. »Ich weiß«, meinte ich, »und jetzt will ich zu meiner Freundin spielen gehen!«

Diese klaren Worte mögen meiner Mutter wehgetan haben, genauso wie mich ihre Geschichte mit der zerbrochenen Brille verletzt hatte.

Im Jahr darauf wurde ich tatsächlich wieder in die Schweiz eingeladen – sogar gemeinsam mit meinen beiden Schwestern und meiner Freundin Gerda. Beide Schwestern hatten gerade maturiert und waren nun frei für einen Urlaub in einem freien Land. Ich war mit Gerda vorausgefahren. Vor der Ankunft meiner Schwestern sagte ich zu Tante Hanny: »Du musst viel kochen, denn die Lore isst sehr viel!«

Sie machte daraufhin jede Menge Rindsrouladen, also Fleischvögel, dazu gab es Kartoffelsalat. Roswitha und Lore hatten schon jahrelang kein so üppiges Essen mehr gehabt. Mit einer Rindsroulade hatten sie vollauf genug. Onkel Schaggy hat unsere liebe Tante noch jahrelang damit aufgezogen. Er erzählte von den »99 Fleischvögeln«, die Tante Hanny für uns gemacht hätte.

Meine Freundin Gerda aus Klosterneuburg und ich in der Schweiz, 1947

Roswitha und ich waren bei Tante Hanny und Onkel Schaggy untergebracht. Ich besuchte wieder die Schule. Roswitha half im Haushalt einer befreundeten Familie, die drei Kinder hatte. Sie hatte immer schon kleine Buben und Mädchen geliebt. Leider ist es ihr in ihrem Leben versagt geblieben, eigene Kinder zu bekommen. Damals war sie in ihrem Element. Und da Roswitha gebraucht wurde, durfte sie ein ganzes Jahr in der Schweiz bleiben. Lore blieb sieben Wochen. Sie wohnte bei den Eltern von Onkel Schaggy, die wir Großmutter und Großvater nannten. Lore musste dort nicht allzu viel im Haushalt helfen, sie sollte sich erholen, meinte Großmutter. Onkel Schaggy, der bei einer Versicherung angestellt war, ging während seiner Mittagspause gerne mit Lore im Rhein schwimmen. Dort lernte sie richtig schwimmen – und ich auch. Unsere Mutter hatte, ebenso wie Roswitha, immer eine panische Angst vor dem Wasser. Vati schwamm sehr gerne, hatte aber wenig Zeit dafür. Meine beiden Schwestern sollten daheim im Militärbad schwimmen lernen. Roswitha war jedoch kaum ins Wasser zu bringen. Eines Tages riss dem Schwimmlehrer der Geduldsfaden, und so warf er sie einfach ins Wasser. Damit war die Geschichte für sie erledigt, und sie erlernte das Schwimmen nie wirklich. Sie hatte andere Vorlieben, die sie mit unserer Mutter teilte.

Ich selbst blieb fünf Monate in der Schweiz. Es war wieder eine wunderbare Zeit. Die Verbindung zu meinen Pflegeeltern, Tante Hanny und Onkel Schaggy, ist geblieben. Fast jährlich haben wir uns in der Schweiz oder in Österreich getroffen.

Wieder daheim

Vor dem Schulanfang im Herbst 1947 fuhr ich wieder nach Österreich. Ohne Abschlusszeugnis der Volksschule war es mir nicht möglich, ins Gymnasium zu gehen. So wurde beschlossen, mich vorerst einmal in die Hauptschule zu schicken. Nun herrschte wieder ein anderer Ton. Aber ich kam in eine Klasse, in der ich sofort Anschluss fand. Hier waren ebenfalls Kinder, die vorher kaum einen geregelten Unterricht genossen hatten. Meine Lieblingsgegenstände waren damals Zeichnen und Englisch, aber auch Rechnen und Deutsch machte ich gerne. Wir hatten einige alte Lehrer, nämlich solche, die wegen ihres Alters nicht eingerückt waren. Sie brachte die nötige Geduld für uns auf.

Zu Weihnachten wünschte ich mir ein Spiel: »Das kleine Büro«. Obwohl mir meine Eltern sagten, wir hätten kein Geld für solche Geschenke, lag die Schachtel unter dem Weihnachtsbaum. Ich war selig, denn ich wusste, nun würde sich mein Vater mit mir beschäftigen. Er hatte die Angewohnheit, abends bei uns im Wohnzimmer die Rechnungen, die tagsüber von den Schreibkräften geschrieben wordem waren, zu revidieren. Damals gab es noch keine Rechenmaschinen und die angesammelten Lieferscheine mussten genau kontrolliert werden. Dann wurde gerechnet, und wenn er einen Fehler entdeckte, war er ganz euphorisch und steckte mich damit an, ihm beim Revidieren zu helfen. Wenn ich einen Fehler fand, bekam ich einen Schilling. Das war damals viel Geld. Vati erklärte mir mein »kleines Büro« genau. Da gab es ein Kassabuch und Kontoblätter, Stempel und Stempelkissen, Postanweisungen und vieles mehr. »Weißt du was, du bist jetzt schon ein großes Mädchen und musst dir für die Schule auch Hefte und Bleistifte kaufen. Du bekommst von mir in der Woche fünf Schilling Taschengeld. Dann zeige ich dir, wie man ein Kassabuch führt. Wenn du Geld ausgibst, musst du alles genau aufschreiben, und beim Kassensturz muss das Geld stimmen. Dann bekommst du das nächste Taschengeld.«

So saßen wir jeden Samstag am Abend zusammen und spielten »Geschäft«. Das war seine Hinführung für den Beruf, den er mir zugedacht hatte. Ich sollte einmal seine Firma übernehmen.

Ab der zweiten Klasse wurde ich von meinen neuen Freundinnen getrennt. Die Eltern meinten, ich müsste ins Gymnasium gehen. Aber auch hier fand ich bald Freundinnen, mit denen ich bis heute in Verbindung stehe. Der Unterricht selbst war neu für mich. Hier wurde nichts mehr an die Tafel geschrieben. Da es keine Schulbücher gab, mussten wir bei Geografie und Geschichte mitschreiben. Das war für mich ein Problem. Oft hatte ich Details, die den Professoren wichtig waren, nicht notiert. Das merkte ich bei den Prüfungen. Erst später kam ich auf die Idee, mir von meinen Mitschülerinnen helfen zu lassen. Wir hatten etliche sehr strenge Professorinnen, die mich ablehnten, weil ich von der Hauptschule kam. Englisch und Deutsch waren meine Lieblingsgegenstände. Das lag sicher daran, dass die Lehrkräfte dieser Fächer Geduld mit mir hatten und ich gerne dafür lernte. Die Deutschaufsätze durfte ich hin und wieder vorlesen. Das hat meinem schüchternen Wesen sehr gut getan. Einmal wurde mein Stil sogar mit dem von Marie von Ebner-Eschenbach verglichen. Ab der dritten Klasse kam auch Latein dazu. Ein Albtraum für mich – und ich musste eine Nachprüfung machen! Nachdem ich mich einen Sommer lang mit Hilfe eines pensionierten Professors mit Latein auseinandergesetzt hatte, konnte ich in die nächste Klasse aufsteigen.

Unsere Freizeit verbrachten wir oft in der evangelischen Kirche. Ich besuchte die Jungschargruppe. Neben Bibelstunden gab es im Anschluss immer lustige Spiele im Pfarrgarten unter der Leitung einer gewissen Erika, die es verstand, uns mit ihren Ideen zu motivieren. Wir machten gemeinsame Ausflüge und waren auch bei Jungschartreffen in der näheren und weiteren Umgebung. Bei diesen Treffen wurden viele Freundschaften geschlossen und auch Ehen gestiftet. Meine Schwester Roswitha, die inzwischen in der Buchhaltung unse-

Evangelisches Pfarrhaus in Klosterneuburg, 2012

res Vaters arbeitete, lernte dort ihren Mann kennen. Auch Lore lernte, nachdem sie aus der Schweiz zurückgekehrt war, recht bald ihren späteren Mann kennen. Ein Jahr lang arbeitete sie bei einer Firma in Wien als Buchhalterin. Den Posten hatte unser Vater mit der Bemerkung, man solle sie nur ein wenig anlernen, denn sie würde sowieso bald heiraten, für sie arrangiert. Kaum war der Zeitpunkt der Hochzeit fixiert, kündigte mein Vater dort den Posten, ohne Lore etwas davon zu sagen. Auch unsere Mutter hielt nichts von berufstätigen verheirateten Frauen. So kam meine Schwester Lore 1949 unter die Haube und wurde ein Hausmütterchen. Sie ließ sich anfangs von den Eltern, später von der Schwiegermutter und schließlich von den Söhnen am Gängelband herumführen. Sie wäre eine starke Persönlichkeit geworden, wenn sie die nötige Rückendeckung bekommen hätte. Ich habe sie immer sehr bewundert wegen ihrer starken Ausstrahlung und der vielen Gaben, die sie besaß, die sie aber leider nicht nutzen konnte.

1951 meldete ich mich in der Handelsschule am Karlsplatz in Wien an. Jetzt war ich in einer Schule, die mir wirklich Freude bereitete. Mein Ziel war es, sobald wie möglich bei meinem Vater im Büro anzufangen. Ich war über die Entwicklung unserer Firma informiert, und es interessierte mich brennend, welche Möglichkeiten es in Zukunft geben würde. Baustoffe waren ja Produkte, die zu dieser Zeit benötigt wurden, und immer mehr Autos waren auf den Straßen unterwegs. Mein Vater überlegte, über die eine Tankstelle hinaus, die er bereits betrieb, eine zweite zu errichten. An viele Haushalte in Klosterneuburg und Umgebung verkauften wir Brennstoffe. Viele der Kunden konnten nicht bar bezahlen und kauften auf Lieferschein. Rechnungen mussten geschrieben werden. Es waren auch säumige Kunden dabei, zu denen man kassieren gehen musste. Mein Vater war ein sehr charmanter Herr, der diese Besuche mit Einfühlungsvermögen zum gewollten Ziel führte. Noch während meiner Schulzeit nahm er mich manchmal mit, stellte mich den Kunden vor. Man plauderte über dies und das. Oft bekamen wir etwas aufgewartet. Erst dann kamen wir auf die ausständigen Rechnungen zu sprechen. Wenn bezahlt wurde, fragte mein Vater nach weiteren Aufträgen.

Nachdem ich die Handelsschule abgeschlossen hatte, durfte ich ins Geschäft eintreten. Ich bekam auch ein Gehalt, das Vati aber recht niedrig hielt. Er war ein Sparmeister, worunter auch meine Mutter litt. Einmal wöchentlich schickte sie mich ins Büro, um ihr Wirtschaftsgeld für sie zu holen. Ich platzte dann freundlich lächelnd auch bei Verhandlungen in Vaters Büro hinein, umarmte ihn und sagte: »Ich will dich nicht stören, aber ich möchte dich um Muttis Wirtschaftsgeld bitten.«

Meine Unterbrechungen haben ihn offensichtlich nie gestört. Er war wirklich stolz auf mich, weil ich an seiner Arbeit Interesse zeigte. Auf seine Wunsch hin wurde in seiner Kanzlei ein Schreibtisch für mich aufgestellt. So konnte ich bei seinen geschäftlichen Verhandlungen mithören, vieles dabei lernen und nebenbei meine Arbeit tun. Meine erste Aufgabe war es, eine Aufstellung der Außenstände anzulegen. Unsere Buchhaltung war nie à jour, und so machte ich ihm den Vorschlag, die ausständigen Rechnungen in einer Kartei einzutragen und täglich die Bankauszüge anzusehen, um die Zahlungen buchen zu können. Auf diese Weise wussten wir, welcher Kunde schon bezahlt hatte. Es war uns immer peinlich, wenn wir beim Kassieren hören mussten, dass die Rechnungen schon beglichen waren. Nachdem die zweite Tankstelle errichtet worden war, musste ich mich um die Abrechnung kümmern. So verbrachte ich oft meine Zeit bei der Tankstelle und plauderte mit den Kunden. Einmal bin ich sogar selbst ein Stück mit einem großen Tankwagen gefahren – ohne Führerschein, versteht sich.

Noch vor meinem 18. Geburtstag durfte ich eine Fahrschule in Wien besuchen. Zur gleichen Zeit fuhr ich als Fahrschülerin mit dem L Führerschein gemeinsam mit meinem Vater durch die Lande. Jeden Samstag fuhren wir nach Zwentendorf an die Donau. Auf dem Weg dorthin besuchten wir unsere Kunden. Wenn das Wetter schön war, gingen wir schwimmen. Wir hatten wunderschöne gemeinsame Erlebnisse und waren ein Herz und eine Seele. So lernte ich Autofahren und bestand auch auf Anhieb die Führerscheinprüfung. Ein Auto konnte ich mir nicht leisten. Mein Traum wäre ein Moped gewesen, aber meine Eltern waren zu ängstlich. Mein Vater erlaubte mir, sooft ich Geld eintreiben ging, mit seinem Auto zu fahren. Einmal rutschte ich bei regennasser Fahrbahn in einen Lastwagen. Vaters Auto trug dabei eine Beule davon. Ängstlich rief ich meinen Vater an. Der kam sofort zu der Unfallstelle, verhandelte mit der Polizei und dem Lastwagenfahrer. Dann überreichte er mir den Autoschlüssel, damit ich nach Hause fahre. Zunächst hatte ich geglaubt, dass ich nie mehr sein Auto benützen dürfte. Dann meinte er: »Aber Kinderl, das kann doch jedem einmal passieren. Jetzt weißt du, dass man bei Regen achtgeben muss. Wenn Wasser und Staub sich auf der Straße vermischen, rutscht man eben leicht.« Damit war die Sache erledigt. Das Auto wurde repariert, und bald bekam ich den nächsten Auftrag.

Natürlich hatte ich auch andere Interessen. Ich besuchte schon seit vielen Jahren regelmäßig eine Gymnastikschule und lernte auch Klavier spielen. Nach Büroschluss übte ich gerne bis spät in die Nacht hinein. Meine Mutter saß dabei im Nebenzimmer bei ihrer Lieblingsbeschäftigung: Sie stickte Kreuzstichdecken. Immer wieder wollte sie auch mich dafür begeistern. Ihr zuliebe habe ich diese Kunst versucht, aber Freude habe ich nie daran gehabt. Wenn ich vom Büro nach Hause kam, ging ich viel lieber in die Küche und bereitete das Abendessen für uns.

Nachdem meine Schwester Lore geheiratet und ihren ersten Sohn bekommen hatte, besuchte ich sie sehr oft. Ich beschäftigte mich recht gerne mit ihrem Kleinen. Wenn ich mit dem Kinderwagen spazieren ging, raunten die Leute hinter mir: »So jung – und hat schon ein Kind!« Ich aber war stolz wie eine Schneekönigin! Bald kam ein zweiter Sohn zur Welt. Mit der Familie meiner Schwester Lore fuhr ich auch einmal nach Italien. Das Meer zu sehen, war immer schon mein großer Wunsch gewesen. Nun war ich quasi Babysitter, aber meine Schwester ließ mir viel Freiheit. Ich genoss es, mich in der Sonne rösten zu lassen. Das Meer war auch abends wunderschön, wenn man bei Mondschein baden ging. Ich fand mir immer einen Kavalier, der mich zu diesen Ausflügen begleitete. Ich glaube, meine Schwester wusste nichts von meinen nächtlichen Eskapaden. Meine Mutter wäre vor Sorge umgekommen, aber ich wurde um manche Erfahrung reicher.

Ich wurde nach pietistischen Grundsätzen erzogen. Die passten nicht immer zu meinen Wünschen. Vaters Vorstellung war es, dass ich einmal die Firma Schömer übernehmen würde. Die Ehemänner meiner Schwestern hatten Berufe, die sich mit dem Unternehmen nicht vereinbaren ließen. Ich selbst hatte immer großes Interesse am Geschäft meines Vaters, aber bald wurde mir klar, dass man zur Führung einer Firma außer Träumen auch eine ganz große Portion Wissen und Mut braucht. Außerdem konnte ich es mir nicht vorstellen, neben meinem Vater große Veränderungen durchführen zu können. Ich suchte also nach einem Mann, der meinen Wünschen entsprach. Das klingt ganz konventionell. Aber damals – in den 1950er-Jahren – sah ich dies als einzige Möglichkeit, meinen Weg zu finden und zu gehen. Ich wollte nach meinen Wünschen leben und nicht dauernd kontrolliert werden. Ideen hatte ich genug, aber ich brauchte jemanden, der risikobereit war, um mit mir Träume wahr werden zu lassen. Über unser Geschäft lernte ich viele kennen, die mir auch den Hof machten. Aber keiner biss in die harte Nuss, es mit meinem Vater und meiner Mutter, die die Fäden im Hintergrund zogen, aufzunehmen.

Einmal hatte ich einen jungen Mann bei einem Seminar für Tankstellenbesitzer kennengelernt. Manchmal ging ich mit ihm in Wien spazieren. Wie üblich musste ich trotz meiner zwanzig Jahre spätestens um acht Uhr abends zu Hause sein. Meine Mutter meinte, ich solle ihn sonntags zum Kaffee einladen. Als er eintraf, war auch die Schwester meiner Mutter, die sie immer stark beeinflusst hatte, mit ihrer großen Familie erschienen. Auch meine Schwestern mit Anhang waren gekommen. Es gab eine köstliche Jause mit Kuchen und Kaffee. Für mich war es natürlich eine Überraschung, dass die ganze Sippschaft zu Besuch war. Es ging ziemlich laut und turbulent zu. Als wir uns verabschiedeten, forderte mein Vater meinen neuen Freund auf, in sein Büro zu kommen. Dort bat er ihn, Platz zu nehmen. Im gleichen Moment erschien auch meine Mutter. Nach einem kurzen Blickwechsel formulierte mein Vater eine eigentlich ungeheuerliche Frage: »Was haben Sie mit meiner Tochter vor?« – »Nichts!«, war seine Antwort. Kurz entschlossen stand er auf und suchte das Weite. Auf diese Weise wurde ich meinen Freund los.

Ich war sehr enttäuscht über das Verhalten meiner Eltern. Und es war absolut unmöglich, sich mit ihnen über das Geschehene auszutauschen. Bei mir blieb ein bitterer, sehr bitterer Nachgeschmack, ja, eine Wunde in meiner Seele.

Einladung in die USA

Trotzdem blieb ich die brave Tochter aus gutem Haus. Kaum war ich 21 Jahre alt, womit man damals großjährig wurde, kam Tante Emily aus den USA zu Besuch nach Wien. Sie war eine entfernte und reiche Verwandte aus dem Hause Saint George. Sie wurde von ihrer Cousine Alice begleitet. Tante Emily war damals ungefähr sechzig Jahre alt. Sie kam mir aber viel älter vor. Seit dem Tod ihres Mannes, eines berühmten Krebsforschers, trug sie immer schwarze Kleidung. Ich verglich sie gerne mit der österreichischen Kaiserin Maria Theresia. Als einzigen Schmuck zierte eine prächtige Perlenkette ihren Hals. Ihr grau meliertes Haar trug sie aufgesteckt; sie sah immer gleich aus. Auffallend waren ihre besonders kleinen Füße und ihre Beine, die immer geschwollen schienen. Ihre behäbige Statur machte ihr zu schaffen. Tante Alice hingegen, etwa zehn Jahre jünger, war schlank und lebendig in ihren Bewegungen. Sie lebte bei Emily, seit deren Mann gestorben war.

Plötzlich fragte mich Tante Emily, ob ich Lust hätte, zu Besuch nach Amerika zu kommen. Und ob ich Lust hatte! Aus Filmen kannte ich die Lebensweise der Amerikaner ein wenig. Nun sollte ich so etwas Herausragendes selbst erleben. »Ich bin ein Glückskind!«, frohlockte ich. Dabei hätte eigentlich meine Schwester Lore diese Auszeichnung verdient. Sie war es doch, die 1944 – im vorletzten Kriegsjahr mit Tante Emily in brieflichen Kontakt getreten war. Daraufhin schickte uns Tante Emily einige Carepakete. Aber als Ehefrau und Mutter von inzwischen zwei Buben, mit einer Schwiegermutter im gleichen Haushalt, durfte und konnte Lore an einen Besuch in den USA überhaupt nicht denken.

Und meine Eltern? Sie waren überrascht und erst einmal gar nicht erfreut über die Einladung. Aber nachdem Tante Emily immer wieder davon sprach, willigten sie schließlich ein. Sie bezahlten mir die Schiffskarte auf der Queen Elizabeth, sogar für die erste Klasse, in der die Tante mit mir gemeinsam nach New York zu reisen wünschte. Diese großzügige Haltung meines Vaters war ganz ungewöhnlich, denn wir mussten in diesen ersten dreizehn Jahren nach dem Krieg jeden Schilling zweimal umdrehen. Auch meine Mutter sprang damals über ihren Schatten. Sie unterstützte mich großartig beim Auswählen neuer Kleider, die ich für die Reise brauchte. Bevor ich mich in die weite Welt aufmachte, war es unser aller Wunsch, dass wir drei Schwestern uns noch einmal gemeinsam fotografieren ließen.

Meine Reise sollte zunächst über die Schweiz und Paris nach Cherbourg gehen, um hier auf die Queen Elizabeth zuzusteigen, die aus London kommend in der Normandie einen Zwischenstopp einlegte. Tante Emily, ihre Cousine Alice, ihr Sohn Armin und ihre Schwiegertochter Gen, die in England Gens Familie besuchten, wollten bereits in London auf dem Schiff einchecken.

Mit zwei vollen Koffern wurde ich Mitte Oktober 1958 zum Bahnhof gebracht. Es gab eine große Abschiedsszene. Die ganze Familie und einige unserer Angestellten waren zum Bahnhof gekommen, um mir Adieu zu sagen. Natürlich war mir ein wenig mulmig zumute, und die Tränen saßen locker, als ich zum Fenster meines Abteils hinaus auf die große Schar sah. Tante Jetty Reining, die Schwester meiner Mutter, drückte mir in letzter Minute ein Büchlein in die Hand und sagte zu mir: »Lies jeden Tag daraus, es wird dir Hilfe in jeder Situation sein.« Es war eine tägliche Bibellese.

Ich hatte meiner Mutter versprochen, jede Woche einen Brief zu schreiben. Tagebuchartig wollte ich meine Erlebnisse dokumentieren und meine Familie daran teilhaben lassen.

Nach einem Zwischenstopp in Basel bei meinen Pflegeeltern ging die Reise mit dem Nachtzug nach Paris weiter. Ich hatte mein eigenes Schlafwagenabteil. Der Schaffner war von Onkel Schaggy angewiesen worden, gut auf mich aufzupassen. Pünktlich rollte der Zug am nächsten Morgen in Paris ein. Mit einem Autobus wurden zahlreiche Reisende, die für die Reise auf der Queen Elizabeth gebucht hatten, vom Bahnhof abgeholt. Ich war noch nie zuvor in Paris gewesen. Die Fahrt mit dem riesigen Bus war aufregend. Ich kam aus dem Staunen

Mit meinen Schwestern Lore und Roswitha, 1958

nicht mehr heraus: dieser enorme Verkehr und wie geschickt die Autos auch in den schmalen Straßen aneinander vorbeimanövrierten! Dann wieder die breiten Avenuen: eine Unmenge von Autos, Motorrädern und Bussen. Ich war einen solchen Straßenverkehr überhaupt nicht gewohnt. Auch die Häuser mit ihrer speziellen Architektur beeindruckten mich. Im Eiltempo schaute ich mir mit einer sympathischen Mitreisenden einige Sehenswürdigkeiten der französischen Metropole an: Oper, Nationalbibliothek, Eiffelturm, einige Kirchen und Denkmäler. Ich war begeistert. Dann stiegen wir in den Zug, der uns nach Cherbourg zum Hafen brachte.

Es war ein Erlebnis, als ich die festlich beleuchtete Queen Elizabeth weit draußen im Meer sah – eine Stadt für sich lag da vor mir. Fast ein wenig unheimlich war es, als wir uns im Tender mehr und mehr diesem Riesenschiff näherten. Plötzlich öffnete sich der Rumpf des Schiffes und eine Klappe wurde auf unser Boot gelegt, über die wir den Dampfer betreten konnten. Tickets und Pässe wurden kontrolliert, und kurz danach stand Tante Emily mit ihrer Familie vor mir, um mich zu begrüßen. Jetzt war ich wirklich glücklich! Ein Steward übernahm mein Gepäck und führte mich zu meiner Kajüte.

Nachdem ich mich ein wenig erfrischt und umgezogen hatte, trafen wir uns alle in der Lounge zum Cocktail. Wir plauderten ausführlich und begaben uns schließlich in den riesigen Speisesaal der ersten Klasse. Ich war fasziniert von der Helligkeit der Kristallluster, bewunderte die bunten Perserteppiche und die geschmackvoll gedeckten Tische. Elegant gekleidete Menschen bewegten sich durch den Saal und eine Kapelle spielte Musik. Livrierte Stewards schwirrten umher, baten uns zu Tisch und begannen uns zu umgarnen. So kam es mir jedenfalls vor, als sie uns die Menükarten brachten und uns nach unseren Wünschen fragten. Es gab so viel zu essen: angefangen bei verschiedenen Vorspeisen bis hin zu einer kalten Suppe, und dann wäre es weiter und weiter gegangen. Aber plötzlich spürte ich in der Magengegend ein eigenartiges Gefühl. Mein einziger Wunsch war es, mich hinzulegen. Die Seekrankheit hatte mich übermannt, sodass ich vier Tage die Kabine überhaupt nicht mehr verlassen konnte. Tante Emily, ihre Familie und auch der Schiffsarzt bemühten sich sehr um mich, sodass es mir kurz vor unserer Ankunft in New York wieder besser ging. »Die Einfahrt nach New York musst du wirklich erleben!«, sagte Armin.

Diese Anfahrt auf New York war wirklich ein Erlebnis, das ich nie

Mit der Queen Elizabeth der Cunard Line nach New York

vergessen werde. Zuerst sah ich weit entfernt Land, dann die Wolkenkratzer und schließlich die Freiheitsstatue. Die hohen Häuser kamen immer näher. Fast hatte ich das Gefühl, sie würden mich erdrücken. Langsam fuhr das riesige Schiff in den Hafen ein. Es dauerte lange, bis wir aussteigen konnten. In einer unermesslich großen Halle war die Zollkontrolle. Tante Emily hatte in Europa eingekauft – Unmengen eingekauft. Von Geschirr angefangen, über Tischwäsche, Bettwäsche, Kleider, Schuhe, Schmuck und Uhren bis zu einem Puppenhaus, einem Kasperltheater, einem Spielzeugauto und jede Menge anderer Spielsachen. Alles war gut verpackt gewesen und musste geöffnet werden. Sogar ein Auto für Gen hatte sie von Europa in die Vereinigten Staaten mitgenommen. Stundenlang standen wir in der Halle, um uns herum die Zollbeamten mit ernster Miene, die immer wieder ihre Köpfe schüttelten. Tante Emily hatte viel an Zoll zu zahlen. Endlich durften wir unsere wertvolle Fracht in Taxis verstauen und zu Tante Emilys Haus in der Park Avenue in Manhattan fahren. Ganz ermattet waren wir. Es erwarteten uns die beiden kleinen Kinder von Armin und Gen: Andrea und Klein-Armin, der damals gerade erst einmal einundeinhalb Jahre alt war. Sie hatten die Zeit, als ihre Eltern in England waren, gemeinsam mit ihrem deutschen Kindermädchen Mitzi in Emilys Haus in New York verbracht. Ansonsten wohnte Armins Familie in Washington.

Mit Tante Alice und Tante Emily in New York, Park Avenue, 1958

Tante Emily und ihre Cousine Alice führten ein stattliches Haus. Die gesamte Einrichtung – Möbel, Teppiche, Luster, Lampen, Gemälde, Porzellangarnituren und so weiter – schien mir edel und kostbar. Allein das Obergeschoss beherbergte drei große Schlafzimmer mit je einem Bad. Von meinem wunderschönen großen Gästezimmer blickte ich auf die achtspurige Park Avenue. Mit Herrn Lindner leistete sich Tante Emily auch einen Butler. Er war zugleich Stubenmädchen und Koch und servierte die Speisen. Wilhelm Lindner sah mit seinen etwa sechzig Jahren immer sehr ernst um sich. Er war mächtig, grauhaarig und sehr schlank, trug immer schwarze Hosen und dazu ein weißes Jackett. Mich amüsierte es, wenn er mit seinen weißbehandschuhten riesigen Händen die Suppe servierte. Seine Daumen tauchten dabei regelmäßig in die Suppe ein. Niemand machte je eine Bemerkung darüber; über solche Dinge sprach man einfach nicht. Einmal pro Woche war er mit dem Silberputzen beschäftigt. Damit hatte er viel zu tun. Obwohl er schon seit etlichen Jahren in New York war, sprach er prinzipiell kein Englisch. Wenn er einkaufen ging, nahm er die Waren vom Regal und redete nie ein Wort. Wenn er aber etwas Besonderes wollte, ging er in die 85. Straße, wo man nur Deutsch sprach.

Ja, Tante Emily war reich! Dennoch war sie eine sehr sparsame Dame. Jeden Morgen hörte ich sie mit ihrem Finanzberater telefonieren. Sie lag dabei noch im Bett und hatte ihre Unterlagen auf der Bettdecke ausgebreitet. Erst nach geraumer Zeit kam ich darauf, dass sie ihre Aktiengeschäfte mit ihm besprach. Sie kaufte, jonglierte und verkaufte sehr geschickt und war darauf bedacht, durch kluges Handeln ihr Vermögen zu vergrößern, um es später einmal an ihre Enkel weiterzugeben – aber erst nachdem diese sich eine Existenz aufgebaut hatten.

Tante Emily und Tante Alice führten ein gastfreundliches Haus. Beinahe täglich kamen Besucher zur Cocktailstunde. Gemütlich saßen wir dann im großen Salon zusammen. Tante Alice ließ es sich dabei nicht nehmen, für uns die Getränke zu mixen. Die beiden Tanten liebten es, Whisky on the Rocks, den sogenannten Manhattan, zu nehmen, oder einen Martini, der mit Eis speziell zubereitet wurde. Mir schmeckten diese scharfen Getränke überhaupt nicht, und ich trank mit Begeisterung den köstlichen Orangensaft, manchmal auch gemixt mit Grapefruitjuice. Dieser Salon hatte eine Größe von unwahrscheinlichen 140 Quadratmetern. Neben vier verschiedenen Sitzgarnituren stand hier auch ein Klavier. Als ich das sah, lachte mein Herz. Ich bekam die Erlaubnis darauf zu spielen, so oft ich Lust dazu hatte. Das Speisezimmer war nebenan. In der Mitte stand ein enormer Tisch, an dem sicher zwanzig Personen Platz fanden. Es war Tradition, dass Tante Emily am Kopfende Platz nahm, ihr gegenüber – am anderen Tischende – saß Tante Alice. Ich saß in der Mitte. Wir mussten unsere Unterhaltung relativ laut führen, um uns verständigen zu können. Doch daran gewöhnte ich mich. Unser liebster Aufenthaltsraum war aber ein kleiner Salon, wohin wir uns nach dem Abendessen zu ausführlichen Gesprächen zurückzogen. Tante Alice, die in einer Bank in der Wall Street arbeitete, hatte immer viel zu berichten, denn sie traf tagsüber interessante Persönlichkeiten und kam immer erst am späten Nachmittag zur Cocktailstunde nach Hause. Zu meiner Enttäuschung sprachen die beiden Tanten sehr gerne Deutsch mit mir. Womöglich meinten sie es gut mit mir, vielleicht wollten sie mir damit mein Heimweh vertreiben. Denn Heimweh hatte ich in meinen ersten Tagen in New York; ich war zeitweilig sehr betrübt. Alles war neu, so ganz anders als daheim in Österreich. Ich sah den Himmel kaum, weil die Häuser so hoch waren. Und die Stadt war in Herbstnebel gehüllt.

Inzwischen trafen die ersten Briefe von daheim ein. Meine Mutter schrieb mir einmal wöchentlich über meist hausfrauliche Themen. Ich erfuhr alles: über die Familie, die Verwandten, Freunde und Nachbarn. Ich meinte, dass sich durch unser schriftliches Austauschen unser Verhältnis verbesserte. Das empfand ich als wohltuend. Aber auch mein Vater schickte mir handschriftliche Briefe. Das war für ihn eine Seltenheit. Er schrieb vor allem über Geschäftliches. Ich denke, ich habe ihm wirklich gefehlt. Auch von meinen Schwestern und von vielen Freunden flatterten im Laufe der Zeit Briefe und Karten ins Haus. Sogar einige Angestellte schrieben mir. Somit war ich mit meinem Zuhause gut in Kontakt.

Aber ich war ja auch deshalb in den USA, weil ich die englische Sprache besser erlernen wollte. Zwischenzeitlich versuchte ich in einem College mein Glück, um mein Englisch auf Vordermann zu bringen. Aber in diesem College traf ich hauptsächlich Einwanderer, die kaum Englisch sprachen. So konnte ich davon nicht profitieren. Und da ich nur ein Besuchervisum hatte, war es mir nicht möglich, einen Posten anzunehmen. Ich hätte in einer Familie als Babysitter arbeiten können, aber ich wollte mit erwachsenen Menschen diskutieren und weltoffene Gespräche führen. Der Fernseher im kleinen Salon von Tante Emily sorgte etwas für Abhilfe. Wir saßen stundenlang vor diesem Wunderkasten – in Österreich hatte damals noch kaum jemand ein TV-Gerät –, und mit Seifenopern, Nachrichten und Reklame konnte ich mein Englisch verbessern. Worte wie »delicious«, »beautiful« und »magnificent«, die ununterbrochen in der Werbung zu hören waren, haben sich mir damals tief eingeprägt.

Nach und nach lernte ich auch neue Menschen kennen. Zum Beispiel kam ich über den Bruder meiner Schweizer Tante Hanny, der 1936 in die USA ausgewandert war und eine Bäckerei aufgebaut hatte, mit seiner ältesten Tochter Elisabeth in Kontakt. Sie sah meiner Schweizer Pflegemutter sehr ähnlich, und ich konnte Englisch mit ihr reden. Wir wurden Freundinnen und trafen uns immer wieder. Mit Mrs. und Mr. Kaupe, die mit den beiden Tanten eng befreundet waren, hatte ich Gelegenheit Englisch zu sprechen. Einmal besuchten wir sie in ihrem schönen Haus in Staten Island, in New Yorks Gartenstadt. Und eines Tages lernte ich über Tante Emily bei einer unserer Cocktailstunden eine junge Studentin kennen; sie verschaffte mir eine Arbeit, unbezahlt zwar, aber ungemein interessant: bei der Galeristin Virginia Zabriskie. Im Jänner 1959 durfte ich dort beginnen.

Erkundungen und Vergleiche

Bevor ich in der Galerie beginnen konnte, war noch etwas Zeit. Und langsam gewöhnte ich mich an New York. Noch im November war es relativ warm, und ich war froh, dass es hier nicht so windig war wie in Wien. Rundum nahm ich immer mehr das fröhliche Treiben wahr. Die Kinder spielten mit fliegendem Haar im Central Park. Ende November waren die Herbsttage so wunderschön, dass die beiden Tanten mit mir an einem Wochenende nach Connecticut fuhren. Wir stürzten uns in den dichten Verkehr, um die bunten Wälder sehen und den Indian Summer, wie man diese Jahreszeit in den USA nennt, genießen zu können. Tante Emily und Tante Alice waren ja meistens ein Herz und eine Seele. Aber wenn Tante Alice uns in einem alten Buick chauffierte, waren die beiden nicht immer einer Meinung und zankten sich; Emily äußerte sich zuweilen etwas lauter über die Fahrweise von Alice, die sich dann aber auch nichts sagen ließ.

Ja, langsam fing ich an, New York für mich zu erobern. Ich besuchte viele Sehenswürdigkeiten. Von der Brooklyn Bridge, die über den East River Manhattan und Brooklyn verbindet, genoss ich den Blick auf die Skyline der Stadt. Das *Metropolitan Museum* beeindruckte mich sehr. Ich habe mich tagelang in den Sälen aufgehalten. Besonders die Abteilung der amerikanischen Ureinwohner hatte es mir angetan. Im *American Museum of Natural History* war es für mich eine Freude, mich zwischen den vielen ausgestopften wilden Tieren zu bewegen. Das Brüllen der Löwen, das Zischen der Schlangen, das Rufen und Zwitschern der verschiedenen Vögel wurden simuliert. Mir kam es vor, als wären die Tiere lebendig und ich mitten unter ihnen. Und in der *Frick Collection* staunte ich über Kunstwerke aus dem 18. und 19. Jahrhundert. In der Metropolitan Opera besuchte ich Verdis »Otello«. Mario Del Monaco sang den Otello und Renata Tebaldi die Desdemona. Es war ein wunderbarer Operngenuss.

Freilich war ich enttäuscht vom Ambiente der Oper. Das damalige Gebäude war alt und die Bühne klein. Ich trug mein rotes Festkleid, das ich am Galaabend auf der Queen Elizabeth hätte anziehen wollen – und merkte: Ich war die Einzige, die elegant gekleidet war. Alle anderen trugen normale Straßenkleidung und sogar Blue Jeans. Und da es in der Oper keine Garderobe gab, musste ich meinen Mantel einfach auf den schmutzigen Boden fallen lassen. Hier war das üblich – bei uns in Österreich undenkbar. Auch als ich einmal klassische Musik aus Österreich von Mozart und Richard Strauss, dirigiert von Herbert von Karajan, hörte, musste ich über diese Äußerlichkeiten hinwegsehen. Denn hier im Konzertsaal war es ähnlich: Die Säle waren schmutzig, und es gab keine Garderobe. Immer wieder fielen mir die Unterschiede auf – zwischen der Alten und der Neuen Welt, auch zwischen meiner alten und meiner neuen Welt. Als ich meiner Mutter einmal davon in einem Brief berichtete, schrieb sie zurück: Sobald ich wieder daheim wäre, würde ich mir solche Mätzchen, nämlich einfach den Mantel fallen zu lassen, schnell wieder abgewöhnen.

Auch den beiden Tanten machte es Vergnügen, mir ihre Stadt näherzubringen. Sie begleiteten mich zum Empire State Building und zum Rockefeller Center. Am Veterans Day, der jährlich am 11. November zu Ehren aller Kriegsveteranen begangen wird, waren wir im berühmten Rainbow Room im 65. Stockwerk des Rockefeller Center zum Dinner. An diesem Tag werden seit alters her die Soldaten der USA geehrt. Während vier Musiker sanfte Weisen aus Europa spielten und wir unseren Cocktail einnahmen, begannen überall rund um uns die Lichter aufzuleuchten. Das Empire State Building stand wie eine riesige Kerze vor uns. Zwischen den Häusern lag der Central Park, und weit draußen im Meer war die Freiheitsstatue zu erkennen.

Mit Emily und Alice besuchte ich sonntags auch gemeinsam die Presbyterian Church. Sie lag zwei Häuserblöcke entfernt von unserem Haus. Die Kirche war immer bis zum letzten Platz besetzt. Auffällig war die Art zu beten. Man faltete nicht die Hände, so wie ich es gewohnt war, sondern hielt den Kopf gebeugt und bedeckte mit den Händen die Stirn. Und dann die Chorsänger, die vorne neben dem

Altar standen! Alle Sänger waren in prächtige rote Roben gehüllt. Dahinter war die mächtige Orgel. Und der Pfarrer stand mitten unter den Sängern. Seine Predigt dauerte immer sehr lange. Anfangs verstand ich kaum ein Wort. Wenn ich wieder in meinem Zimmer daheim in Tante Emilys Haus war, ging es etwas ruhiger zu: Gerne las ich aus dem Buch, das mir meine Tante in Wien überreicht hatte, die Andacht für den jeweiligen Tag. Das gab mir einen Zuspruch, den ich besser als die Predigt verstand und der mein Herz bewegte.

Schließlich nahte mein erstes Weihnachtsfest in New York. Ich hatte damit begonnen, eine Tischdecke für Tante Emily zu besticken. Jede freie Minute arbeitete ich daran. War es bei uns zu Hause üblich gewesen, Geschenke möglichst selbst herzustellen, wurde in New York viel gekauft. Alle Straßen waren weihnachtlich geschmückt. In den Geschäftsauslagen sah man Santa Claus in seinem roten Mantel. Daneben zeigte man in den Schaufenstern nur wenige einzelne Produkte, die es zu kaufen gab, um damit die Kunden beim Vorbeigehen neugierig zu machen und zum Eintreten zu animieren. Ja, die Passanten wurden förmlich ins Geschäft gezogen, denn die Auslagen waren hell erleuchtet. Alle diese Dinge waren neu für mich. Auch ich ging einkaufen – für meine Familie in Klosterneuburg. Viel Geld hatte ich nicht, aber ich wollte doch jedem eine typische Kleinigkeit von hier senden und das Paket noch rechtzeitig aufgeben.

Mit Tante Emily ging ich kurz vor den Festtagen auf Einkaufstour – bei Macy's, einem Kaufhaus, in dem man alles Erdenkliche in einem einzigen Gebäude kaufen konnte. Das gab es damals in Österreich noch nicht. Einrichtungsgegenstände, Maschinen unterschiedlichster Art, Bett- und Tischwäsche, Pelzmäntel und Mäntel aus Wolle, Kleider, Blusen, Hüte (die hier besonders sonntags beim Kirchenbesuch wichtig waren), Unterwäsche und die herrlichsten Nylon-Nachthemden, von denen ich träumte, Schuhe, Fotoapparate, Radios, Fernseher, Gold- und Silberschmuck, Geschirr, Porzellan, Besteck, ganze Kücheneinrichtungen, Möbel und Sitzgarnituren, Schlafzimmermöbel, unzählige Arten von Lebensmitteln und Naschereien – alles war hier zu haben. Tante Emily ließ dann all ihre Einkäufe nach Hause schicken.

Ich vermisste den Adventkranz, den mein Vater immer nach Hause gebracht hatte. Ich hatte es geliebt, mit der Familie bei Kerzenlicht eine Andacht zu halten und Adventlieder zu singen. Um im Haus von Tante Emily aber doch weihnachtliche Stimmung zu schaffen, frischte ich meine geringen Kochkenntnisse auf und fabrizierte für Tante Alices Geburtstag am 1. Dezember Dalmatiner Kugeln nach einem heimischen Rezept. Beide Tanten waren begeistert. Sie baten mich jedoch, Herrn Lindner bloß nichts davon zu erzählen, sonst würde er nicht einmal seine üblichen zwei Bäckereien machen. Aber ich wollte für Weihnachten noch einmal die köstlichen Kugeln drehen und mich auch noch an Vanillekipferl heranwagen. Zu unser aller Überraschung, begann auch unser Herr Lindner in den letzten Tagen vor dem Fest mit Vehemenz zu backen, und er servierte uns Proben seiner Köstlichkeiten regelmäßig zum Fernsehen. »Was ist bloß in unseren Lindner gefahren?«, fragten sich die Tanten.

Einige Tage vor Weihnachten erwarteten wir Armin mit der ganzen Familie. Tante Alice und ich mussten für die Zeit ihres Besuchs unsere schönen Zimmer verlassen und in den Bedienstetentrakt ziehen. Aber ich freute mich, die beiden Kleinen wiederzusehen. Ab und zu hatte ich nach meiner Ankunft in New York auf Klein-Armin und Andrea aufgepasst. An einem Abend, als die übrigen Familienmitglieder auswärts eingeladen waren, fingen beide bitterlich zu weinen an. Ich versuchte ihnen gut zuzureden, und endlich schlief Armin ein. Andrea aber drückte sich noch immer an mich und wollte nicht, dass ich aus dem Zimmer ging. Kurzerhand nahm ich sie in den Salon mit und spielte und plauderte mit ihr. Ich genoss es sogar, ein so kleines Wesen nahe bei mir zu haben, erzählte ihr Geschichten und sang ihr Kinderlieder vor. Bevor ich sie wieder zu Bett brachte, versprach ich ihr, dass ich, falls ich einmal ein Mädchen bekommen würde, es ebenfalls Andrea nennen würde.

Der Christbaum stand schon Tage vor dem Fest im Salon. Viele Pakete lagen unter dem Baum. Ein Tag vor dem Heiligen Abend war eine Kinderparty angesetzt. Zwanzig Kinder im Alter von acht Monaten bis zu acht Jahren vergnügten sich mit Spielsachen, die das

Kindermädchen Mitzi und ich am Abend zuvor verpackt hatten. Weihnachtsplatten wurden gespielt, Micky-Maus-Filme gezeigt, es wurde viel gegessen und – natürlich – Coca-Cola getrunken. Bevor die eigentliche weihnachtliche Bescherung losging, wurden am Vormittag des Heiligen Abends nochmals Geschenke eingekauft. Das hatte ich niemals vorher erlebt, und das gab es in unserem späteren Leben auch nie mehr.

Der Heilige Abend selbst war aber sehr schön. Die vielen Geschenke für die Kinder wurden begutachtet, und mit den Kleinen spielten wir, bis sie todmüde waren. Der Christbaum stand unbeachtet in der Ecke; der hatte schon am Tag vorher seine Schuldigkeit getan. Etliche Freunde von Gen und Armin waren zum Cocktail und Dinner gekommen. Zu guter Letzt beschenkten sich die Erwachsenen. Eine halbe Stunde vor der Bescherung war ich mit der Decke für Tante Emily endlich fertig geworden und konnte sie schön verpackt unter den Baum legen. Tante Emily selbst hatte mir einen Wunsch erfüllt und mir tatsächlich ein wunderschönes Nylon-Nachthemd und einen dazu passenden Morgenmantel gekauft – so wie ich diesen duftigen Traum aus den amerikanischen Filmen kannte, wenn junge Frauen Männern den Kopf verdrehen wollten.

Es war übrigens ein Heiliger Abend ohne Lukasevangelium. Dieses habe ich dann vor dem Zubettgehen in meinem Kämmerchen gelesen. Ja, Weihnachten war anders hier.

»Somebody is here from Austria«

Es war am Vormittag des 30. Dezember 1958, als es an der Haustür klingelte. Mrs. Kelley, die im Untergeschoss als Sekretärin in der Arztpraxis arbeitete, öffnete. Mit ihrer hohen Fistelstimme rief sie: »Agnes, somebody is here from Austria and wants to speak to you!« Erstaunt kam ich herunter und identifizierte sofort einen Kärntner Dialekt, nachdem sich ein sehr junger Mann kurz als Gast aus Österreich vorgestellt hatte. Ich führte ihn zunächst in den großen Salon und bat ihn zu warten. Dann lief ich hinauf zu Tante Emily und fragte sie, was ich tun solle. Sie meinte, ich solle ihn nach seinem Begehren fragen und ihn einfach anhören; sie käme später hinunter.

Ich kehrte in den Salon zurück, bat ihn Platz zu nehmen, setzte mich ihm gegenüber und fragte ihn: »Erzählen Sie, was führt Sie nach Amerika?«

Jetzt fing er an zu berichten. Karlheinz Essl war sein Name, und er kam aus Hermagor in Kärnten. Der Name Essl war mir nicht unbekannt. Meine Cousine Else lebte schon seit Jahren in nächster Nähe der Essls und war mit der Familie befreundet. Über die evangelische Kirche hatte man sich kennengelernt. Von meiner Cousine hatte Herr Essl auch meine Adresse erhalten. Mir fiel auch ein, dass ich vor vielen Jahren vor meiner ersten Reise in die Schweiz einen Essl-Rucksack und eine Stoffpuppe aus dem Hause Essl geschenkt bekommen hatte. Aber das war alles lange her.

Karlheinz' Eltern betrieben in Hermagor einen Lebensmittelgroßhandel, von wo aus alle Gemischtwarenhandlungen des Gailtals beliefert wurden. Sie besaßen dort auch ein Lebensmittelgeschäft. Weiters betrieben sie eine Shell-Tankstelle und hatten eine Rucksackfabrik und einen Eisenhof. Er selbst hatte nach seiner Schulausbildung in einigen deutschen Großhandelsfirmen als Praktikant gearbeitet und nach seinen Praxisjahren den Lebensmittelgroßhandel in seinem Heimatort neu organisiert. Nebenbei verkaufte Karlheinz mit seinem

Bruder Horst Autos, denn sein Vater hatte auch die Vertretung der Firma Opel für Oberkärnten übernommen. Zu diesem Zeitpunkt war es ein gutes Geschäft gewesen, Autos zu verkaufen. Die Täler seiner Heimat sind weit voneinander entfernt, und die Bewohner wollten mehr Kontakt halten, um schneller zueinander zu kommen. Hier in New York war er aber, weil er vorhatte, in Österreich Selbstbedienungsläden zu errichten.

In diesem Moment kam Tante Emily, um Herrn Essl kennenzulernen. Er begann mit seinen Erzählungen wieder von vorne. Er fügte noch hinzu, dass er inzwischen in Kärnten auch eine Kaffeerösterei aufgebaut habe. Mit seiner Mutter, einer Expertin für Kaffeegenuss, hatte er ein Dutzend Kaffeemischungen entwickelt, die er mit Erfolg an Kaffeehäuser und Gaststätten verkaufte. Seine Vision sei aber der Aufbau einer Lebensmittel-Selbstbedienungskette. Dafür wollte er sich Informationen und Anregungen aus den USA, der Wiege des Selbstbedienungskonzeptes, holen. Auf Empfehlung von Gottlieb Duttweiler, dem Gründer der Migros in der Schweiz, hatte er die Gelegenheit, ein Praktikum bei Grand Union, der damals wohl erfolgreichsten Supermarktkette, anzutreten. Er zeigte uns das Empfehlungsschreiben von Duttweiler für die Geschäftsleitung von Grand Union in New Jersey.

Tante Emily und ich waren erstaunt über seinen Mut und seine Erfahrungen, die er trotz seiner Jugend hatte. Nun berichtete er auch, warum ihn sein Weg von Österreich gerade zu uns in die Park Avenue geführt hatte. Mit dem Flugzeug war er über England nach New York gekommen. Mutterseelenallein war er am Flughafen gestanden. Eigentlich hätte er von einem früheren Angestellten seines Vaters, der in Philadelphia lebte und arbeitete, abgeholt werden sollen. Es war ihm unerklärlich, warum dieses Treffen nicht zustande gekommen war. In Österreich hatten ihm einige Bekannte und Freunde, so auch meine Cousine Else, Adressen in den USA aufgeschrieben. Er hatte die genommen, von der er sich am meisten versprochen hatte. So ließ er sich von einem Taxi zu uns in die Park Avenue führen. Nun wendete er sich an meine Tante: »Ich würde Sie bitten, mir behilflich zu sein und mir einige Tipps für meinen Aufenthalt hier zu geben.«

Tante Emily hatte noch etliche Fragen an ihn, die er bereitwillig beantwortete. Sein offenes Wesen gefiel ihr. Sie meinte, ich solle ihn fürs Erste zur Zentrale der Grand Union nach New Jersey begleiten. Er könne sein Gepäck in der Zwischenzeit hier deponieren, und später könne er zum Abendessen wiederkommen.

Tante Emily erklärte mir anhand eines Planes, wie wir den Weg finden konnten. Mit dem Bus fuhren wir los und mussten einige Male umsteigen. Während der Fahrt plauderten wir weiter. »Wie alt sind Sie eigentlich?«, wollte ich wissen. »Dreiundzwanzig«, war seine Antwort. Das hätte ich nicht für möglich gehalten! Ich schätzte ihn jünger, obwohl sein Auftreten und seine Ambitionen sehr erwachsen wirkten.

Wir unterhielten uns und waren vergnügt. Plötzlich sagte er zu mir: »Es tut mir leid, ich hab Sie angelogen. Ich bin erst neunzehn Jahre.«

Plötzlich wurde ich sehr still. Ich ärgerte mich. Was wird mir dieser Bursche noch alles weißmachen wollen! Ich beschloss, ihn so schnell wie möglich alleine weiterfahren zu lassen, erklärte ihm, wo er wieder den Bus wechseln sollte, verabschiedete mich und stieg bei der nächsten Station aus.

Ich war in Harlem gelandet, einer Gegend, in der ich noch nie gewesen war. Rund um mich herum nur schwarze Passanten, schlecht angezogen, die Straßen schmutzig, Kinder tollten herum – ich fühlte mich verlassen. Jetzt dachte ich, ich hätte doch lieber bei Herrn Essl bleiben sollen, auch wenn er jung war und mich überhaupt nicht interessierte. Nun, was tun? Ich beschloss, in ein Kino zu gehen, um dort die Zeit totzuschlagen.

Zur damaligen Zeit in New York in ein Kino zu gehen, war anders als bei uns in Europa. Man kaufte eine Karte und platzte einfach in die Vorstellung, egal, wie lange der Film schon gelaufen war. Man hatte freie Platzwahl und konnte bleiben, so lange man wollte. Das hieß, man durfte mit einer Karte auch zweimal hintereinander den Film sehen. Manchmal liefen auch zwei Filme nacheinander, je drei Stunden lang. Es gab Besucher, die einen Nachmittag und einen Abend hier verbrachten. Dazwischen hatte man die Möglichkeit, den

Vorführungsraum zu verlassen, um in der Lounge etwas zu essen oder zu trinken. Später ließ man sich weiter berieseln. So lange hatte ich nicht vor zu bleiben; ich wollte nur ein wenig zur Ruhe kommen.

Im Kino war es total finster, nur der vordere Bereich war durch die Leinwand etwas erhellt. Mühsam tastete ich mich zu den Sitzen und suchte nach einem freien Platz. Es war früher Nachmittag und wenig Betrieb. Ich kann mich nicht erinnern, welchen Film ich zu sehen bekam. Es muss eine harmlose Liebesgeschichte gewesen sein. Plötzlich begannen sich Menschen im Raum zu bewegen. Ich entdeckte Halbwüchsige, die Plätze tauschten und schließlich Fangen spielten. Da wurde es mir unheimlich, und ich verließ den Ort, ohne mich auch nur einmal umzusehen.

Draußen auf der Straße besann ich mich des Auftrags von Tante Emily, nämlich faschiertes Rindfleisch für das Dinner zu kaufen. Ich hätte das Fleisch eigentlich in der Fleischabteilung bei Grand Union besorgen sollen. »The first three ribs from beef, two times put through the machine«, sagte sie immer. Ich wanderte ein wenig durch die Straßen und erblickte ein Fleischgeschäft, ungefähr so groß, wie ich es von Österreich her kannte. »Super!«, dachte ich und verlangte genau nach Tante Emilys Wünschen das Fleisch für das Abendessen. Der schwarze Verkäufer sah mich ungläubig an, verschwand in den hinteren Räumen und kam schließlich mit einem Paket zurück. Ich zahlte und fragte noch nach der nächsten Verbindung zur Park Avenue. Nachdem ich wieder etliche Male umgestiegen war, kam ich endlich daheim an. Mein Paket gab ich Herrn Lindner, der wenig später bei Tante Emily erschien und ihr das stinkende Fleisch zeigte. Jetzt musste ich mit der ganzen Wahrheit herausrücken. Lindner wurde zu unserem Laden um die Ecke um frisches Fleisch geschickt, und mit mir wurde über mein »Fehlverhalten« diskutiert. Aber weder Tante Emily noch Tante Alice waren nachtragend. Wenn ein Problem ausgesprochen war, war damit die Sache erledigt. Natürlich entschuldigte ich mich, und später wurde nie mehr darüber gesprochen.

Abends beim Cocktail erzählten wir Tante Alice von dem jungen Österreicher. Dann läutete es an der Haustüre. Freudestrahlend kam Herr Essl herein und berichtete, dass er am nächsten Montag mit seinem Praktikum beginnen könne. Ausführlich erzählte er, wie es ihm ergangen war. Wir erlebten einen unterhaltsamen Abend mit einem herrlichen Dinner, das Herr Lindner zu guter Letzt doch noch rechtzeitig gezaubert hatte. Mit Sack und Pack verließ uns Herr Essl, nachdem ihn Tante Emily für den nächsten Tag wieder eingeladen hatte.

Am nächsten Abend war Silvester, hier »New Year's Eve« genannt. Als unser junger Freund zu Besuch kam, wurde er von Tante Emily gefragt, wie er geschlafen habe. »Nun, so wie man die erste Nacht an einem neuen Ort schläft«, war seine Antwort. Auf die Frage nach dem Namen seines Hotels antwortete er: »Hotel Metropol.« – »Das kenne ich gar nicht! In welcher Straße haben Sie logiert?«

Es blieb ihm nichts anderes übrig, als zu erzählen, was er erlebt hatte, und das war ebenso aufregend wie mein Erlebnis am Vortag. Nach unserem Abendessen hatte er mit seinen Koffern ein Taxi genommen und sich durch die Straßen von New York fahren lassen. Dann bat er den Taxilenker, er möge ihn zu einem Hotel bringen, das preisgünstig sei; er komme aus Österreich und habe wenig Geld. Er landete schließlich in einer billigen Absteige. »$ 3,50, die Nacht!«, stand auf der Reklametafel. Über eine knarrende Treppe führte man ihn etliche Stockwerke hinauf zu seinem Zimmer. Müde von der langen Reise und den Gesprächen bei Grand Union wollte er sich endlich am Bett ausstrecken und ausschlafen. Doch nachts wachte er immer wieder auf. Die grellen Neonreklamen, die auf und ab flackerten, erhellten den Raum. Er empfand den Lärm der Autos auf den Straßen unerträglich. Aber am schlimmsten waren die Geräusche innerhalb des Hauses. Nicht nur der Lärm im Stiegenhaus störte ihn. Aus den nebenan liegenden Räumen waren laute Gesprächsfetzen zu hören.

Entsetzt hörten die beiden Tanten zu. »Sie dürfen nicht in einem solchen Haus wohnen!« Sofort überlegte Tante Emily. Ihr fiel das YMCA ein, ein Haus der »Young Men's Christian Association«. Sie griff nach dem Telefonhörer und rief dort an. Es folgte ein langes Gespräch, von dem ich fast nichts verstand. Nachdem sie aufgelegt hatte, erhellte sich ihr Gesicht, und sie meinte: »Ich hab einen Platz für Karl!« – So nannte sie ihn ab diesem Zeitpunkt. Tante Emily hatte

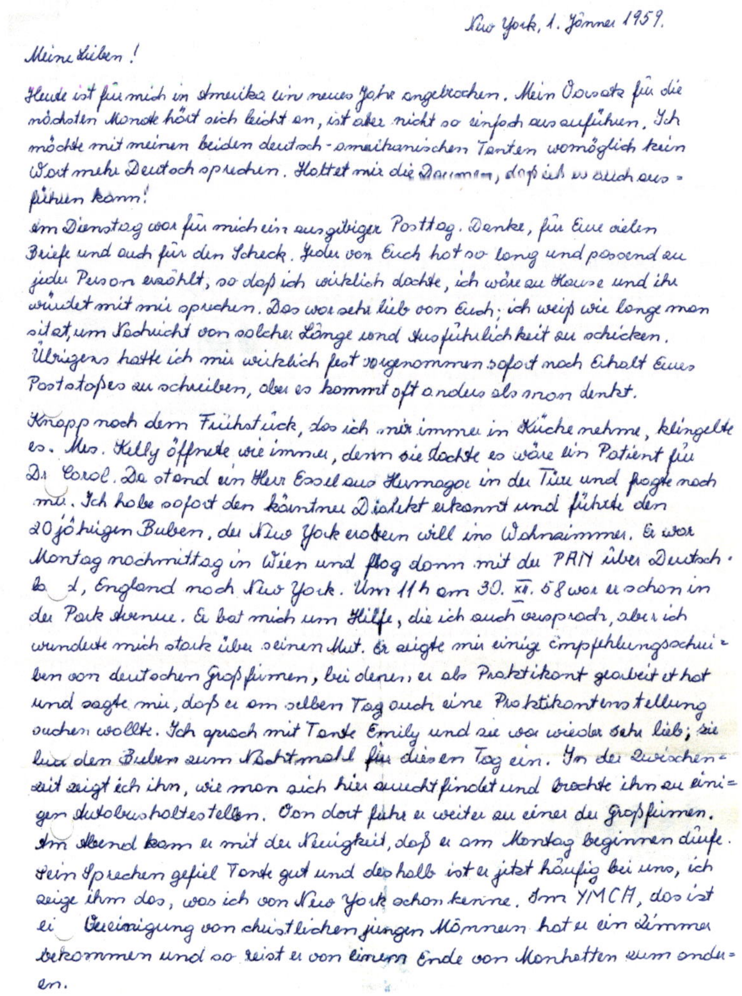
New York, 1. Jänner 1959.

Meine Lieben!

Heute ist für mich in Amerika ein neues Jahr angebrochen. Mein Vorsatz für die nächsten Monate hört sich leicht an, ist aber nicht so einfach auszuführen. Ich möchte mit meinen beiden deutsch-amerikanischen Tanten womöglich kein Wort mehr Deutsch sprechen. Haltet mir die Daumen, daß ich es auch ausführen kann!
Am Dienstag war für mich ein ausgiebiger Posttag. Danke, für Eure vielen Briefe und auch für den Scheck. Jeder von Euch hat so lang und passend zu jeder Person erzählt, so daß ich wirklich dachte, ich wäre zu Hause und ihr würdet mit mir sprechen. Das war sehr lieb von Euch; ich weiß wie lange man sitzt, um Nachricht von solcher Länge und Ausführlichkeit zu schicken. Übrigens hatte ich mir wirklich fest vorgenommen sofort nach Erhalt Eures Poststoßes zu schreiben, aber es kommt oft anders als man denkt.
Knapp nach dem Frühstück, das ich mir immer in Küche nehme, klingelte es. Mrs. Kelly öffnete wie immer, denn sie dachte es wäre ein Patient für Dr. Carol. Da stand ein Herr Essel aus Hermagor in der Türe und fragte nach mir. Ich habe sofort den Kärntner Dialekt erkannt und führte den 20jährigen Buben, der New York erobern will ins Wohnzimmer. Er war Montag nachmittag in Wien und flog dann mit der PAN über Deutschland, England nach New York. Um 11 h am 30. XII. 58 war er schon in der Park Avenue. Er bat mich um Hilfe, die ich auch versprach, aber ich wunderte mich stark über seinen Mut. Er zeigte mir einige Empfehlungsschreiben von deutschen Großfirmen, bei denen er als Praktikant gearbeitet hat und sagte mir, daß er am selben Tag auch eine Praktikantenstellung suchen wollte. Ich sprach mit Tante Emily und sie war wieder sehr lieb; sie lud den Buben zum Nachtmahl für diesen Tag ein. In der Zwischenzeit zeigte ich ihm, wie man sich hier zurechtfindet und brachte ihn zu einigen Autobushaltestellen. Von dort fuhr er weiter zu einer der Großfirmen. Am Abend kam er mit der Neuigkeit, daß er am Montag beginnen dürfe. Sein Sprechen gefiel Tante gut und deshalb ist er jetzt häufig bei uns, ich zeige ihm das, was ich von New York schon kenne. Im YMCA, das ist ei[ne] Vereinigung von christlichen jungen Männern hat er ein Zimmer bekommen und so reist er von einem Ende von Manhatten zum anderen.

Ein Brief von mir an meine Eltern vom 1. Jänner 1959

ihn nach wenigen Stunden in ihr Herz geschlossen und war bereit, ihr Möglichstes für ihn zu tun. Karlheinz – mir gefiel der Name besser, weil er mich an meinen Jugendschwarm Karlheinz Böhm erinnerte – und die beiden Tanten stiegen ins nächste Taxi und fuhren zum YMCA. Dort mussten Alice und Emily für Karlheinz bürgen und Formalitäten erledigen, während er seine Koffer aus seiner »exquisiten Unterkunft« holte. Nach etwa zwei oder drei Stunden kamen alle drei freudestrahlend zurück. Alles war geordnet, und das neue Quartier war besser, als Karlheinz es sich je erträumt hatte. Für den gleichen Betrag von dreieinhalb Dollar hatte er ein sauberes Zimmer und nette Gesellschaft im Haus.

Es war Silvesterabend. Wir vier nahmen ein frühes Dinner zu Hause ein. Nachher fuhren wir gemeinsam zum Broadway. Dort gab es ausgelassenes Treiben! In einem Kino sahen wir einen Film und im Anschluss eine Show. Tänzerinnen mit viel Flitter und wenig Textil am Körper bewegten sich zur Musik einer Jazzkapelle. Auch amerikanische Schlager wurden gesungen. Es war der richtige Einstieg in die neue Welt für einen Buben vom Land, aber auch für mich. Nachher stürzten wir uns in den New-Year's-Trubel am Broadway. Pfeifend und singend zog die Menge durch die Straßen.

Eine Stunde vor Mitternacht fuhren wir mit einem Taxi nach Hause. Dort begrüßten wir mit Sekt und Kaviar auf Toast das neue Jahr. Im TV sahen wir das Gebäude der »New York Times«, von dem zu Mitternacht von einem Ballon aus Zeitungen über den Platz verstreut wurden. Man hörte ein uraltes amerikanisches Volkslied, das genau unserer Stimmung entsprach. Wir vier wünschten einander ein »Happy New Year« 1959 und dachten intensiv an all unsere Lieben in Österreich.

In der Galerie von Virginia Zabriskie

Das neue Jahr sollte mein Leben total verändern. Mit Jahresanfang begann ich endlich in der Galerie von Virginia Zabriskie zu arbeiten. Die Galerie lag in dem Hinterhof eines Hauses in der 65. Straße, zwischen der Fifth Avenue und der Madison Avenue. In New York, speziell in Manhattan, waren unzählige Galerien zu finden. Trotzdem war Mrs. Zabriskie überall bekannt. Man sagte damals, sie wäre unter den zehn wichtigsten Galerien der Metropole gereiht. Virginia Zabriskie war damals ungefähr achtundzwanzig Jahre alt. Sie war sehr hübsch und hatte eine Ausstrahlung, mit der sie Menschen verzaubern konnte. Gemeinsam mit ihrem Angestellten Mr. Schoelkopf präsentierte sie in ihren Räumen Einzelausstellungen von Künstlern der Gegenwart.

Schon bald traf ich dort den Maler Abraham Walkowitz, einen damals 81-jährigen, weißhaarigen Mann mit roten Backen und zwinkernden Augen. Er war vielleicht einen Kopf kleiner als ich. Überschwänglich begrüßte er mich, nahm mich an der Hand und zeigte mir seine Bilder, vor allem Aquarelle von Landschaften, aber auch Ölgemälde von Tänzerinnen und Architekturzeichnungen. Seine Werke hatte er sehr tief gehängt, was mich überraschte. Später erklärte mir Mrs. Zabriskie, er wäre beinahe blind und halte gerne Zwiesprache mit seinen Bildern. Mit mir hatte er eine geduldige Zuhörerin für seine Kommentare und Anekdoten. In der Tat hatten seine Augen während seines Lebens viel gesehen,

Die Galeristin Virginia Zabriskie, 1978

was seinen Verstand, seine Ansichten und seine Herzenswärme geprägt hatte. Seine erste Ausstellung war lange vor 1900 gewesen, bevor man vom Fauvismus, Kubismus oder der Abstraktion sprach. Durch seine Kurzsichtigkeit hatte seine Karriere als aktiver Künstler um 1950 geendet. Sein Geist blieb aber wach, und er führte einen verbalen Kampf gegen Jackson Pollock. Pollocks Methode war es, Farbe auf die am Boden liegende Leinwand tropfen zu lassen, womit er eine vollkommen neue Kunstrichtung erfand, die von einem Künstler wie Abraham Walkowitz nicht anerkannt wurde. Seine Arbeiten aus New York zeigen die kolossale Architektur der Gebäude auf ganz spezielle Weise in der künstlerischen Ausführung. Er hauchte dem Bild förmlich die Seele ein, wenn er die Linien seiner Zeichnung mit schnellen Strichen hoch aufstreben ließ. Er war ein Meister, der es verstand, den Geist, das Leben, die Musik, die Bewegung und die massive Größe New Yorks wiederzugeben. Jeden Tag, wenn ich in die Galerie kam, wiederholten sich unsere Zusammentreffen. Er wartete auf mich und führte mich jedes Mal wieder zu einem anderen seiner Bilder, das er dann ganz genau erklärte. So lernte ich konzentriert zu beobachten. Er plauderte gerne mit mir und wollte auch vieles von mir, meiner Familie und Wien erfahren.

Auch Mrs. Zabriskie und Mr. Schoelkopf waren gute Lehrmeister für mich. Regelmäßig schickten sie mich in Museen und Galerien. Tags darauf wurde ich gefragt, was mir aufgefallen sei und mich bewegt habe. Die Gemälde des Malers Modigliani wurden mir von Mr. Schoelkopf besonders ans Herz gelegt. Die sparsam gemalten Gesichtszüge und die Haltung des Kopfes sagten mehr aus als ausgemalte Figuren. Ich konnte die feinsinnigen Persönlichkeiten der Modelle erkennen, obwohl ich keine

Der Maler Abraham Walkowitz

Ahnung von dem Künstler und seinen Hintergründen hatte. Geheimnisvoll war für mich dieser Maler jedenfalls, und bis heute empfinde ich sein Werk als außerordentlich und bedeutungsvoll.

In der *Galerie Zabriskie* wurden lebende Künstler gezeigt, die die beiden Galeristen persönlich kannten und die sie für wichtig erachteten. Mit jeder Ausstellung stiegen ihre Bekanntheit und damit auch der Preis der Kunstwerke. Alle zwei Monate wurde die Galerie mit neuen Bildern ausgestattet und immer veränderten sich zu meiner Überraschung die Räume total. Nach den kleinformatigen Arbeiten von Walkowitz zeigten wir große abstrakte Gemälde. Mein erster Eindruck, den ich aber für mich behielt, war: »Farbpatzen mit Schattierungen«. Ich hatte nun die Aufgabe, die Bilder von der abgelaufenen Ausstellung zu verräumen, die neuen, die schon an den Wänden hingen, zu nummerieren und eine Liste zu schreiben, die die Bezeichnung der Werke, die Größe, die Art der Malerei und den Preis beinhalten musste. Der Künstler hieß Budd Hopkins, aber sein Werk hinterließ keinen großen Eindruck bei mir. Ich konnte damals mit Gemälden, wie er sie malte, noch nichts anfangen. Lester Johnson war auch einer der Maler, die bei uns ausstellten. Als ich ihn in der Galerie kennenlernte, gehörte er einer Gruppe von Künstlern an, die sich der abstrakten, expressionistischen Malerei widmete. Ich habe noch seine Bilder vor mir: Dicke grüne Ölfarbe hatte er auf große Leinwände gespachtelt. Dann hatte er mit schwarzer Farbe seinen eigenen Kopf grob hineingemalt.

Oft hatte ich Kuverts für Einladungen mit Adressen zu beschriften. Dabei hatte ich manchmal meine Probleme. Es gab von Mrs. Zabriskie handgeschriebene Karten, die ich oft nicht lesen konnte. Sie schrieb, wie viele Amerikaner, mit der linken Hand, dadurch war für mich ihre Schrift schwer zu entziffern. Es dauerte eine Weile, bis ich mich an sie gewöhnt hatte und sie lesen konnte. Mrs. Zabriskie lachte oft, wenn ich sie fragte, was das wohl heißen sollte. Anfangs machte ich öfters Fehler, aber sie hatte unwahrscheinliche Geduld mit mir.

Wenn ich Bilder zum Ausrahmen bekam, war ich mit Freude bei der Arbeit. Es war für mich so, als ob ich die Zeichnungen von etwas befreien würde, das nicht wirklich zu ihnen gehörte. Mir wurde beigebracht, wie sorgfältig man mit den Werken umzugehen hat. Die einzelnen Blätter wurden dann in eine Hülle aus säurefreiem Papier gelegt und in Schränken aufbewahrt. Kamen Besucher oder gar interessierte Kunstsammler, hatte ich die Möglichkeit, mit ihnen über die Werke zu sprechen. Merkte ich ernstes Interesse, so holte ich Mr. Schoelkopf oder Mrs. Zabriskie, die dann auch spezielle Gemälde aus einem verschlossenen Schrank holten und präsentierten. Dabei durfte ich helfen, und mich interessierte es, bei Verkaufsgesprächen dabei zu sein. Während solcher Gespräche machte ich mich nützlich mit dem Hin- und Herräumen; die Ohren hatte ich dabei weit aufgesperrt. Viel Spaß machte es mir, die Menschenmassen während den Vernissagen zu bewirten. Es gab meistens einen trockenen Sherry, den ich mit einem süßen Lächeln kredenzte. Zu solchen Events kamen viele junge und auch ältere Leute. Auch meine Freundin Emily und Karlheinz lud ich öfters ein. Hier nannte man eine solche Zusammenkunft auch Party, denn es ging lustig und sehr laut zu. Jeder versuchte, mit jedem in Kontakt zu kommen, und man sah vor lauter Menschen kaum die Bilder. Deshalb kamen an den darauffolgenden Tagen auch immer viel mehr Besucher als sonst. Einer davon fand anscheinend Gefallen an mir, denn er kam immer wieder in die Galerie, um mit mir zu plaudern. Als ich ihn fragte, was er beruflich mache, antwortete er: »I'm an artist!« – »Do you paint also abstract?«, fragte ich. »No, I feel much more realistic«, antwortete er.

Er wollte wiederkommen. Ich bat ihn daraufhin, mir seine Arbeiten zu zeigen. Mein junger Verehrer wurde plötzlich sehr unsicher und meinte verschämt, er würde erst mit dem Malen anfangen. Ich schmunzelte und in der Folge kam er nie mehr wieder.

Ursprünglich hatten wir vereinbart, dass ich meine Arbeit unentgeltlich machen sollte. Ich hatte ohnehin nichts anderes erwartet. Aber schon am Ende der zweiten Woche steckte mir Mrs. Zabriskie einen Zehn-Dollar-Schein zu. »Das war nicht ausgemacht!«, antwortete ich.

»Agnes, nimm es und mach dir mit deinem Freund einen netten Abend.«

Ab diesem Zeitpunkt bekam ich wöchentlich sogar zwanzig Dollar. Das bedeutete, im Monat doppelt so viel zu bekommen, wie ich daheim bei meinem Vater verdient hatte. Dabei betrug meine Arbeitszeit täglich bloß sechs Stunden, und ich hatte am Samstag frei. Ich kam mir vor wie ein Krösus. Voller Stolz schrieb ich meinem Vater, er müsse mir kein Taschengeld mehr schicken.

Von Mr. Schoelkopf wurde ich auf andere Weise verwöhnt. Auf meinem Schreibtisch fand ich immer wieder Schokolade, und zwar die hauchdünnen Schokoladeblättchen der Schweizer Firma Lindt. An einem Tag durfte ich ganz alleine die Galerie betreuen. Das war der größte Vertrauensbeweis, den ich mir denken konnte. Es bedeutete mir mehr als alles andere.

Die monatelange Arbeit in der Galerie von Virginia Zabriskie hat mein Leben verändert. Es war eine neue Welt, die sich mir dort offenbarte. Mir wurden die Augen für moderne Kunst geöffnet. Damals konnte ich noch nicht ahnen, wie prägend meine Erfahrungen in der Galerie für meine Zukunft sein würden. Mrs. Zabriskie begleitet mich bis zum heutigen Tag und ist stolz darauf, dass sie maßgeblich an meinem späteren Lebensweg beteiligt war.

Erste gemeinsame Erlebnisse mit Karlheinz

Meine liebe Tante Emily war in ihrem Element als Gastgeberin. Jeden Abend nach seiner Arbeit war Karlheinz zum Dinner eingeladen und konnte sich bei uns so richtig satt essen. Wenn Tante Alice von ihrer Bank, ich von der Galerie und Karlheinz nach zwei Stunden Busfahrt aus New Jersey nach Hause gekommen waren, saßen wir im Salon bei einem Cocktail zusammen. Das war immer die gemütlichste Stunde des Tages – »very relaxing«, wie man hier zu sagen pflegte. Jeder erzählte, was er erlebt hatte. So konnte Tante Emily, die das Haus sehr selten verließ, an unseren Leben teilhaben.

Insbesondere Karlheinz war stets redselig, erzählte von seinem Praktikum im riesigen Grand Union Market in New Jersey, über das unendliche Warenangebot, die Schnelligkeit und Effizienz, die man allen Mitarbeitern abverlangte, aber auch die Freundlichkeit gegenüber den Kunden, die von ihnen gefordert wurde. Das beeindruckte ihn. Das wollte er in Österreich auch erreichen. Ein anderes Mal erzählte er von seinen Eindrücken in einer Fleischerei. Die Knochen wurden hier nicht bis auf das letzte Fleischstückchen gesäubert, denn »Time is Money« – dies würde sich nicht lohnen. Die Knochen wurden mit den Fleischresten einfach in einen Behälter geworfen, um anschließend entsorgt zu werden. Das von den Fleischhauern tranchierte Fleisch wurde in eine andere Abteilung geliefert. Dort waren die Metzger damit beschäftigt, die verschiedenen Portionen zu zerlegen und in Zellophan zu verpacken. In Kühltruhen wurden sie dann den Kunden zum Kauf angeboten.

Auch sprach Karlheinz immer wieder davon, österreichische Erzeugnisse hier in den USA verkaufen zu wollen. Er wollte Wiener Mode nach New York bringen. Die Wiener Philharmoniker sollten dafür Werbung machen. Österreichischer Wein lag ihm am Herzen, obwohl er noch nie einen getrunken hatte. Auch Rucksäcke aus der Fabrik seiner Familie und Skier von einem befreundeten Erzeuger in

Hermagor schwebten ihm als Exportartikel vor. Und Hüte! Er selbst hatte einen Hut, den man eigentlich zu einem Trachtenanzug trug. Aber weil so mancher ihn hier dafür bewunderte, kam ihm die Idee, solche Hüte in New York zu verkaufen. Daher wollte er neben seinem Praktikum mit verschiedenen Firmen in Österreich in Kontakt treten.

Karlheinz engagierte mich als seine Sekretärin. Nach dem Abendessen diktierte er mir Briefe auf Mrs. Kelleys Schreibmaschine, die ich benutzen durfte. Über die österreichische Botschaft, die uns überaus freundlich gesinnt war, kamen wir zu Adressen. Wir richteten ein eigenes Postfach für geschäftliche Briefe ein, von dem ich zweimal wöchentlich – auf meinem Weg zur Galerie – die Post abholte. Es dauerte nicht lange, da hatte Karlheinz mit einer amerikanischen Firma einen Vertrag über fünftausend Paar Skier aus Österreich abgeschlossen. Ich war mächtig stolz auf ihn. Immer mehr war ich jetzt in den Abendstunden damit beschäftigt, geschäftliche Dinge zu erledigen.

Die Hüte, die er verkaufen wollte, machten uns ein wenig Kummer. Eine namhafte Import- und Exportfirma hatte uns um die Generalvertretung für die USA gebeten, aber ein österreichischer Geschäftsfreund hatte diese schon vergeben. Karlheinz musste eine andere Erzeugungsfirma ausfindig machen. Auch mit Lenz Moser aus der Wachau, den mein Vater seit seiner Schulzeit kannte, hatten wir Kontakt aufgenommen, um österreichischen Wein in die USA zu exportieren. Wir erschlossen für diesen Großwinzer den amerikanischen Markt – ein wahres Erfolgserlebnis!

Karlheinz war auch an Börsengeschäften äußerst interessiert. Mit Tante Emily hatte er die richtige Gesprächspartnerin gefunden. Er konnte stundenlang mit ihr darüber diskutieren. Einmal besuchten wir die Börse in der Wall Street. Wir standen auf der Galerie und beobachteten das Treiben auf dem Parkett. Aufgeregte Broker liefen hin und her, hoben ihre Arme, schrien durcheinander. Die Halle schien einem Ameisenhaufen gleich. Fasziniert standen wir beide am Geländer und verfolgten die Szene. Die Tafeln mit den Namen und Ziffern veränderten sich ununterbrochen.

Obwohl wir wochentags mehr als beschäftigt waren, nahmen wir uns fest vor, die Wochenenden zu nutzen, um New York kennenzulernen. Einer der ersten Ausflüge, die Karlheinz und ich alleine unternahmen, führte uns an den Hudson River. Ich wollte meinem neuen Freund die Nordspitze von Manhattan, *The Cloisters* und die imposante George-Washington-Brücke zeigen, die Manhattan mit New Jersey verbindet. Die Sonnenuntergänge sind hier besonders romantisch, weil die Brückenkonstruktion dabei in rotgoldene Farben getaucht wird. *The Cloisters*, eine Zweigstelle des *Metropolitan Museum*, befindet sich auf einem Hügel oberhalb des Hudson River. Das Gebäude ähnelt einem französischen Kloster und beherbergt mittelalterliche Kunstwerke. Gemeinsam besuchten wir auch die Gebäude der UNO. Auf dem Platz davor flatterten die Fahnen all jener Nationen, die damals Mitglieder der Vereinten Nationen waren. Ein erhebender Anblick war das! Natürlich besichtigten wir auch das damals höchste Gebäude der Stadt. Von der Spitze des Empire State Building hatten wir einen außerordentlichen Blick auf Manhattan.

Ein anderes Mal gingen wir in den Central Park, der in nächster Nähe von Tante Emilys Haus lag. Wir genossen die weitläufigen Spaziergänge über die Promenade, die an einem See vorbeiführte; rundumher erstreckten sich Hügel, die im Winter mit Schnee bedeckt waren und uns in weihnachtliche Stimmung versetzten. Tante Emily riet mir stets ab, alleine durch den Park zu gehen. Zum Alltagsbild gehörten Obdachlose, Prostituierte und Menschen aus der Drogenszene. Tante Emily war immer recht ängstlich, aber zu Karlheinz hatte sie Vertrauen. Doch sie riet uns, sehr vorsichtig und vor Einbruch der Dunkelheit wieder daheim zu sein.

Während eines Spaziergangs im Park fragte mich Karlheinz einmal, ob ich singen könne. »Ich spiele Klavier, aber singen kann ich nicht!« – »Jeder Mensch kann singen!«, behauptete er und sang mir ein Lied vor. Dabei merkte ich, dass ihm der christliche Glaube ein Anliegen war. Auch ich war ja christlich erzogen worden, aber es war in unserer Familie kaum üblich, darüber zu sprechen. Das Lied, das er mir vorsang, hatte einen evangelistischen Text, der mir hier im fremden New York unter die Haut ging. Schnell erlernte ich die Strophen und sang ganz leise mit. Plötzlich sagte er strahlend: »Schau, du kannst ja doch singen!« Nachdem Karlheinz mir seinen tiefen christlichen Glauben offenbart hatte, fragte ich ein wenig nach und begann selbst von meinen religiösen Erfahrungen, die ich hauptsächlich in der Kirche gemacht hatte, zu erzählen. Tante Jetty, die mir beim Abschied die tägliche Bibellese in die Hand gedrückt hatte, und mein Heimweh, mit dem ich lange Zeit zu kämpfen hatte, waren wohl maßgeblich dafür, dass ich jetzt offen für solche Gespräche war. Karlheinz erzählte mir von seinen Angehörigen, die gläubige und praktizierende evangelische Christen waren. Mich beeindruckte seine Offenheit, über den persönlichen Glauben zu sprechen, denn das hatte ich vorher noch nicht erlebt.

Damals im Park fühlte ich plötzlich eine gewisse Zugehörigkeit zu ihm. In diesem Moment aber ahnte ich noch nicht, welche Gefühle er für mich hatte. Schließlich kannten wir uns ja erst wenige Wochen. Und im Grunde genommen war, seit er mir ein falsches Alter genannt hatte, doch eine gewisse Mauer zwischen uns. Aber ein bestimmtes Einverständnis spürten wir nun doch zwischen uns. Noch sprachen wir nicht darüber.

Unterwegs im Osten der USA

Vorerst ging es nach Washington. Meine lieben Tanten luden mich dazu ein, Armin und seine Familie in der amerikanischen Hauptstadt zu besuchen. Unseren neuen österreichischen Freund überließen wir dieses Mal seinem Schicksal. Tante Emily war mit dem Auto vorausgefahren. Tante Alice und ich trafen uns nach der Arbeit am Freitagnachmittag auf einem der großen Bahnhöfe in New York. Nach viereinhalb Stunden Fahrt erreichten wir Washington.

Auch Washington war für mich ein Erlebnis. Ich war hingerissen und begeistert. Ein Taxi brachte uns zu Armins Haus – ein typisches Einfamilienhaus, modern und praktisch, mit einem kleinen Garten. Klein-Armin war schon eingeschlafen, aber Andrea begrüßte uns. Sie saß müde und verträumt auf der Treppe mit dem Daumen im Mund und hielt uns gnädig ihre Wange zum Kuss hin. Zum Sprechen war sie nach einer aufregenden Kinderparty zu müde.

Tante Emily mit ihrem Sohn Armin in Washington, 1959

Nach der auch hier üblichen Cocktailstunde brachen wir auf. Armin hatte uns in ein italienisches Restaurant zu einem spätabendlichen Dinner eingeladen. Einige Wochen hatten wir uns nun nicht mehr gesehen, und so gab es vieles zu berichten. Wir drei New Yorkerinnen erzählten vor allem von unserem neuen

Freund. Interessant, dass jede von uns ihn in einem anderen Licht sah. Aber im Großen und Ganzen fielen unsere Beschreibungen doch recht positiv für ihn aus. Ich musste natürlich über meine Erfahrungen in der Galerie und mit Mrs. Zabriskie erzählen. Gen und Armin waren ganz überrascht, dass ich mich innerhalb eines Monats so stark verändert hatte und mit so großer Begeisterung an meine Arbeit ging. Übrigens: Es gab Pizza zur Vorspeise, dann Spaghetti mit Tomaten und Hühnerleber mit pikanten Salaten, zum Abschluss natürlich Icecream, dann Kaffee und Cookies. Es war halb zwei Uhr nachts, als wir müde in unsere Betten fielen.

Als ich über meine Tätigkeit in der Galerie erzählt hatte, war Gen die Idee gekommen, dass ich die *Phillips Collection* besuchen sollte. Auch Virginia Zabriskie und Mr. Schoelkopf hatten mir dieses private Museum empfohlen. Das tat ich gleich am nächsten Tag und tauchte so weiter in die bildende Kunst ein. Duncan Phillips war der Gründer der ersten Sammlung für internationale moderne Kunst in den USA gewesen. Insbesondere ein Gemälde von Pierre-Auguste Renoir ist mir besonders in Erinnerung geblieben: »Die Mahlzeit auf dem Bootsausflug«. Die Charaktere der verschiedenen Menschen, die lebendigen Posen und die reizvollen Einzelheiten des Bildes studierte ich damals genau. Lange Zeit stand ich davor und versuchte die Beziehungen der Menschen zueinander zu erfassen. Der Lichteinfall, der das Stillleben im unteren Teil des Gemäldes als Ruhepol erscheinen lässt, fiel mir auf, im Gegensatz zu den Figuren, die so lebendig dargestellt waren. Ich versuchte Renoirs Kompositionen in einzelne Teile zu zerlegen. Jeder dieser Ausschnitte ergab für mich ein eigenes Bild, das alleine an der Wand hätte hängen können. Auch ein zweiter Maler bewegte mich damals tief. Zum ersten Mal sah ich bewusst Werke von El Greco.

Am Nachmittag führten mich meine beiden Tanten mit dem Auto durch die Stadt. Ich sah die wichtigsten Gebäude, fotografierte viel und wunderte mich über die vielen verschlungenen Straßen Washingtons, die zwar das Stadtbild heimelig machen, aber mir, als einer Fremden, so manches Kopfzerbrechen bereiteten. Das Washington

Memorial stand einmal rechts, dann wieder links, einmal vor mir, dann wieder hinter mir. Sogar Tante Emily, die sich hier gut auskannte, verfuhr sich, und wir kamen in ein Viertel, das vorwiegend von Afroamerikanern bewohnt wurde. Stärker als in New York meinte ich in Washington die tiefe Kluft zwischen den Rassen zu spüren. In den Restaurants wurden Afroamerikanern immer nur die minderen Arbeiten zugeteilt; sie hielten die Tische und Fußböden sauber. Die Weißen dagegen sprachen mit den Gästen und brachten die Speisen. Die Hierarchie war deutlich spürbar. Die Vereinigten Staaten sind ja ein zusammengewürfeltes Land. Gerade in den Gaststätten konnte ich die Eigenarten der unterschiedlichen Menschen kennenlernen. Einmal war ich im Chinesischen Viertel in Washington zum Abendessen eingeladen. Zum ersten Mal in meinem Leben wurde ich von Chinesen bedient. Ich empfand diese Menschen als äußerst sensibel und höflich. Köche und Kellner waren ausschließlich Männer.

Während Tante Emily noch für einige Tage bei der Familie ihres Sohnes blieb, fuhren Tante Alice und ich am Sonntag mit dem Auto zurück nach New York. Unser Weg führte durch Virginia. Wir sahen die buchstäblich rote Erde und die hügelige Landschaft mit ihren Wäldern. Ich musste an den Film »Vom Winde verweht« denken, der hier spielt. Wir waren auf dem breiten Highway unterwegs, kamen an unzähligen Tankstellen, Motels und Howard Johnson's Rasthäusern vorbei, bis wir am späten Abend New York endlich erreichten.

Einige Wochen später besuchten wir Virginia erneut. Wir fuhren auf der berühmten Skyline Drive durch einen Nationalpark. Von den mächtigen blauen Bergen war ich ebenso beeindruckt wie von den nackten Felswänden in grün-blauer Farbe, die sich mit dunklen Wäldern abwechselten. Nach jeder Kurve tauchten einmal zur Rechten, dann wieder zur Linken romantische Täler auf. Dörfer mit fruchtbarem Ackerland lagen neben Weiden, Seen und endlosen Wäldern. Plötzlich hielten wir auf einem riesigen Parkplatz. Hier befand sich der Eingang zu den Luray Caverns – dem größten Höhlensystem im Osten der USA. Beim Durchwandern der Höhle erschreckte mich sogar der Hall unserer Schritte. Man erzählte mir, dass im Inneren auch Trauungen vorgenommen werden. Wie klein und gefangen muss man sich in diesem Raum fühlen, wenn man seinem Bräutigam das Versprechen zur ewigen Treue gibt!

Ein anderes Mal lud Tante Emily Tante Alice, Karlheinz und mich ein, für ein Wochenende in den Norden zu fahren. Es war eine Reise in die Neuengland-Staaten und damit in die frühe Geschichte der USA. Unser Weg führte uns zunächst nach Old Sturbridge Village. Dies ist ein kleines Dorf, das für Fremde und Einheimische nachgebaut wurde und wie ein lebendiges Museum betrieben wird, um sich in die Zeit der Pioniere der europäischen Einwanderung zurückzuversetzen. So wurde am reißenden Quinebaug River ein Yankee-Dorf des frühen 18. Jahrhunderts zum Leben erweckt: mit Kirche, Gasthof, einem Geschäft und Häusern, in denen in alter Tracht gekleidete Handwerker leben und arbeiten; auch Bauernhäuser mit Scheunen und Ställen finden sich hier.

Unsere Reise führte uns weiter nach Boston. Es war eisigkalt. Der Winter in Boston hat es in sich! Nie mehr in meinem Leben habe ich so gefroren wie hier! Bei der Stadtbesichtigung zog es Tante Emily daher vor, im Hotel zu bleiben. Sie schickte uns mit Tante Alice und einem Stadtplan los. Wir sollten uns die Altstadt, die vom viktorianischen Stil geprägt ist, anschauen. Auch in Harvard, wo Tante Emilys Sohn Armin sein Jusstudium absolviert hatte, schauten wir vorbei. Über Lexington, wo der amerikanische Unabhängigkeitskrieg eingeleitet worden war, kehrten wir von dieser historisch interessanten Reise beglückt nach New York zurück.

Die Verlobung

Unser Verlobungsfoto:
New York am 19. März 1959

Ein mir damals völlig unbekannter Brauch war das Verschenken von Blumen und Süßigkeiten am Valentinstag. Aber ich hatte schon einige Tage vor dem 14. Februar die Hintergründe des Festes erkundet. Ich fand auch eine dieser witzigen Grußkarten, die ich nach Österreich schickte und die sicher großes Erstaunen hervorrief. Am Valentinstag selbst kam Karlheinz schon am Vormittag zu uns. Er trug zwei wunderbare Blumensträuße und ein Paket in seinen Armen und lächelte etwas verlegen. Die Blumen waren für meine beiden Tanten bestimmt. Mir hatte Karlheinz gleich beim Eingang eine wunderschöne, mit rotem Samt überzogene Bonbonniere in Form eines Herzens überreicht. Ich begann zu zittern und reagierte überraschend für ihn: Ich drückte meinem Kavalier einen Kuss auf seinen Mund. Das hatte er nicht erwartet. Erschrocken wich er für einen Moment zurück, fand aber schließlich doch Gefallen daran und erwiderte meine Zärtlichkeit. So kam es, dass wir ein Liebespaar wurden. Schon Tage vorher hatte ich im Stillen überlegt, was aus unserer Freundschaft einmal werden sollte. Karlheinz war mir sympathisch, wir hatten viele gemeinsame

Interessen und seine Jugend störte mich nicht mehr. Denn er war in meinen Augen viel reifer als andere junge Männer, die ich kannte und die wesentlich älter waren als er. Noch war aber alles sehr geheim. Auch die beiden Tanten schienen nichts davon zu merken.

Nur wenige Wochen vergingen, da fragte mich Karlheinz, ob ich ihn heiraten wolle. Ich sagte aus vollem Herzen: »Ja!«

Als wir unsere Verlobung Tante Emily und Tante Alice mitteilten, hatten es die beiden offenbar ohnehin schon geahnt. Sie waren gar nicht überrascht und umarmten uns liebevoll. Nun galt es natürlich unsere Eltern zu informieren und sie, wie es damals so üblich war, um ihre Erlaubnis zu fragen. Es war der 10. März 1959, als wir in unseren Zimmern saßen – er im YMCA und ich in der Park Avenue –, um Briefe an unsere Eltern zu schreiben. Dass wir uns verstanden, gemeinsame Ideen entwickelten, glücklich waren und immer zusammenbleiben wollten, genügte nicht für unsere Großfamilien. Das nahm ich zumindest an. Vor allem aber musste ich meinem Vater begreiflich machen, dass ich die Firma nicht übernehmen wollte. Karlheinz hatte doch seine Pläne mit den Lebensmittel-Supermärkten, und die waren nicht vereinbar mit unserem Geschäft. Ich war sehr unsicher, als ich schrieb, nur mehr für meinen zukünftigen Mann arbeiten zu wollen. Offensichtlich formulierte ich den Brief aber so geschickt, dass meine Eltern wenige Tage später zustimmten. Möglicherweise hatte auch Tante Emily in ihren Briefen an sie das eine oder andere über Karlheinz weitergegeben und somit einen positiven Beitrag dazu geleistet.

Die Familie meines Mannes ließ uns mit ihrer Antwort im Ungewissen. Kurzerhand entschloss sich Karlheinz nach Österreich zu fliegen, um für Ordnung zu sorgen. Er versprach mir aber, nach spätestens einem Monat wieder zurück zu sein, um mich dann nach Hause zu holen.

Er hatte auch einige Aufträge von verschiedenen Firmen bekommen. Jetzt hieß es für ihn, mit den Produzenten alle Details abzuklären. Er hatte einen ansehnlichen Auftrag für Skier aus Österreich in der Tasche, aber dem Lieferanten aus Kärnten war der Auftrag zu groß. So wollte Karlheinz mit Skierzeugern aus Tirol persönlich Kontakt aufnehmen, Preise und Konditionen aushandeln, um die Ware ordnungsgemäß in die USA verschiffen zu können. Auch musste die erste große Order von österreichischem Wein abgewickelt werden. Sein Rückflug nach Wien war für den 19. März gebucht. Kurz vor seinem Reiseantritt besorgten wir noch unsere Verlobungsringe. Als wir sie in dem Schmuckkästchen überreicht bekamen, lag mein Ring in seinem, und man konnte ihn darin ganz leicht bewegen. Ich sah das als Omen: Ich wollte in unserer Verbindung geborgen, aber nicht eingeengt sein. Als wir uns die Ringe ansteckten, lächelten wir über diese Idee. Karlheinz versprach mir, mich immer in diesem Sinn zu schützen und zu lieben, mir aber trotzdem die nötige Freiheit zu geben.

Der Abschied war für mich ein wenig schmerzvoll. Aber ich hatte eingesehen, dass es für ihn nötig war, diese Reise anzutreten. Für meine Familie in Österreich war es sicher eine riesige Überraschung, als ihr Schwiegersohn in spe unangemeldet am Samstag, dem 20. März, einen Tag nach unserer Verlobung, vor ihrer Tür stand. Meine Eltern hatten sich nicht sofort ausgekannt und gemeint, einer seiner Brüder stände vor ihnen. Ein Tempo wie dieses war in unserer Familie absolut unüblich, und mit Flugreisen kannte man sich auch nicht aus. Alle Entscheidungen wurden im Familienrat lange hin und her diskutiert und überlegt, bis man sich einmal durchrang, eine Veränderung ins Auge zu fassen. Ich hatte damals schon das Gefühl, meine Eltern würden mit unserem neuen und amerikanisierten Lebensstil etwas überfordert sein. Trotz allem wurde Karlheinz liebevoll aufgenommen. Ich weiß nicht genau, wie sich dieser Besuch abspielte. Zumindest wurde er eingeladen, über Nacht zu bleiben. Er durfte sogar in meinem Zimmer schlafen. Am nächsten Morgen weckte ihn meine Mutter mit »Der kleinen Nachtmusik«. Das hat einen unvergesslichen Eindruck bei ihm hinterlassen. Es wurde beschlossen, dass meine Eltern zu seinen Eltern nach Hermagor zu Besuch kommen sollten.

Eine Woche später war es so weit. Ich empfand es als äußerst witzig, dass gerade ich nicht dabei war. Ich kam mir vor wie eine Prinzessin, deren Glück in weiter Ferne fixiert wird. Meine Schwiegermutter war auf Ordnung und Anstand bedacht und instruierte ihren Sohn, bei meinen Eltern ganz offiziell um meine Hand anzuhalten. Das hinterließ natürlich einen positiven Eindruck bei ihnen.

Während mein Bräutigam in Österreich seinen Geschäften nachging, arbeitete ich weiterhin in der *Galerie Zabriskie*. An den Wochenenden trafen wir oft Armin und seine Familie. Einmal kamen sie nach New York, oder wir fuhren nach Washington, um dort die Kleinen heranwachsen zu sehen. Wenn wir zusammenkamen, wurde stets ein Fest gefeiert. Immer wieder staunte ich aufs Neue über die Geselligkeit und den hohen Lebensstandard, der uns damals in Österreich völlig unbekannt war. Es wurde kaum über Probleme gesprochen. Möglicherweise gab es ja auch keine. Zu Ostern feierte Klein-Armin seinen zweiten Geburtstag. Es gab eine Geburtstagsparty mit sieben Kindern. Tags zuvor hatten wir eine Unmenge Spielsachen besorgt. Abends, nachdem die Kleinen zu Bett gebracht worden waren, saßen wir Erwachsenen auf dem großen Perserteppich und spielten mit den Geschenken, bevor wir sie in bunte Papiere wickelten und mit Seidenbändern und üppigen Maschen verzierten. Meiner Meinung nach war die Hälfte der Spielzeuge weder passend noch nötig. Die Kinder waren völlig überfordert mit so vielen neuen Dingen.

Der Ostermorgen begann mit zahlreichen Easter bunnies. Andrea wurde mit einem lebendigen kleinen Häschen überrascht. »Come, look at my Häschen!«, rief sie begeistert aus. Durch ihr deutsches Kindermädchen vermischte sie beide Sprachen. Sie wusste nicht, mit wem sie Deutsch oder Englisch sprechen sollte.

Mir wurde immer klarer, wie viel sich in den letzten Monaten für mich persönlich verändert hatte – und wie ich mich selbst auch geändert hatte. Sogar meine Haare! In Österreich hatte ich sie auf Wunsch meiner Mutter zu einem Knoten geschlungen. In New York ließ ich sie mir kurz schneiden – in Anlehnung an Audrey Hepburn. Wir hatten die Filme »Frühstück bei Tiffany« und »Ein Herz und eine Krone« gesehen, und ich bewunderte die Schauspielerin sehr. Vor allem aber genoss ich die Freiheit, die man mir hier zubilligte. Ich war ein wenig ängstlich, wie meine Familie die neue selbstständige Tochter aufnehmen würde.

Die Trennung von Karlheinz hatte bald ein Ende. Vier Wochen lang war er in Österreich, traf dort viele Menschen privat, insbesondere aber geschäftlich. Er machte Partner ausfindig, die imstande waren, Waren nach Amerika zu liefern. Inzwischen wurden jede Menge Briefe geschrieben. Wie ein Lauffeuer hatte sich die Nachricht von meiner Verlobung zu Hause verbreitet. Verwandte, Freunde und Bekannte schickten mir Glückwünsche in verschiedenster Form zu. Lange Schreiben mit guten Ratschlägen kamen ebenso über den Ozean wie fröhliche Kartengrüße. Telefonieren war damals zu teuer. Und so schrieben auch Karlheinz und ich uns fast täglich. Jetzt rüstete ich mich für die Rückkehr meines Bräutigams. An dem Tag seiner Ankunft wollte er seinen zwanzigsten Geburtstag mit mir gemeinsam feiern. Als Geschenk hatte ich ihm ein Miniradio gekauft. Solche Apparate waren damals in Europa noch völlig unbekannt. Außerdem wollte ich ihn mit einer selbstfabrizierten Torte überraschen.

Aber an dem Tag, als ich Karlheinz vom Flughafen abholen wollte, schien nicht alles so zu klappen, wie ich es mir gewünscht hatte. Um sicher zu sein, ob das Flugzeug auch pünktlich ankommen würde, rief ich zeitig am Morgen im Büro der Fluggesellschaft »Pan Am« an. Da hieß es, das Flugzeug würde eine Stunde früher als geplant landen. Aufgeregt stieg ich in ein Taxi, das mich zum Bus brachte. Entsetzlich lange schien mir die Zeit, bis der Autobus sich endlich in Bewegung setzte. Das Flughafengelände kannte ich noch nicht. Als ich in der Ferne ein großes Gebäude mit der Aufschrift Pan Am sah, meinte ich, bei der Ankunftshalle zu sein. Ich stieg aus. Aber ich wunderte mich über die Menschen, die hier ohne Gepäck und stattdessen mit Arbeitsanzügen herumliefen. Ich erfuhr, dass ich ungefähr zwei Meilen vom Ankunftsgebäude entfernt war. Mir rollten heiße Tränen über meine Wangen. Ich lief zurück zur Haltestelle und war völlig verzweifelt. Wie sollte ich unter den vielen Bussen den richtigen finden? Da nahm sich ein Schwarzer meiner an, tröstete mich und half mir. Er wartete so lange, bis ich mich beruhigt hatte. Er zeigte mir, wo ich einsteigen sollte. Wie oft hörte ich andere über die schwarze Bevölkerung schlecht sprechen! Ich selbst hatte bei den wenigen Kontakten, die ich bisher mit ihnen gehabt hatte, immer nur Gutes erfahren.

Auch in meiner fast ausweglosen Situation war mir dieser Mann eine Hilfe, die ich ihm nie vergessen werde. So einfühlsam hörte er mir zu und beruhigte mich auf liebevolle Weise. Ich dachte, der Himmel selbst hätte ihn mir geschickt.

Endlich in der Ankunftshalle angekommen, erfuhr ich, dass das Flugzeug schon eineinhalb Stunden früher als geplant gelandet war. Zitternd stand ich nun in der Halle und meinte, in der Menschenmasse meinen Bräutigam niemals finden zu können. Aber plötzlich stand Karlheinz vor mir und hielt einen halbverwelkten Blumenstrauß in den Händen. Er überreichte ihn mir liebevoll und nahm mich in die Arme, sodass mein Schmerz sofort vergessen war. Überglücklich feierten wir das Wiedersehen und gleichzeitig seinen Geburtstag. So vieles wussten wir uns zu erzählen; wir waren glücklich und so fröhlich, dass uns abends vor lauter Lachen und Plaudern der Mund wehtat. Karlheinz kam mit Geschenken für mich, sodass ich meinte, ich hätte Geburtstag.

Gemeinsam mit den beiden Tanten saßen wir im Salon. Herr Lindner hatte eine echte Wiener Jause vorbereitet, dazu wurde meine Torte serviert. Karlheinz musste uns in allen Einzelheiten von seinen Erlebnissen berichten. Vor allem waren wir gespannt, wie meine Familie ihn aufgenommen hatte. Für sie waren seine raschen Entschlüsse und seine Zielstrebigkeit ungewohnt, aber mit seinem Charme hatte er meine Lieben in Klosterneuburg doch überzeugt. Obwohl ich geschrieben hatte, dass ich meinem zukünftigen Mann nach Kärnten folgen würde, rechneten sie noch immer damit, dass er einmal die Firma meines Vaters weiterführen würde. Ein wenig überrascht war aber auch ich, als ich von Karlheinz seine Pläne für unsere letzten Wochen in den USA erfuhr: Er bat mich, gleich am nächsten Tag mit Mrs. Zabriskie zu sprechen, um meine Arbeit bei ihr zu beenden. Er meinte, er brauche mich dringend, wenn er zum Fachverband für Supermarkets nach Washington fahre. Von Österreich aus hatte er sich schon einen Termin beim Direktor geben lassen, der ihm versprochen hatte, alles Menschenmögliche zu tun, um ihm einen Einblick in das Konzept der Supermarkets zu ermöglichen. Dann wollte er weitere

Unternehmen innerhalb der USA kennenlernen. Das bedeutete, in den nächsten Wochen viel herumzureisen. Und sein Wunsch war es, dass ich ihn begleite. Ich war über beide Ohren verliebt, und so wollte ihn nicht enttäuschen.

Aber ich muss sagen, mein Abschied von Mrs. Zabriskie und Mr. Schoelkopf fiel mir nicht leicht. Hatte ich doch hier einen Einblick in eine mir bis dahin unbekannte Welt bekommen. Ich fühlte mich bei ihnen wohl. Sie hatten mir Gelegenheit gegeben, nie geahnte Erfahrungen zu machen. Mir kam es vor, als wäre ich ein Schwamm, der ins Wasser getaucht wird und sich vollsaugt. Ja, mein Interesse für Gegenwartskunst ist damals geweckt worden. In Kontakt wollte ich vor allem mit Mrs. Zabriskie auch in Zukunft bleiben.

Zunächst ging es mit Karlheinz aber auf Tour. Unsere erste Station war Washington. Ich war bei Gen und Armin untergebracht, während Karlheinz wieder ein Zimmer in einem YMCA-Haus bezog. Gemeinsam genossen wir den Bummel durch den Park, schlenderten an der George-Washington-Statue und am Thomas-Jefferson-Monument vorbei und empfanden die Stadt schöner als je zuvor. Einen Abend ließen wir im Restaurant »Rendezvous« ausklingen. Wie speisten gut und unterhielten uns glänzend. Immer wieder erzählte Karlheinz mir von neuen Plänen. Und wieder erledigte ich seine Korrespondenz, schrieb Briefe an Kunden und Lieferanten, tippte die von ihm diktierten Protokolle mit der Maschine und holte täglich die Briefe vom Postamt ab.

In einem der Restaurants probierte ich erstmals die Unterschrift, die ich nach unserer Hochzeit verwenden würde. Die Kurzform – AE – fiel mir relativ leicht, aber beim vollen Namen wollte kein rechter Fluss entstehen. Auf die Rückseite des Blattes zeichnete Karlheinz mit wenigen Strichen New York, Hermagor, Klosterneuburg, den Dampfer Queen Elizabeth, der mich nach New York gebracht hatte, das Flugzeug, mit dem Karlheinz gekommen war, meine Tanten und so vieles mehr. Dazwischen kritzelten wir unsere Unterschriften.

Das Blatt mit den Proben meiner neuen Unterschrift im April 1959

Beim Fachverband für Supermarkets in Washington traten wir als Paar auf und wurden von den Geschäftsleuten freudig begrüßt. Junge Leute mit so viel Enthusiasmus hatten sie nicht oft in ihren Reihen. Ich war überrascht, dass man uns die Pläne, die wir hatten, zutraute. Durch die Gespräche und Vorträge, die wir hörten, lernten wir. Wir notierten uns Stichworte, die wir später formulierten und zu Papier brachten. Lebensmittel in Selbstbedienungsläden zu verkaufen, war in den USA damals bereits gang und gäbe, im Jahr 1959 in Österreich aber noch nicht auszudenken. Man fürchtete, dass mehr Waren gestohlen als bezahlt würden.

Nach den Treffen im Fachverband wurden wir an die verschiedensten Konzerne weitervermittelt. Circa eine Woche waren wir unterwegs. Überall wurden uns die Türen geöffnet. Wir konnten in persönliche Kontakte zu den Besitzern der Betriebe treten. Alle waren offen für unsere Anliegen. Von ihnen bekamen wir Adressen von Geschäftsfreunden, und diese organisierten für uns wiederum weitere Kontakte zu diversen Direktoren und Abteilungsleitern, die uns durch ihre Betriebe führten. Ihre Ratschläge waren uns wichtige Hinweise für unsere weiteren Planungen. Mit einem Greyhound Bus erreichten wir schließlich Roanoke und die Firma Mick-or-Mack, die aus einem kleinen Lagerhausbetrieb hervorgegangen war. Damals hatte Mick-or-Mack fünf eigene Betriebe, die aber mittels eines Vertrages mit dreißig anderen Läden gemeinsam bei der Industrie disponierten. So erreichten sie einen größeren Umsatz und bessere Konditionen, die sie teilweise an ihre Kunden weitergeben konnten. Das war das Geheimnis ihres Erfolges.

Als wir am nächsten Wochenende zurück nach New York fuhren und unseren beiden Tanten von der Reise erzählten, ergab ein Wort das andere. Besonders Tante Emily war für Karlheinz eine wichtige Beraterin. Ihr Interesse an seinen Plänen bestärkte ihn, noch weitere Reisen zu unternehmen, um sich zu informieren: nach Minneapolis und Chicago. Inzwischen ereignete sich aber auch in New York Aufregendes.

Zu mitternächtlicher Stunde läutete das Telefon. Es meldete sich Georg, der älteste Bruder von Karlheinz. Er wäre mit einer Reisegruppe in New York angekommen und wolle mir einige Waren und geschäftliche Unterlagen bringen, bevor er nach Washington weiterreise. Er bestellte mir liebe Grüße aus Hermagor.

Ich war schrecklich aufgeregt, meinen zukünftigen Schwager kennenzulernen. Mir hatte keiner gesagt, dass er in die USA reisen würde. Tags darauf kam er zu uns in die Park Avenue. Karlheinz war noch nicht von seiner Reise zurück, aber Tante Emily und ich begrüßten unseren Gast. Meine Nervosität ließ ich mir natürlich nicht anmerken. Georg stand aber völlig unkompliziert vor uns und plauderte im Kärntner Dialekt auf uns ein. So gut ich ihn verstand, versuchte ich sein Anliegen zu übersetzen. Die Supermarktidee schien im Kärntner Land begeisterte Anhänger gefunden zu haben. Georg brachte einige Schriftstücke und ein Paket mit Taschen und Rucksäcken aus seiner Erzeugung, die wir verkaufen sollten.

Am nächsten Tag kehrte Karlheinz zurück und mit ihm jede Menge neuer Aufgaben. Meine Schwester Lore fragte mich einmal in einem ihrer Briefe, ob Karlheinz außer seinen geschäftlichen Aktivitäten sonst noch etwas im Sinn hätte. Ich beruhigte sie, denn mir gefiel seine Umtriebigkeit. Und so nebenbei hatten wir ja auch Spaß beim Planen und Umsetzen unserer Ideen. Als Nächstes nahmen wir an einer Messe im Kongresszentrum New York Coliseum teil. Wir bekamen eine kleine Koje zugewiesen und stellten die Taschen aus der Essl-Produktion aus, die Georg mitgebracht hatte. Hier standen auch unsere Musterskier aus österreichischer Produktion. Eine Auswahl von Tiroler Hüten hatten wir dekorativ an die Wand gehängt. Die Kinder, die mit unseren Hüten von einem Stand zum anderen gingen, sahen nicht nur reizend aus, sie machten damit auch Reklame für uns. Verkaufen durften wir eigentlich nichts, aber um Aufträge waren wir bemüht. Wir wollten Interesse für österreichische Erzeugnisse wecken, und wir suchten Importeure, die den Alleinvertrieb übernehmen würden. Manchmal stand ich alleine am Stand und versuchte die Vorbeieilenden für unsere Waren zu interessieren. Karlheinz hatte da mehr Glück. Wie ein Marktschreier pries er die Taschen und Hüte an. Weil wir die Produkte nicht mehr nach Hause mitnehmen wollten, verkauften wir schließlich doch alle Produkte, natürlich zu Schleuderpreisen. Reißenden Absatz fanden vor allem die bunten Taschen.

Bei der Supermarktkette Grand Union hatte Karlheinz übrigens den größten Erfolg – beim Weinverkauf. Von Österreich hatte er eine Kiste mit Miniflaschen zur Probe mitgebracht. Obwohl er selbst bis heute keinen Alkohol trinkt, führte er eine richtige Weinverkostung durch. Er nippte selbst an den Gläsern, ließ andere kosten – und siehe da: Er verkaufte 150 Kisten Wachauer Wein von Lenz Moser. Weitere Aufträge folgten über Jahre hinaus.

Abschied von New York

Unser Abschied von New York lag vor uns. Ich hatte schon einige Pakete geschnürt, um diese im Voraus in die Heimat zu schicken. Inzwischen hatte sich ja einiges angesammelt. Die letzten Tage in New York vergingen viel zu schnell. Ich musste noch meine Schiffskarte umtauschen, weil ich Karlheinz mit dem Flugzeug zurück nach Europa begleiten wollte. Die Schiffsreise hierher war mir in entsetzlichster Erinnerung. Abschiednehmen hieß es nun von allen Freunden und Verwandten: von unserem hilfsbereiten Herrn Lindner und vor allem von unseren lieben und verständnisvollen Tanten Emily und Alice. Sie waren uns sehr ans Herz gewachsen.

Genau an meinem 22. Geburtstag traten wir den Heimflug an. Nach einem Zwischenstopp in Paris kamen wir am 19. Mai 1959 am Flughafen Wien Schwechat an. Wie überrascht waren wir beide, als wir nicht nur meine Eltern, meine Schwestern und meine Schwäger bei der Ankunft erblickten. Mein Vater hatte einen Autobus gemietet und alle unsere Angestellten eingeladen, Karlheinz und mich willkommen zu heißen. War das eine Überraschung und Freude für mich! Zu Hause hatte sich meine Mutter einige Überraschungen einfallen lassen. In meinem Zimmer war ein Geburtstagstisch gerichtet, auf dem ein Teil meiner Ausstattung platziert war.

Aber wieder daheim in Österreich kam mir alles winzig klein vor. Auf den Straßen waren nur wenige Autos unterwegs; nachts waren sie wie ausgestorben. Auch den Menschen fehlte die Weitsicht der Amerikaner. Außerdem spürte ich, dass meine Mutter sofort wieder versuchte, mich zu bevormunden. Für Karlheinz hatte sie ein Zimmer in der Wohnung meiner Schwester vorbereitet, die auch in unserem Haus wohnte. Ja, das Zusammenwohnen vor einer Eheschließung war damals verpönt und absolut unmöglich. Und meine Mutter achtete akribisch darauf, dass sie uns immer unter Kontrolle hatte. In New York dagegen hatten Karlheinz und ich uns jeden Abend zum Abend-

Roswitha, Karlheinz und ich im Zug nach Hermagor, 18. Mai 1959

essen bei Tante Emily und Tante Alice getroffen und waren noch lange plaudernd im Wohnzimmer zusammengesessen. In den USA hatten wir auch unsere Wochenenden gemeinsam verbracht. Dieses Miteinander ging mir nun ab, da wir bis zur Hochzeit mehr als vierhundert Kilometer voneinander entfernt wohnen sollten – Karlheinz in Hermagor, ich in Klosterneuburg.

Vorerst war aber geplant, dass wir gemeinsam für ein paar Tage zur Familie Essl nach Kärnten fahren. Meine Schwester Roswitha begleitete mich auf der Reise. Wir nahmen den Schnellzug nach Villach, und von dort aus ging es mit dem Bummelzug weiter durch das Gailtal bis nach Hermagor. Die Familie Essl erwartete uns liebevoll und hatte ein richtiges Fest vorbereitet. Erstmals sah ich meine zukünftigen Schwiegereltern und die große Verwandtschaft gleich dazu. Auch drei Schwestern und zwei Brüder von Karlheinz waren mit ihren Angehörigen gekommen. Roswitha war mir tatsächlich eine Stütze, denn ich war es nicht gewohnt, so von Menschen umringt zu werden, die ich überhaupt nicht kannte und mit denen ich in naher Zukunft sogar verwandt sein sollte. Und das Leben hier bei den Essls war anders als in den Vereinigten Staaten und auch anders als bei uns in Klosterneuburg – eben anders, als ich es bisher gewohnt war.

Lautes Lachen schallte durch die Räume. Nach dem Abendessen, das festlich mit der Großfamilie begangen wurde, nahm mein zukünftiger Schwiegervater Georg Essl eine alte Bibel zur Hand, blätterte darin, bis er ein Kapitel gefunden hatte, das ihm als das richtige erschien. Es war eine Stelle aus dem Alten Testament: ein Vers aus dem 1. Buch Mose, Kapitel 24, in dem Abraham einen seiner treuen Diener in sein Vaterland aussendet. Als Karlheinz seine Reise in das fremde Amerika angetreten hatte, war ihm von seinem Vater der 40. Vers des Kapitels als Segenswunsch mit auf den Weg gegeben worden: »Der HERR, vor dem ich wandle, wird seinen Engel mit Dir senden und Gnade zu Deiner Reise geben.« Jetzt aber las er das gesamte 24. Kapitel vor, und er stockte gerade nach dem 40. Vers. Die Geschichte geht nämlich weiter; es heißt dort – und ich wiederhole zunächst: »Der HERR, vor dem ich wandle, wird seinen Engel mit Dir senden und Gnade zu Deiner Reise geben, dass Du meinem Sohn ein Weib nehmest von meiner Freundschaft und meines Vaters Haus.«

Jetzt saß ich hier neben meinem Bräutigam. Sein Vater hatte vor einem halben Jahr ohne eine solche Absicht diesen Vers ausgewählt und damals auch nicht zu Ende gelesen. Eine Fügung Gottes? Wir sahen es als eine solche. Später stimmten alle geistliche Lieder an, die ich teilweise schon aus unserer evangelischen Jugendgruppe in Klosterneuburg oder von Karlheinz kannte. Es war ein fröhliches Singen! Ich fühlte mich glücklich und angenommen im Kreise dieser Familie, die bald auch die meine sein sollte.

Der Abend schritt voran. Meine Schwester wurde von unserer Cousine Else abgeholt. Sie wohnte im Nachbarort. Else war die Tochter von Tante Jetty, der einzigen Schwester unserer Mutter. In der Kriegszeit hatte Else in Wien einen feschen Leutnant kennen und lieben gelernt – einen Bauern aus Kärnten. Sie war ja diejenige gewesen, die Karlheinz vor seiner Reise in die Vereinigten Staaten erzählt hatte, dass

Familie Essl, als Karlheinz (zweiter von links) noch ein Kind war, 1947

auch ich mich in New York aufhalten würde. Ich selbst war richtig müde von der langen Bahnfahrt und dem aufregenden ersten Abend mit der Familie Essl. Unterschlupf fand ich im Schlafzimmer von Annemarie, der jüngsten Schwester von Karlheinz. Wir lagen schon in unseren Betten, doch Annemarie wollte so vieles über mich in Erfahrung bringen. Sie fragte und fragte. Mir fielen aber schließlich die Augen zu, und ich konnte nicht mehr antworten. Annemarie war die Lieblingsschwester von Karlheinz, und er war schon in frühester Kindheit ihre nächste Bezugsperson gewesen. Trotz ihrer Freundlichkeit und Zuvorkommenheit betrachtete sie mich ein wenig skeptisch und als Eindringling. Für uns beide war es nicht so einfach, einen offenen, freundschaftlichen Weg zueinander zu finden, obwohl wir uns beide sehr bemühten.

In den nächsten Tagen zeigte mir Karlheinz die Umgebung und wir besuchten viele Verwandte. All das war für mich Neuland. Ein neues Leben würde für mich beginnen, das wurde mir immer klarer. Aber vorerst mussten wir noch eine Weile getrennt leben. Ich fuhr zurück nach Klosterneuburg, um im Betrieb meines Vaters zu arbeiten. Karlheinz blieb in Kärnten und verfolgte weiter die Vision, Lebensmittel-Selbstbedienungsläden in Österreich zu errichten. Meine Eltern wussten natürlich von seinen Plänen. Sie hofften aber insgeheim, dass er unseren Familienbetrieb ohne allzu viele Veränderungen übernehmen würde. Sie hatten keine Ahnung, mit welcher Zähigkeit Karlheinz an seinen Ideen festhielt. Für mich war diese Situation alles andere als einfach. Ich saß zwischen zwei Stühlen. Täglich wechselten Briefe zwischen Hermagor und Klosterneuburg hin und her. Sie waren voll von wechselseitigen Liebesbezeugungen, aber auch seitens meines zukünftigen Ehemannes von geradezu sehnsuchtsvollen Plänen über die geschäftliche Zukunft. Karlheinz und mit ihm seine Familie waren fest davon überzeugt, dass wir irgendwo zwischen Wien und Hermagor unser Heim bauen würden – und dass Selbstbedienungsläden unser Lebensinhalt wären.

Ich kann mich nicht mehr genau daran erinnern, zu welchem Zeitpunkt Karlheinz den Entschluss fasste, nach Klosterneuburg zu kommen. Eines Tages bezog er wieder das kleine Kabinett in der Wohnung meiner Schwester Roswitha. So waren wir uns wieder näher. Von diesem Moment an arbeitete er im Betrieb meines Vaters mit. Meine Eltern glaubten, er hätte seine hochtrabenden Pläne aufgegeben. Zunächst begleitete er meinen Vater auf dessen Geschäftsreisen in Niederösterreich und Wien. Überall wurde er als zukünftiger Schwiegersohn vorgestellt. Jeder der Kunden und Lieferanten dachte, den zukünftigen Geschäftspartner meines Vaters vor sich zu haben. Bald darauf fuhr Karlheinz alleine los und brachte auch Aufträge neuer Kunden. Mein Vater war glücklich und zufrieden. Die beiden Männer schienen sich gefunden zu haben.

Eines Tages wurden wir, vor allem Karlheinz, von meinen Eltern geradezu zum Rapport bestellt. Sie erklärten, sie würden in Karlheinz ihren Nachfolger sehen. Aber er müsste seine Pläne, Selbstbedienungsläden zu errichten, endgültig begraben. Karlheinz erwiderte, er könnte doch beides kombinieren, ansonsten hätte er sein Praktikum in den USA umsonst gemacht; die Art der neuen Vermarktung liege doch in der Luft. Daraufhin sagte mein Vater: »Aber du glaubst doch nicht, ihr werdet Lebensmittel verkaufen, und Agnes wird dann an der Kassa stehen und das Geld kassieren. Ich nehme an, ihr werdet eine Familie gründen wollen. Und wer soll dann auf die Kinder schauen?«

Meine Mutter pflichtete ihm mit traurigen Augen bei. Mein zukünftiger Mann hielt mir damals die Treue und sagte die bevorstehende Hochzeit nicht ab. Das empfinde ich heute noch als ein Wunder.

Nun suchten wir nach einer geeigneten Wohnung in Klosterneuburg. Zur damaligen Zeit war das nicht einfach. Im eigenen Haus gab es wohl eine Wohnung. Diese bewohnte aber unser Tankwart mit seiner Familie. Bevor wir dort einziehen konnten, musste für sie etwas Neues gefunden werden. Eine meiner Freundinnen aber, die ebenfalls kurz vor der Heirat stand, baute damals ein Haus in Klosterneuburg. Das zukünftige Ehepaar war bereit, vorübergehend den oberen Stock an uns zu vermieten. Wir freuten uns, selbst Hand anlegen zu können, den Fußbodenbelag auf den Estrich zu legen und die Wohnung einzurichten. Und was wichtig war: Dabei waren Karlheinz und ich endlich wieder einmal ohne Aufsicht. Dieser Aufsicht, vor allem durch meine Mutter, zu entkommen, war gar nicht so leicht. Abends nach Büroschluss wollte Karlheinz manchmal mit mir spazieren gehen – so wie wir es aus den USA gewohnt waren. Da meinte meine strenge Mutter: »Es tut mir leid, Agnes muss noch Monogramme in Geschirr- und Handtücher sticken. Du musst alleine gehen!«

Wie sehr ich alle diese Tücher gehasst habe! Aber wir fügten uns mit der Aussicht, dass wir in naher Zukunft verheiratet sein würden.

II.

Neue Erfahrungswelten und Identitäten

Die Hochzeit

Unsere Wohnung wurde langsam bezugsfertig, und die Einladungen für unsere Hochzeit wurden geschrieben.

Einen Tag vor der kirchlichen Trauung fand im Klosterneuburger Rathaus die standesamtliche Feier statt. Dazu waren nicht nur die Verwandten aus Kärnten angereist. Auch Onkel Schaggy und Tante Hanny waren aus Basel gekommen. Das war eine besondere Freude für mich. Am Tag darauf, es war der 6. September 1959, halfen mir meine Mutter und meine Schwiegermutter beim Ankleiden. Ich selbst hatte mir ein wunderschönes Brautkleid entworfen, das mir schließlich meine Schneiderin aus einem getupften strahlend weißen Tüll genäht hatte. Es war eine Meisterleistung. Ich sah aus wie eine Teepuppe aus der Rokokozeit. Das Oberteil war hochgeschlossen, ganz eng anliegend und mit langen Ärmeln. Der Rock bestand aus vielen Lagen, die ganz weit abstanden, unterstützt von einem Reifrock, den ich darunter trug. Am Kopf saß ein langer weißer Schleier mit einem Krönchen aus echten blühenden Myrtenzweigen. Bevor Karlheinz mich in meinem Brautkleid sehen durfte, überreichte mir meine Mutter, die im Krieg ihren ganzen Schmuck verloren hatte, einen wunderschönen Ring mit einem großen, dunklen Amethyst, der mir bis heute sehr wertvoll ist. Als nun Karlheinz mich endlich als Braut sah und mir entgegentrat, war das ein unglaubliches Gefühl für mich. Ich glaubte, Tränen in seinen Augen zu erkennen, als er mir einen weißen Biedermeierstrauß überreichte und mich liebevoll an sich drückte.

Zur Trauung fuhren wir in die Evangelische Kirche in der Dorotheergasse in Wien. Als wir in die Kirche kamen, staunten wir: Alle Sitze waren bis auf den letzten Platz besetzt. Nicht nur Verwandte und Freunde waren erschienen, auch alle unsere Angestellten und Arbeiter waren gekommen, sogar Lieferanten und Kunden waren geladen. Onkel Ginger traute uns. Er war ein Schwager meiner Schwiegermutter sowie Rektor der evangelischen Stiftung de la Tour in Treffen in

Hochzeitsfoto, 6. September 1959

Kärnten. Karlheinz hatte seinen Bruder Horst gebeten, die Rolle seines Trauzeugen zu übernehmen. Ich hatte mich für Onkel Schaggy entschieden.

Es war ein festliches Ereignis. Kaum hatte uns der Pfarrer mit seinem Segen bedacht, nahm mich Karlheinz bei der Hand und führte mich schnurstracks aus der Kirche heraus – vorbei an unseren erstaunten Gästen, die uns eigentlich noch in der Kirche gratulieren wollten. Ich musste lächeln. Nun standen wir draußen mitten auf der Straße und behinderten den damals allerdings noch moderaten Verkehr. Langsam scharten sich die Gratulanten um uns. Solche Geschichten, wie das plötzliche Verschwinden aus der Kirche, sollte ich mit Karlheinz noch des Öfteren erleben.

Anschließend fuhr die ganze Hochzeitsgesellschaft in ein gemütliches Landgasthaus nach Kritzendorf, wo eine große Tafel gedeckt war. Zwischen den verschiedenen Gängen wurden Reden gehalten. Im Detail sind sie mir leider nicht in Erinnerung geblieben. Nur so viel weiß ich noch, dass sich mein Vater eine Rede zurechtgelegt hatte, die mir sehr zu Herzen ging. Auch mein Schwiegervater ließ es sich natürlich nicht nehmen, bedeutende Worte an uns zu richten und für uns um Gottes Segen zu bitten. In Erinnerung sind mir freilich die Glückwünsche von Martha Koch, einer Cousine von Karlheinz, und ihrer Mutter Hanna Koch, genannt die Christibäuerin, die zur Hochzeit leider nicht kommen konnte, weil sie die Tiere ihres Bauernhofes zu hüten hatte. In Gedichtform, vorgetragen von Martha, übermittelten sie ihre Glückwünsche. Anlässlich unseres 50. Hochzeitstages habe ich die Gedichte wiedergefunden. Sie erzählen von Karlheinz, als er noch ein Kind war.

Am frühen Abend nahmen Karlheinz und ich Abschied von der Festgesellschaft. Wir traten unsere Hochzeitsreise an. Zunächst fuhren wir bis zum Semmering, um die ersten Tage im Hotel Panhans zu verbringen, das Ende des 19. Jahrhunderts für die Haute-Volée der Wiener gebaut worden war, aber seit dem Krieg mehr und mehr verfiel. Als wir dort ankamen, waren wir entsetzt über den desolaten Zustand des ehemals so renommierten Hauses – nicht gerade ein Platz, wo man sich wohlfühlen konnte. Wir waren zwei der wenigen Gäste.

Weil wir noch Appetit verspürten, bestellten wir uns eine kalte Platte. In der Mitte lag eine Sardine, die mich besonders anlachte und die ich mit Genuss verspeiste. Karlheinz wandte sich mehr der Wurst und dem Käse zu. Kaum hatten wir es uns in unserem Zimmer ein wenig gemütlich gemacht, spürte ich einen schrecklichen Schmerz in der Magengegend. Wir mussten einen Arzt holen. Er stellte fest, dass ich mir eine Fischvergiftung eingehandelt hatte. Einige Tage war ich nun ans Bett gefesselt.

Ich bin stolz auf meinen Ehering, September 1959

Als ich mich etwas besser fühlte, entschied Karlheinz, nach Kärnten zu fahren. Bei der Ruine Landskron legten wir einen Zwischenstopp ein. In dem Restaurant aß Karlheinz zu Mittag; ich selbst trank Tee und schaute ihm beim Essen zu. Damals machte Karlheinz ein Portraitfoto von mir. Es zeigt mich ganz verklärt und stolz mit meinem Ehering – eine Erinnerung an unser damaliges Glück, das in dieser Situation allerdings ein wenig angeschlagen war. Auf dem weiteren Weg nach Hermagor fühlte ich mich wieder viel wohler. Wir beschlossen, eine Nacht im Haus seiner Eltern zu verbringen, bevor wir unsere Hochzeitsreise nach Italien fortsetzen wollten. Aber da traf uns die nächste Hiobsbotschaft. Karlheinz stand vor der Einberufung zum Militär. Daran hatten wir überhaupt nicht mehr gedacht. Sein Bruder Horst hatte dieses »Menetekel« von sich abwenden können, aber Karlheinz sollte als Vertreter seiner Familie auf alle Fälle zum Dienst mit der Waffe herangezogen werden. Da halfen keine Hochzeit, keine geschäftlichen Aufgaben, da half einfach nichts! Wir waren wie zerstört, als uns Ruth, die älteste Schwester von Karlheinz, die vor kurzem ihren ersten Sohn geboren hatte, den amtlichen Brief überreichte.

Karlheinz versuchte seinen Militärdienst, den er schon Anfang Oktober antreten sollte, zumindest zu verschieben. Einen Aufschub bis ins nächste Frühjahr sagte man ihm zu. Meine Tränen waren vorerst getrocknet. Nun traten wir endlich unsere eigentliche Hochzeitsreise an. Sie führte uns an den Gardasee, wo wir einige wunderschöne Tage verbrachten. Vergessen war für einige Momente aller Unbill, der uns durcheinandergebracht hatte. In den Armen von Karlheinz fühlte ich mich geborgen. Ich liebte sein Lachen, seine Fröhlichkeit, bewunderte die alten Gebäude von Sirmione, und das Wasser war so angenehm, dass ich stundenlang im Gardasee schwamm. Wir mieteten ein Boot und paddelten am Ufer entlang. Das erste Mal in meinem Leben spielte ich Pingpong. Es machte mir richtig Spaß, obwohl ich noch heute nicht überzeugt bin, ob Karlheinz ebenfalls seine Freude daran hatte. Zu oft erwischte ich den Ball nicht, den ich zurückschießen sollte. Aber mein »Göttergatte« lernte, mit mir Geduld zu haben.

Die Tage vergingen nur allzu schnell. Wir fuhren zurück nach Klosterneuburg, um unser erstes gemeinsames Heim zu beziehen. Meine Mutter und meine Schwester Roswitha hatten in der Zwischenzeit die Wohnung eingerichtet und alle unsere Habseligkeiten eingeräumt. Im Schlafzimmer waren die Betten bezogen; sogar Vorhänge hatten die beiden aufgehängt und den Kühlschrank angefüllt. Auch Salz und Brot, seit eh und je die symbolische Grundlage einer funktionierenden Küche, lagen bereit. Die Einrichtung war bescheiden, aber gemütlich. Ich war dankbar für jede Kleinigkeit, die nun Karlheinz und mir allein zur Verfügung stand. Ein neues Leben begann. Karlheinz fuhr täglich in aller Früh ins Büro und hatte oft Außendienst. Auch ich war weiterhin im Geschäft – aber nun als Sekretärin meines Mannes. Ich schrieb Rechnungen und kümmerte mich, wie vor meiner USA-Reise, um die Außenstände. Als Tochter des Geschäftsinhabers hatte ich den Vorteil, dass ich mir meine Arbeitszeit selbst einteilen konnte.

Weil wir beide berufstätig waren, ließ es sich meine Mutter nicht nehmen, uns täglich zum Mittagessen einzuladen. Sie bot mir auch an, meine Wäsche zu waschen, was ich durchaus gerne annahm. Denn das Wäschewaschen war damals noch eine Schwerstarbeit, vor der ich mich fürchtete. Einmal wöchentlich stand meine Mutter in der dampfenden Waschküche. Es gab noch keine Waschmaschine, der sie traute. Vor allem die Bett- und Tischwäsche, die sie ja selbst für uns genäht hatte, wollte sie nicht den Abläufen einer Maschine überlassen. Meine Mutter tat das alles mit viel Liebe und Hingabe. So ließen wir uns die Unterstützung meiner Mutter gefallen – auch wenn sie uns damit in gewisser Weise kontrollierte.

Mir fehlte die amerikanische Großzügigkeit und Freiheit. Und einmal krachten wir schrecklich aneinander. Es war an einem Sonntag, als meine Eltern und meine Schwester Roswitha unangemeldet an unserer Tür klopften, um uns die gebügelte Wäsche zu bringen. Karlheinz und ich lagen uns gerade in den Armen und liebten uns. Erschrocken schrie ich: »Draußen bleiben!« Mehr hatte ich nicht gebraucht. Meine Eltern und Roswitha suchten erbost das Weite. Als wir uns das nächste Mal trafen, ging ein Donnerwetter über uns los. Sie hatten nämlich vermutet, dass wir hinter ihrem Rücken und geheim an unseren Plänen für die Selbstbedienungsläden schmiedeten. Aber leider war es in unserer Familie nie möglich, irgendetwas auszudiskutieren oder Vermutungen und Annahmen in Ruhe klarzustellen. So prasselten die Angriffe auf Karlheinz und mich nieder. Schließlich sagten wir kleinmütig und mit Scham, warum wir sie nicht hereingelassen hatten. Aber damit war die Sache noch nicht ausgestanden, denn unsere Erklärung war nicht wirklich gehört worden. Die Fortsetzung fand in der Wiener Wohnung von Mutters Schwester Jetty statt, die immer ihre Vertraute war. Karlheinz und ich kamen uns wie Angeklagte im Gerichtssaal vor. Wieder hörten wir entsetzliche und zugleich unklare Beschuldigungen. Bis ich endlich mit Tränen in den Augen erzählte, warum ich meine Eltern und meine Schwester nicht hineingebeten hatte. Diesmal wurde es gehört, und großes Erstaunen war die Folge. Ich hoffte, meine Mutter würde sich nun bei uns entschuldigen. Stattdessen aber erwartete man von uns eine Entschuldigung! Ziemlich kleinlaut ging jeder seine Wege. Mich belastete dieses Ereignis schwer. Aber zumindest wurde unsere Wohnung nun nicht mehr ohne Anmeldung betreten.

Unser Eheleben begann sehr aufregend

Fast ein Jahr war es nun her, dass Karlheinz und ich einander in der New Yorker Park Avenue kennengelernt hatten. Unser erstes gemeinsames Weihnachten nahte. Zwei Tage vor dem Heiligen Abend 1959 war ich mir sicher, dass ich schwanger war. Unter unserem ersten Weihnachtsbaum lagen nicht nur Geschenke; glücklich offenbarte ich Karlheinz auch meine Schwangerschaft. In seiner Familie gab es den Spruch: »Jedes Jahr schad, wo nit a Poperle auf die Welt kommt!« Karlheinz strahlte. Als wir danach bei meinen Eltern zur Bescherung versammelt waren, saßen Karlheinz und ich am Boden unter dem Christbaum. Wir sahen uns wohl besonders glücklich an. Meine Mutter durchschaute, wie sie mir später sagte, unser Geheimnis sofort. Aber noch sagte sie nichts, und wir sagten auch nichts. Erst nachdem ich Gewissheit von der Ärztin hatte, erzählte ich meinen Eltern von meiner Schwangerschaft.

Am 25. Dezember fuhren wir zu den Verwandten nach Hermagor. Es war ein so schneereicher Winter, dass in Kärnten an ein Feiern zunächst überhaupt nicht zu denken war. Alle verfügbaren Männer wurden dazu eingeteilt, die Schneemassen von den Dächern abzuschöpfen. Als wir bei den Essls ankamen, musste sich Karlheinz sofort umziehen und seinen Brüdern helfen. Spätabends kamen alle zurück. Ich hatte in der Zwischenzeit den Christbaum aufgeputzt, und endlich konnte mit der Weihnachtsfeier begonnen werden. Ich zündete mit Karlheinz die Kerzen an, und die ganze Familie saß um den großen Tisch. Das Weihnachtsfest bei den Essls unterschied sich von allen anderen, die ich bislang gefeiert hatte. Als Erstes wurde die Bibelstelle aus »Lukas 2« gelesen, die als das Weihnachtsevangelium bekannt ist. Im Anschluss sprach Vater Essl ein Gebet, wo er voller Inbrunst Gott für alle seine Wunder dankte, die wir das ganze Jahr über erfahren hatten, aber auch für die Bewältigung der Schneemassen und für das Beschützen aller Menschen, die dabei mitgeholfen hatten.

Daraufhin gab es ein wunderbares Festessen, das meine Schwiegermutter Frieda zubereitet hatte. Trotz der späten Stunde saßen wir noch lange zusammen.

In den folgenden Tagen erzählte mein Schwiegervater Georg Essl, der ein außergewöhnlicher Unternehmer war, immer wieder Geschichten über die Essl-Familie, die sich bis ins 16. Jahrhundert zurückverfolgen lässt, als sächsische Bergleute in Salzburg eingewandert waren und ihrem protestantischen Glauben nicht abschwören wollten. Sie zogen weiter über die Tauern nach Kärnten und von dort nach Italien. Aber ein Sohn war wegen einer schweren Krankheit im Gailtal zurückgeblieben. Er wurde der Stammvater der Essls im Kärntner Oberland. Vater Essl erzählte auch ausführlich von seinem Vater, der praktizierender Heimatforscher und evangelischer Christ gewesen war. So war Großvater Essl der Initiator des Baus der evangelischen Kirche in Hermagor gewesen. Um diese finanzieren zu können, hatte er eine großartige Idee gehabt. Er ließ Schneerosen in der Umgebung sammeln und sie in alle Welt an evangelische Gemeinden schicken. Ein Brief war beigelegt, in dem er um eine Spende für das Projekt »Schneerosenkirche« bat. Weit sichtbar steht diese inzwischen auf einem Hügel über der Stadt als Zeichen für den unerschütterlichen Glauben dieses Tals.

Die Schneerosenkirche in Hermagor, 2010

Großvater Essl war aber auch ein erfolgreicher Geschäftsmann gewesen – und streng und diszipliniert. Dem Geschäft war in der Familie alles andere untergeordnet worden. Wochentags wie sonntags standen die Großeltern von Karlheinz mit den Hühnern auf und gingen mit ihnen schlafen. Die Kinder halfen im Geschäft mit. Seit frühester Kindheit wurden sie zu Treue, Sparsamkeit und Arbeit erzogen. Jeder Müßiggang war verpönt. Der Großvater von Karlheinz hatte das unternehmerische Engagement der Essl-Familie begründet.

Zurück in Klosterneuburg erlebte ich in den nächsten Wochen mehr und mehr meine Schwangerschaft, denn ich litt unter schrecklicher Übelkeit. Auch meine Kärntner Schwägerinnen Alma und Hannelore erwarteten Nachwuchs. Als Hannelore und ihr Ehemann Horst einmal in Klosterneuburg zu Besuch waren, deckten wir, die beiden zukünftigen Mütter, uns in Wien mit Umstandskleidern ein. Ich erinnere mich daran, wie stolz wir waren. Aber es gab einen Wermutstropfen: die Einberufung von Karlheinz zum Militär. Für uns beide war es hart, als er im März 1960 nach Allentsteig ins Waldviertel zum Bundesheer abkommandiert wurde. Erst nach sechs Wochen durfte er mich das erste Mal zu Hause besuchen. Wir durften uns nur schriftlich verständigen, telefonieren war nicht erlaubt. Für mich war das eine schreckliche Zeit. Nun wohnte ich tageweise wieder bei meinen Eltern. Halbtags war ich im Büro beschäftigt; nachmittags nähte, stickte und strickte ich für den neuen Erdenbürger, den ich erwartete. Ich litt sehr darunter, dass Karlheinz zum Geburtstermin Anfang September noch beim Militär sein würde.

Mein Vater bedauerte mich sehr. Außerdem machte ihm die alleinige Verantwortung für die Firma sehr zu schaffen. Er brauchte Entlastung. So ließ er alle seine Kontakte spielen, um Karlheinz früher nach Hause zu bekommen. Mein Vater war mit einem ehemaligen Oberst befreundet. Diesem vertraute er sich an und fragte, ob er etwas unternehmen könne, die Militärzeit seines Schwiegersohns abzukürzen. Und dieser Mann brachte es tatsächlich zuwege, dass Karlheinz, nachdem er die dreimonatige Grundausbildung absolviert hatte, abrüsten konnte. Im Juni war Karlheinz wieder zu Hause. Wir fühlten uns wie im siebenten Himmel.

Wir peilten eine Ortsveränderung an. Unsere kleine Wohnung hatten wir nur für ein Jahr gemietet. So mussten wir uns noch vor meiner

Niederkunft um eine größere Bleibe umsehen. Es war ein wohlwollendes Schicksal, dass meine Patentante in Klosterneuburg ein Haus für sich gekauft hatte und renovieren ließ. Erst in einigen Jahren, nach der Pensionierung ihres Mannes als Amtsarzt, wollte das Ehepaar dort selbst einziehen. Drei Wochen vor dem Geburtstermin packten wir unsere Habseligkeiten und übersiedelten in das kleine Haus in die Alleestraße, das nur einen Häuserblock von meinem Elternhaus und dem Büro entfernt war. Als Erste kam meine Schwiegermutter zu Besuch. Am nächsten Morgen, es war der 15. August 1960, saßen wir gemütlich beim Frühstück. Plötzlich merkte ich, dass sich die Geburt vorzeitig ankündigte. Karlheinz und ich packten uns zusammen.

Karlheinz als Soldat, April 1960

Ein Kind zur Welt zu bringen, ist immer ein aufregendes Erlebnis – noch dazu, wenn es das erste ist. Meine Ärztin, eine alte Dame, hatte mich anscheinend nie genau untersucht. Viele Schwangerschaftsuntersuchungen waren damals aber auch noch nicht üblich. So wusste meine Ärztin weder meine Blutgruppe noch wusste sie, ob auch sonst alles mit dem Baby und mir in Ordnung war. Im Sanatorium in Wien angekommen, wurde ich von der Hebamme abgehorcht. Sie verständigte sofort meine Ärztin. In der Zwischenzeit untersuchte mich die Hebamme immer wieder. Sie bemühte sich sehr um mich, lächelte freundlich, als ob sie ein Geheimnis wüsste, das sie aber nicht preisgeben wollte. Regelmäßig fragte sie mich nach meinem Befinden und ob ich starke Schmerzen hätte. Ich aber spürte überhaupt nichts, war nur sehr müde, ja erschöpft, und schlief die meiste Zeit. Gegenüber Karlheinz sprach die Hebamme ihre Vermutung aus: Es wären vielleicht Zwillinge, weil sie nämlich zwei Herztöne höre. Meine Ärztin war inzwischen eingetroffen – und anderer Meinung. So vergingen die Stunden. Ich merkte von all dem nichts. Ich lag wie in einem Trancezustand und reagierte kaum auf etwas, was um mich herum passierte. Ein zweiter Arzt wurde hinzugezogen. Er untersuchte mich und stellte fest, dass ich an einer schweren Nierenentzündung erkrankt war. Ich musste sofort per Kaiserschnitt entbunden werden. Eigentlich hätte ich eine schriftliche Einwilligung für die Operation geben müssen, aber dazu war ich nicht fähig. Vermutlich gab Karlheinz die Unterschrift. Ich merkte nichts mehr. Ich erinnere mich nur mehr daran, wie ich unter einer riesigen Lampe lag und sich ein stattlicher Mann in Weiß über mich beugte und mir versicherte, es sei ein großer Bub und bald wäre dieser zur Welt gebracht. Danach setzt wieder jede Erinnerung aus.

Am 15. August 1960 um 22 Uhr 10 wurden Andrea und fünf Minuten später Heinz durch einen Kaiserschnitt in diese Welt geholt. Ich selbst erwachte aus der Narkose am Morgen des nächsten Tages, als zwei Krankenschwestern neben meinem Bett standen und mir zwei Bündel entgegenhielten. »Sie haben Zwillinge bekommen!«, sagten sie freudig. Ich antwortete verschlafen: »Das kann nicht stimmen, ich habe einen starken Buben bekommen!«

Und sofort schlief ich wieder ein. Etwas später wachte ich dann doch endgültig auf. Ich realisierte langsam, dass ich Mutter von Zwillingen geworden war. Vor mir stand jetzt eine sehr liebe ältere Schwester und zeigte mir die beiden Säuglinge, die so süß und hilfsbedürftig in ihren Wickelpolstern lagen, dass ich sie überaus glücklich anlächelte. Winzig klein waren sie: Andrea wog zweieinhalb Kilogramm, Heinz brachte sogar noch um zweihundert Gramm weniger auf die Waage. Kurz danach stand Karlheinz vor mir. Er hatte seinen eleganten Hochzeitsanzug angezogen und überreichte mir Blumen. Es war schön, ihn wieder in meiner Nähe zu haben. Meine Schwiegereltern waren die nächsten Gratulanten. Auch meine Eltern kamen wenig später, um die beiden Kleinen zu bewundern.

Da die beiden Neugeborenen relativ schwach waren, riet man mir, nach zehn Tagen Spitalsaufenthalt mit den beiden Kleinen ins Kinderspital Glanzing zu übersiedeln. Dort waren die Babys mit vielen anderen in einem großen Kinderzimmer untergebracht. Ich hatte mein Bett in einem Saal mit mindestens zwölf anderen Müttern, die ununterbrochen, Tag und Nacht, ihre Muttermilch abpumpten, die dann an ihre Babys verfüttert wurde. Ich hatte natürlich viel zu wenig Milch für beide Kinder. Außerdem ergab eine Untersuchung, dass ich noch immer an dem Nierenleiden laborierte. Man wollte mich ins Wiener Allgemeine Krankenhaus (AKH) verlegen, um dort gesund zu werden. Obwohl ich nachts nicht schlafen konnte und mich überhaupt nicht wohlfühlte, konnte ich mich von meinen Kindern kaum trennen. Meine Muttergefühle waren mit der Milch eingeschossen. Sooft ich durfte, stand ich vor den kleinen Bettchen meiner Lieblinge. Wenn sie weinten, berührte ich sanft ihre kleinen Körper, und wie durch ein Wunder waren sie sofort still und schliefen beruhigt ein. Und nun sollte ich die beiden Kleinen verlassen! Denn sie sollten so lange im Kinderspital bleiben, bis sie ein Mindestgewicht von je drei Kilogramm auf die Waage bringen würden.

Doch anstatt ins AKH zu gehen, nahm mich meine Mutter, die mich oft genug bei den immer wiederkehrenden Nierenentzündungen gesundgepflegt hatte, bei sich auf. Sie versorgte mich mit salzloser Kost und vitaminreichem Bircher Müsli. Diese Diät hatte mir bis jetzt immer geholfen, obwohl die Krankheit immer sehr lange angehalten hatte. Karlheinz war ziemlich verzweifelt. So wurde ein Ärztekonsortium ins Elternhaus gerufen. Das stellte fest, dass eitrige Rachenmandeln die Ursache meiner Krankheit waren. Im Alter von zwölf Jahren war ich an Scharlach erkrankt gewesen. Die Folge war eine Nierenentzündung, die stets wiederkehrte, sobald ich eine Verkühlung mit Halsschmerzen bekam. Ich wusste schon lange den Grund meines Leidens. Ich hätte mir alle diese Rückschläge auch erspart, wenn sich meine Mutter nicht gegen eine Mandeloperation gewehrt hätte. Meiner Schwester Roswitha waren als Kleinkind die Mandeln entfernt worden. Ab diesem Zeitpunkt fiel sie bei jeder Aufregung in Ohnmacht und beunruhigte damit die ganze Familie. Das wollte unsere Mutter nicht noch einmal erleben und glaubte den Ärzten nicht, wenn sie von einer Operation als Lösung des Problems sprachen. Sie hatte anscheinend auch vergessen, dass ihre Schwester Emmy als Kleinkind an Nierenentzündung erkrankt und kurz darauf verstorben war. Auch bei ihr waren eitrige Mandeln die Ursache gewesen. Nun entschieden Karlheinz und die Ärzte, dass mir im Frühjahr die Mandeln entfernt werden sollten. Ich war darüber erleichtert. Ich hoffte, dass ich nach der Operation wieder Kraft schöpfen würde, um dieses Leiden endlich zu überwinden. Und tatsächlich: Nach diesem Eingriff waren meine Nieren nie mehr virulent. Ich wurde stabil in jeder Hinsicht.

Nach meiner Genesung und sechs Wochen nach der Geburt durften wir unser Zwillingspärchen aus Glanzing abholen. Aus Kärnten kam ein junges Mädchen zu meiner Unterstützung. Sie wohnte bei uns und stellte sich recht geschickt mit den Kindern an.

Mit Neugeborenen verändert sich das Leben total. Das wusste ich natürlich. Nur hatte ich mir das vor der Geburt nicht wirklich vorstellen können. Geschäftliche Probleme, die mich vorher brennend interessiert hatten, wischte ich nun aus meinem Leben. Karlheinz ließ mich damit nun auch in Ruhe. Ich selbst musste überhaupt erst einmal lernen, wie man mit Babys umgeht. Weil die Kleinen nur Muttermilch vertrugen und ich zu wenig hatte, gab es Probleme. Nicht einmal Babynahrung für Frühchen vertrugen sie. Sie weinten oft! Beide litten an einem Darmkatarrh. Der Kinderarzt riet mir, nur Muttermilch zu füttern und eine gezielte Kost zu mir zu nehmen. Wenn die Kleinen hungrig waren, stillte ich sie gleichzeitig, um sie zu beruhigen. An die schlaflosen Nächte kann ich mich noch genau erinnern, und auch daran, wie liebevoll Karlheinz mir zur Hand ging, wenn es galt, die Kleinen zu wickeln und sie mir zum Stillen zu reichen. Wenn ich sie selig lächelnd in den Armen hielt, war die Welt um mich wieder in Ordnung.

Im April des nächsten Jahres war es an der Zeit, meine Mandeln operativ entfernen zu lassen. Als Unterstützung und zu meiner Beruhigung kam meine Schwägerin Annemarie für einige Zeit zu uns, um meine Stelle auszufüllen. Nach der Operation fuhren Karlheinz und ich ohne unsere Kinder zur Erholung nach Italien. Ich sollte wieder zu

Kräften kommen, um meinen zukünftigen Anforderungen gewachsen zu sein. Wir verbrachten eine wunderschöne gemeinsame Zeit. Aber wenn wir am Strand lagen, dachte ich ununterbrochen an die Zwillinge. Ich nervte Karlheinz mit der ewigen Frage, wie es ihnen wohl gehe. Da lernte ich zum ersten Mal eine andere Seite meines Mannes kennen. Er wies mich zurecht! Es sei nun meine Pflicht und Schuldigkeit, gesund zu werden, um wieder voll einsatzfähig zu sein. Auch unseren Kindern gegenüber sei es verantwortungslos, die Gelegenheit der Ruhe nicht zu nutzen. Ich müsse den Urlaub genießen! Ich war erstaunt und auch erschrocken. Dennoch: Nach zwei Wochen kam ich erholt und gestärkt wieder zurück zu meinen Kleinen.

Der Urlaub hatte uns gut getan. Und bald merkte ich, dass ich wieder schwanger war. Damals glaubte ich, ich wäre die ideale Mutter und könnte meine Kinder problemlos zur Welt bringen. Am 5. März 1962 kam unser Sohn Martin zur Welt. Diese Geburt war für mich im Grunde genommen die erste, die ich wirklich durchlitt. Ich hatte ja keine Ahnung von einer richtigen Geburt, denn bei den Zwillingen hatte ich ja kaum etwas mitbekommen. Dieses Mal war es anders. Ich war teils schockiert, teils verängstigt – ich dachte, ich könnte die Schmerzen nicht mehr ertragen und müsste sterben. Zu meiner großen Beruhigung war es Karlheinz ausnahmsweise erlaubt worden, dabei zu sein. Ich konnte ihn aber nur in der Ferne sehen. Das allein war eine Hilfe für mich. Ja, es war wirklich eine Ausnahme gewesen, denn damals war es nicht üblich, dass Väter ihre Frauen bei der Geburt unterstützten. Als ich nun endlich nach vierzehn Stunden Plage das Baby schreien hörte, war das eine Erlösung für mich. Als mir die Ärztin sagte, dass ich einen gesunden Buben bekommen hätte, war die Welt für mich wieder in Ordnung. Karlheinz trat an meine Liege und strahlte mich an. Meine ersten Worte an ihn waren: »Ich habe dir deinen Nachfolger für die Firma geboren!«

Ein Jahr darauf, am 3. April 1963, wurde ich von unserer Tochter Gudrun entbunden. Diese Geburt war wiederum die leichteste, die ich erlebt habe. Gudrun kam etwas zu früh und war relativ klein und zierlich. Sie hatte sich dazu entschlossen, so schnell und unkompliziert wie möglich ans Licht der Sonne zu gelangen. Nach wenigen Tagen durfte ich mit ihr das Krankenhaus verlassen und zurück zu meinen anderen Kindern. Die Reaktion der Zwillinge war Glück und Freude über das kleine Püppchen, während Martin weder die Neugeborene

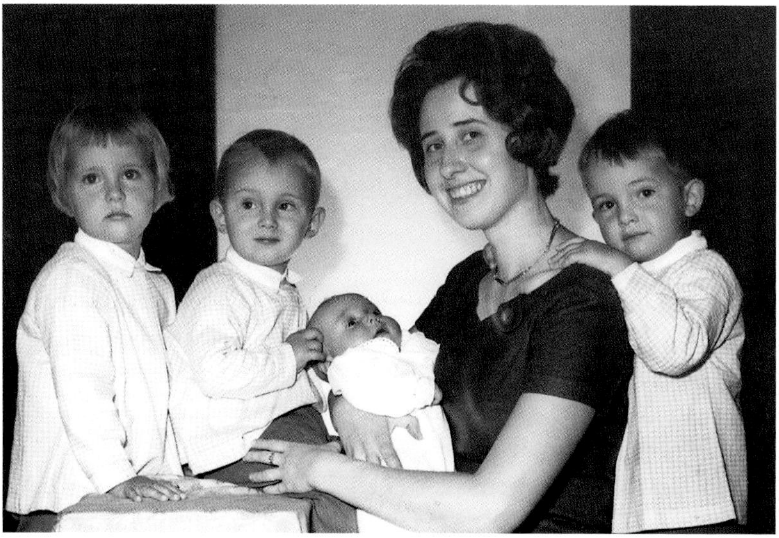

Unsere vier »Großen«, Weihnachten 1963

noch mich beachtete. Er war beleidigt auf mich, weil ich ihn für einige Tage in fremde Obhut gegeben hatte.

Jetzt hatten wir für vier kleine Kinder zu sorgen, die ich innerhalb von zweieinhalb Jahren geboren hatte. Wie wir die erste Zeit überstanden haben, ist mir nicht mehr in Erinnerung. Ich weiß nur mehr, dass wir schließlich zurück ins Elternhaus zogen, weil die Wohnung im Untergeschoss freigeworden war und die Möglichkeit bestand, Räume dazuzubekommen. Kurz nachdem Gudrun geboren worden war, übersiedelten die Büros unserer Firma in einen Neubau in Klosterneuburg. So vergrößerte sich unsere Wohnung. Nun hatten wir etwas mehr Platz. Wir freuten uns über ein großes Kinderzimmer, ein danebenliegendes Elternschlafzimmer, einen gemütlichen Wohnraum und ein Esszimmer neben dem großen Vorzimmer, eine Wohnküche und ein Bad. Aber Kinder haben in jedem Alter andere Bedürfnisse. So konnte ich meine Vorliebe fürs Umplanen und Verändern immer wieder in die Tat umsetzen.

Im Sommer hielten wir uns oft auf der Terrasse und im Garten auf. Die Kinder spielten in ihrem eigenen »Kindergarten«, einem abgezäunten Teil unseres Obstgartens, in dem nur ein kleiner Nussbaum stand. Dort befand sich ein Sandkasten, wo die Kleinen Kuchen backen oder ganze Städte mit Hügeln und Wasserläufen bauen konnten. Unter dem Baum fand die Gehschule unserer damals jüngsten Tochter ihren Platz, der gerade genug Schatten für sie spendete. In der kalten Jahreszeit hielten sich die Kinder vor allem neben der Küche auf, einer Abteilung, die wir »Käfig« nannten. Dieser war mit einem Gatter und einer Tür vom Küchenbereich abgetrennt. Von hier aus konnte ich die Kleinen beobachten und mit ihnen plaudern, während ich kochte oder bügelte. Ein Kindertisch, vier Stühlchen und ein Hängekasten waren die Einrichtung. Dort waren wir friedlich vereint. Jedes Kind bekam die Spiele, die es sich wünschte, aus dem Schrank heruntergereicht. Wollten sie etwas Neues, mussten die Dinge zurückgeräumt und versorgt werden. War das geschehen, durften sie wieder ihre Wünsche äußern. Aus Platzmangel mussten wir uns nach der Decke strecken und immer für Ordnung sorgen. Auf diese Weise hatten wir nie Probleme mit dem Aufräumen.

Die Mädchen spielten am liebsten mit Puppen, Puppenkleidern und Puppenwagen oder -bettchen. Aber auch Martin fand daran Gefallen und betrachtete sich als der Vater neben der Mutter und der Tante. Heinz hatte andere Interessen; er liebte mehr als die anderen die Ordnung. Sein Lieblingsspielzeug waren die Legosteine, mit denen er immer Neues baute und seiner Fantasie freien Lauf ließ. Alle vier beschäftigten sich liebend gerne mit Pixi-Büchern, die handlich und klein waren. Die Geschichten kannten sie genau; sie betrachteten immer wieder die bunten Bilder und blätterten stundenlang in den Heftchen. Wenn man ihnen daraus vorlas, hörten sie aufmerksam zu, und bald konnten sie selbst aus ihnen erzählen.

Jeder Morgen begann mit einem gemeinsamen und ausgiebigen Frühstück. Die Kärntner sind ja ein sangesfreudiges Volk. So hörte man uns schon am frühen Morgen Lieder singen. Lange vor der Schule, also bevor die Kinder lesen und schreiben konnten, gehörte es zur Tagesordnung, dass wir ein Lied oder einen Vers lernten und so lange wiederholten, bis er saß. Danach las Karlheinz aus dem Losungsbüchlein Bibelverse und schloss mit einem Morgengebet. So war er es von daheim gewohnt. Es geht tatsächlich eine Kraft von diesem stillen und besinnlichen Tagesbeginn aus. Tagsüber ging es dann recht lustig und manchmal auch turbulent zu. Wir waren ja eine große Familie. Es mussten alle Pflichten erledigt werden. Allein das tägliche Einkaufen und Kochen, das Waschen, Bügeln und Putzen brauchte neben der Kindererziehung eine Menge Zeit. Am Nachmittag waren entweder ich oder das Kindermädchen mit den Kleinen unterwegs, außer zur Sommerzeit, wo sie im Garten spielen konnten. Am späten Nachmittag saßen wir oft eng aneinander geschmiegt im Wohnzimmer zusammen; ich legte eine Musik- oder eine Märchenplatte auf. Diese blauen Stunden waren mir die liebsten. Abends gab es bei uns ebenfalls ein Ritual. Nach dem Abendessen und einem abendlichen Bad in der großen Wanne lagen alle vier in ihren Betten. Dann begann unsere Märchenstunde. Ich las auch biblische Geschichten vor. Vor allem die Bilder in der Kinderbibel hatten es den Kleinen angetan. Der Tag endete mit einem Gutenachtlied, einem Abendgebet und einem letzten Gutenachtkuss. Danach verschwand ich ins Nebenzimmer, setzte mich ans Klavier und spielte so lange, bis die kleine Horde eingeschlafen war. Oft kam Karlheinz erst nach diesem abendlichen Prozedere vom Büro nach Hause.

Einen Kindergarten gab es zunächst in Klosterneuburg immer noch nicht. So waren die beiden Großen mit den beiden Kleinen bis zur Volksschulzeit bei mir zu Hause. Ich musste mich intensiv um die Kinder kümmern. Am Wochenende half mir Karlheinz. Er spielte und zeichnete mit ihnen oder er nahm sie zu einem Spaziergang mit, während ich das Mittagessen zubereitete.

Die Jahre vergingen schnell. So empfinde ich es zumindest im Rückblick. Die Schulzeit forderte die Kinder, aber auch mich. Doch es war nun eine große Erleichterung für mich, Martin und Gudrun halbtags in den Kindergarten bringen zu können, der neben dem Schulgebäude neu errichtet worden war. Seit der Geburt der Zwillinge hatte ich erstmals das Gefühl, stundenweise wieder ich selbst sein zu können. Ich begann mich wieder mehr für die Arbeit von Karlheinz zu interessieren. Und wir führten schließlich etwas ein, das ich jedem Ehepaar, das unter Druck steht, empfehlen würde. Alle vierzehn Tage lud mich Karlheinz zu unseren »Herzerltagen« ein. Sie wurden für ein Jahr im Vorhinein geplant und auch konsequent eingehalten. Entweder gingen wir ins Theater, ins Kino oder »out for Dinner«. Viele Komplimente und Liebeserklärungen bekam ich an diesen Abenden. Zwei Wochen lang konnte ich davon zehren und Kraft schöpfen, die ich ja immer wieder an die Kinder weitergeben musste.

Kindererziehung ist kein Kinderspiel. Leider wird diese erzieherische Tätigkeit nicht in der Schule und anderswo wirklich gelehrt und gelernt. Was wusste ich schon von der zarten Seele eines Kindes? Wenn man mit anderen Aufgaben überfordert und abgelenkt ist, kommen die Kinder oft nicht zu ihrem Recht. Ich denke, dass ich immer wieder Kraft von oben erhalten habe, ohne die ich alle diese aufreibenden Tätigkeiten nie hätte erledigen können. Jetzt, so viele Jahre danach, weiß ich, dass alle Arbeiten, die ich später übernommen habe und in Zukunft noch übernehmen werde, niemals meinen Körper und meine Seele so sehr belasten werden wie die meiner ersten Ehejahre.

Es war für Karlheinz und mich eine ganz große Überraschung, als ich sieben Jahre später noch einmal schwanger wurde. Wir hatten damit überhaupt nicht mehr gerechnet. Mit der Schulpflicht unserer Kinder hatten sich neue Möglichkeiten und Freiheiten für mein Leben angekündigt. Jetzt ging es für mich quasi zurück an den Start. Aber ich nahm die Situation an. So ist unsere Tochter Elisabeth, die am 24. Juli 1970 geboren wurde, ein wunderbares Geschenk für uns alle gewesen. Als Mutter wurde ich nun wieder jung. Wenn ich mit der Kleinen im Kinderwagen spazieren fuhr, konnte ich richtig durchatmen. Natürlich waren wir jetzt wieder mehr an unser Heim gebunden.

Auch Karlheinz überlegte, wie er seine Abende und Wochenenden mit uns verbringen könnte. Da kam ihm ein Gedanke: Mit unseren Großen hatte er schon immer an kalten Wintertagen an unserem Esszimmertisch gezeichnet und gemalt. Dabei entdeckte er, dass die Kinder, bevor sie zur Schule kamen, eine natürliche, freie Art hatten, sich zeichnerisch auszudrücken. Es entstanden die köstlichsten Blätter. Bei Gudrun beobachteten wir, wie sie sich vor einem Spiegel drehte, genau hinsah und sich dann blitzschnell ihrem Papier zuwandte und ihre eigenen Bewegungen nachzeichnete. Einige dieser Arbeiten, oft auf kleinen Stückchen Zeichenpapier, hat Karlheinz aufbewahrt und in sein Tagebuch geklebt.

Unsere fünf Kinder, Weihnachten 1971

In seinem Tun mit den Kindern merkte Karlheinz: In ihm schlummert ein großes Interesse an der Malerei. Daher entschloss er sich, einen Fernkurs zu belegen. Die Famous Artists School in Amsterdam schien ihm das richtige Institut zu sein. Nun widmete er sich neben dem Geschäft und der Familie, meistens an Samstagen, der Zeichnung, der Aquarell- und Ölmalerei. Seine Blätter schickte er an das Institut. Danach bekam er die Arbeiten korrigiert zurück. Nach vierjährigem Studium schloss er mit einem Diplom ab. Aber so sehr in Karlheinz ein Künstler steckt, seine geschäftlichen Tätigkeiten ließen ihm letztlich doch zu wenig Zeit, seine Leidenschaft regelmäßig auszuleben.

Die Geburt von bauMax

Es war die Zeit, in der unsere jüngste Tochter mich nicht mehr ununterbrochen brauchte, weil sie halbtags den Kindergarten besuchte. Ich konnte wieder daran denken, mich dem Beruflichen zuzuwenden. Wenn man als Frau nur mit Hausarbeit und mit den Kindern beschäftigt ist, so fällt einem über kurz oder lang die Decke auf den Kopf. Dabei war es nach einer Pause von fünfzehn Jahren für mich anfangs nicht so einfach. In unserem Betrieb hatte sich so manches verändert. Karlheinz half mir insofern über die Hürden, als er mir den Vorschlag machte, mit der Sekretärin meines Vaters zusammenzuarbeiten. Da sie bald in Pension gehen würde, sollte ich ihre Aufgaben übernehmen. Frau Schneider kannte ich, solange ich denken konnte. Sie war auch die Prokuristin der Firma und immer schon eine Vertraute unserer Familie. Sie hatte die nötige Geduld für mich und zeigte mir, wie man die wöchentlichen Zahlungen vorbereitet.

Das war also mein Aufgabengebiet nach der Zeit, in der ich mich ausschließlich der Familie gewidmet hatte. Dafür waren nur einige Stunden wöchentlich notwendig. So konnte mein Schritt von der Mutter zur Geschäftsfrau langsam vollzogen werden.

Auch für Karlheinz waren es Jahre einschneidender Veränderungen. 1975 übernahm er unsere Firma mittels eines Leibrentenvertrages zugunsten meiner Eltern. Unser Betrieb war innerhalb der letzten Jahre rapide gewachsen. Nun war mein Mann alleinverantwortlich für die geschäftliche Entwicklung. Genau das hatte er sich gewünscht. Denn erst jetzt konnte er seine Vision einer modernen Geschäftsgebarung tatsächlich durchsetzen. Mein Vater ging weiterhin in sein Büro und betreute seine Kunden noch lange Jahre selbst. Er genoss vor allem seine Abstecher zu Geschäftsfreunden im Tullnerfeld und in der Wachau. Er kam wie eh und je mit Aufträgen zurück.

Die Idee mit den Lebensmittel-Supermärkten hatte Karlheinz inzwischen um des lieben Familienfriedens willen schon längst fallengelassen. Aber auch der Baustoffhandel bot genügend neue Herausforderungen. Schon in den 1960er-Jahren hatten wir versucht, uns zu spezialisieren. Unsere Firma übernahm Generalvertretungen; mit einigen leitenden Angestellten unternahm Karlheinz Auslandsreisen, um neue Technologien und deren Verwendungsmöglichkeiten sowie die Vertriebs- und Marketingkonzepte bedeutender Unternehmen zu studieren. Dadurch konnten wir uns Positionen aufbauen, in denen wir stark waren, und ein Know-how erarbeiten, das uns einen deutlichen Vorsprung gegenüber unseren Mitbewerbern, die vielfach noch in den Massenbaustoffen verankert waren, sicherte.

1973 gründeten wir nach gründlicher Vorbereitung eine Interessensgemeinschaft von Baupartnern. Es war eine Kooperation des mittelständischen österreichischen Baustoffhandels. Ungefähr fünfzig Betriebe schlossen sich unserem System an. Zu diesem Zweck errichteten wir ein Zentrallager im Süden von Wien: die Ausgangsbasis für die Belieferung unserer Baupartner. Wir übernahmen den Einkauf, das Marketing, die Werbung und die Beratung in betriebswirtschaftlichen Fragen. Dieser Dienst am Kunden führte uns zur Ausweitung des Angebots, das sämtliche Produkte vom Keller bis zum Dach umfasste.

In der Firma Schömer, wie sie weiterhin nach dem Familiennamen meines Vaters genannt wurde, hatte sich in den letzten Jahren wahrlich vieles geändert. Im Jahre 1973 wurde ein Betonwerk ebenfalls im Süden von Wien errichtet. Nun war es uns möglich, Beton zu Großbaustellen zu liefern. Eine neue Erfindung war der Leichtbeton, bei dem man statt Schotter geblähten Ton, Leca genannt, verarbeitete. Man verwendete ihn für Deckenkonstruktionen bei Wohnhäusern. So schuf man die Möglichkeit des Leichtbaus, der wesentlich preisgünstiger war. Eine Reihe von Lieferbetonautos wurde angeschafft, die unter dem Namen »die Erlkönige« im Straßenverkehr auffielen. Sie waren dunkelgrün gefärbt und mit dem orangegelben Logo »L&S Beton« versehen.

Die grünen »Erlkönige« versorgen die Baustellen in und um Wien mit Frischbeton, 1973

Bislang galt Beton als »grau«. Man brachte ihn unwillkürlich mit Schmutz in Verbindung. Wir dagegen empfanden die Sache ganz anders. Wir sahen im Beton nicht die Rohmaterialien Sand und Zement, sondern das fertige Produkt: schlanke Brückenkonstruktionen, die sich elegant über Flüsse schwingen, kräftige Fundamente als solide Basis für Hochbauten und Betonkonstruktionen, hergestellt aus dem Baustoff des 20. Jahrhunderts. Wir fragten uns: »Warum nicht Farbe in das graue Betongeschäft bringen?« Es wurde darauf geachtet, dass die Fahrzeuge wirklich jeden Tag sauber gewaschen wurden. Das war eine Neuerung in diesem Geschäftszweig. So fielen unsere Betonmischer mit der freundlichen Farbgebung positiv im Straßenverkehr auf. Außerdem wollten wir Beton mit dem »weißen Mantel« produzieren, um damit zum Ausdruck zu bringen, dass auch Sauberkeit und die Produktion von Beton a priori kein Gegensatz sein müssen. »L&S Beton« hieß er deshalb, weil wir beide Arten von Beton produzierten.

Die Buchstaben standen für »leicht« und »schwer«. Ausschlaggebend für diese neue Idee war ein riesiger Berg von Leca-Material, der meinem Mann einmal günstig angeboten worden war. Niemand sonst hatte eine Verwendung dafür. Karlheinz erkundigte sich im Ausland, wofür dieses Produkt zu verwenden wäre, und kam zu der in Österreich einmaligen Lösung, auf die Architekten schon gewartet hatten.

Die Anzahl unserer Angestellten und Arbeiter erhöhte sich mit den neuen Aufgaben. In Österreich war ja der Bauboom ausgebrochen, der nicht nur uns, sondern auch den Konkurrenzunternehmen zugutekam.

Mitte der 1970er-Jahre kam eine Idee zum Durchbruch, die bis zum heutigen Tag unsere Firma prägt, aber im Herzen meines Mannes schon lange geschlummert hatte. In Kindberg in der Steiermark wurde uns eine Baustoffhandlung angeboten. Karlheinz überlegte mit seinen Rechtsberatern und leitenden Angestellten, was dort geschehen solle. Seine Überlegung war es, die Selbstbedienungsidee, die zu dieser Zeit in Österreich für Lebensmittel sukzessive umgesetzt wurde, auf Materialien, die man zum Renovieren von Häusern und Wohnungen benötigt, auszuweiten und damit eine neue Betriebsform nach dem Prinzip »cash & carry« zu schaffen. Kunden können die Ware selbst aussuchen, in einen Einkaufwagen legen und bei der Kasse sofort bezahlen. Durch diese Art der Vermarktung kann man die Waren günstiger kalkulieren und billiger an die Kunden verkaufen.

Bis zu diesem Zeitpunkt war das Kreditgeschäft gang und gäbe. Nicht nur unsere Firma litt unter den enormen Außenständen, die auch über Inkassobüros nicht hinreichend ausgeglichen werden konnten. Mit unserer neuen Geschäftsidee wollten wir das Problem in den Griff bekommen. Es bedurfte der Überzeugungskraft von Karlheinz, Menschen dafür zu begeistern: vorerst einmal unsere Mitarbeiter, dann die Lieferanten und schließlich unsere Kunden, die sich den Vorteil eines günstigeren Einkaufs errechnen konnten. Viele meinten, dass es mit der Ehrlichkeit der Kunden nicht gerade gut bestellt wäre. Man traute ihnen nicht und meinte, sie würden mehr stehlen als bezahlen. Das zweite, größere Problem waren die Lieferanten, die man dazu bringen musste, alle Waren für die Selbstbedienung speziell zu

Der Hobbymax, Kindberg in der Steiermark, 1975

verpacken und zu beschreiben, sodass sie auf Regalen präsentiert werden konnten und von dort bequem zu holen waren.

Im Laufe von wenigen Monaten hatte Karlheinz in vielen persönlichen Gesprächen Überzeugungsarbeit geleistet. So konnte mit dem Umbau am Areal in Kindberg begonnen werden. Der erste Baumarkt wurde Ende Oktober 1976 eröffnet. In Kindberg kam ein Großteil der Bevölkerung, um den »Hobbymax« zu sehen, die Preise zu vergleichen und einzukaufen. Auch unsere Familie und viele unserer Angestellten waren angereist. Natürlich steckte die Art der Vermarktung noch in den Kinderschuhen. Aber schon der Anfang war zufriedenstellend. Der Umsatz der ersten Tage war höher, als wir es erwartet hatten. Freilich war uns klar, dass wir uns weiterentwickeln mussten. Karlheinz hatte noch immer die Supermarkets in den USA vor Augen. Diese Verkaufsstrategie sah er als ein Vorbild, dem er nachjagte.

Vor allem die Industrie musste sich auf unsere Forderungen einstellen, und es bedurfte einer gewaltigen Umstellung ihrerseits. Auch die Mitarbeiter im Ein- und Verkauf wurden geschult, um die neue

So sehen heute die bauMax-Märkte aus, 2012

Betriebsform zu verstehen und danach zu handeln. Bis zum heutigen Tag ist es von größter Wichtigkeit, die Bedürfnisse der Kunden zu erfahren und sie bei der Auswahl der Produkte zu beraten.

Ein zweiter Testmarkt wurde in der Steiermark errichtet. Nach zwei Jahren entschlossen wir uns, den ersten Baumarkt einer neuen Generation in Mauthausen zu eröffnen. Dem folgten weitere in ganz Österreich. Gute Standorte, zweckmäßig ausgestattete Hallen, ein breites Sortiment und günstige Preise, eine gute Werbekonzeption sowie engagierte, freundliche Mitarbeiter, die in der Lage sind, unsere Kunden optimal zu betreuen, sind die wichtigsten Punkte in dem Konzept. Zuallererst musste aber ein prägnanter Name gefunden werden. Karlheinz entschied sich für »bauMax«. Damit war für uns ein »neues Kind« geboren worden. Im Laufe der Jahre wurde das Unternehmen bauMax zuerst in Österreich und anschließend in sieben zentral- und osteuropäischen Ländern sowie in der Türkei zu einer der bedeutendsten Baumarktketten ausgebaut.

Unsere Natur muss geschützt werden

Passt die Psychologie eines erfolgreichen Handelsunternehmers mit dem Gedankengut von Ökologen und Umweltschützern zusammen? Einer meiner Schwäger, Helmut Kinzel, Professor für Biochemie an der Universität Wien, war schon früh ein glühender Vorreiter der Umweltbewegung in Österreich. Er ließ uns oft spüren, dass er über die Expansionspläne unserer Firma nur wenig begeistert war. Er versorgte Karlheinz und mich regelmäßig mit einschlägiger Literatur und versuchte uns die ökologische Bewegung begreiflich zu machen. Er nutzte quasi jede Gelegenheit, um mit uns über Umweltschutz zu sprechen.

Eines Tages diskutierten wir über das geplante Atomkraftwerk in Zwentendorf. Karlheinz und ich waren der Meinung, dass die Energieversorgung durch dieses Kraftwerk für Jahrzehnte gelöst werden könnte. Mein Schwager und alle, die sich der Ökobewegung verbunden fühlten, versuchten uns allerdings auf die Gefahren der Atomkraft aufmerksam zu machen. Unter den Kernkraftgegnern war auch Hertha Jost-Caretta, eine Pianistin und Gymnastiklehrerin, bei der ich schon in meiner Kindheit Klavierunterricht bekommen hatte; ich hatte auch ihre sehr beliebten Gymnastikstunden besucht. Ebenso standen alle unsere Kinder unter ihrer Obhut, nahmen an Gymnastikkursen teil oder wurden von ihr am Klavier unterrichtet. Diese engagierte Dame hatte einen starken Einfluss auf alle ihre Schülerinnen und Schüler. Sie war es, die uns zu einem Vortrag Rudolf Drobils einlud. Drobil war ein in Klosterneuburg bekannter Arzt, der nun ebenfalls gegen den Bau des Atomkraftwerks in Zwentendorf eintrat.

Seine Ausführungen waren sehr deutlich. Er wies auf die Gefahren beim Betrieb von Kernkraftwerken sowie bei der Ver- und Entsorgung von Kernbrennstoff hin. Schon bei der Uranförderung werden radioaktive Strahlen freigesetzt, die eine enorme Gefahr für die Gesundheit darstellen. Er erzählte von den Krebserkrankungen der Arbeiter und machte uns auf die strahlenden Abbauhalden mit verseuchtem Boden und Grundwasser aufmerksam. Auch Haut- und Lungenkrebs, Leukämie und Missgeburten bei Säuglingen könnten die Folge sein. Man müsse auch mit Störfällen beim Betrieb von Kraftwerken rechnen, bei denen eine Katastrophe für Menschen, Tiere und die gesamte Umwelt nicht auszuschließen sei. Aber auch beim Normalbetrieb von Kernkraftwerken wäre die menschliche Gesundheit in Gefahr. Große Bedenken hatte er wegen der ungeklärten Entsorgung der hoch radioaktiven Brennelemente. All diese Ausführungen ließen Karlheinz und mich aufhorchen.

Wenige Tage später hielten Freda Meissner-Blau und ihr Ehemann Paul Blau einen Vortrag im Klosterneuburger Rathaus. Auch sie sprachen sehr eindringlich über die Gefahren der Atomenergie: über den mangelnden Schutz vor Terroranschlägen bis hin zum möglichen Missbrauch der Kerntechnik und zu den gesundheitlichen Folgen für Menschen und Tiere. Die Volksabstimmung über das Atomkraftwerk Zwentendorf stand inzwischen kurz vor der Tür. Schließlich hatten auch wir uns überzeugen lassen. Am 5. November 1978 stimmten wir, wie die (hauchdünne) Mehrheit der Österreicher, gegen Zwentendorf. Damit wurde das Kapitel Kernenergie in Österreich weitgehend geschlossen.

Einige Jahre später gab es österreichweit eine Diskussion über das geplante Donaukraftwerk in der Stopfenreuther Au bei Hainburg. Die Kulturlandschaft der Wachau und die naturnahe Landschaft der Donau-Auen östlich von Wien sollten erhalten bleiben. Im Dezember 1984 kämpfte die Exekutive gegen eine große Anzahl von Aktivisten, die trotz winterlicher Kälte ihre Zelte in der Au bei Hainburg aufgeschlagen hatten, die Au besetzt hielten und sich gegen das Abholzen der Bäume wehrten. Freda Meissner-Blau, Bernd Lötsch und seine Mitarbeiter, unter denen auch mein Neffe Roland Stifter war, sowie viele andere schlossen sich der Besetzung an. Meissner-Blau führte mit der Regierung Verhandlungen, die zunächst ohne Resultat blieben. Schließlich wurde doch auf den Bau des Wasserkraftwerkes verzichtet.

Weitere fünf Jahre später waren die Auwälder bei Hainburg erneut von Kraftwerksbefürwortern bedroht, obwohl Bernd Lötsch im Regierungsauftrag dort einen Nationalpark zu planen begann. Plötzlich hieß es, das Südufer der Donau werde für ein Kraftwerk erworben; mit Handschlag soll der damalige Innenminister die Erlaubnis dafür gegeben haben. Bernd Lötsch und der Künstler Friedensreich Hundertwasser erfuhren diese Nachricht von einem Fischer, während die beiden mit einem Schlauchboot in den schönsten Donauseitenarmen bei Haslau fuhren und die großartige Flusslandschaft beobachteten. Fassungslos über diese Hiobsbotschaft, verfassten sie noch am selben Abend eine Kampfschrift zum Gegenkauf – ein Manifest mit dem Titel: »Natur freikaufen!« Hans Dichand, Inhaber der auflagenstarken »Neuen Kronen Zeitung», veröffentlichte dieses ganzseitig in seinem Blatt. Auch der World Wildlife Fund (WWF) stand hinter diesem Projekt, und schließlich war der Grundbesitzer gesprächsbereit. Aber er glaubte nicht daran, dass die Naturschützer die Millionen aufbringen würden, um gegen die Befürworter des Kraftwerks bieten zu können.

Schließlich kam der WWF auf die Idee, meinen Mann um Hilfe zu bitten. Bernd Lötsch war mit seiner Gattin öfters zu Gast in unserem Haus, da er bei meinem Schwager Helmut Kinzel studiert hatte. Meine Eltern waren schon lange mit dem jungen Paar befreundet. Wir selbst hatten, von einigen freundlichen Begrüßungen abgesehen, bis dahin kaum Kontakt mit dem Ehepaar gehabt. Lötsch war aber die große Menge kleiner Schuhe vor unserer Wohnungstür nicht entgangen. Er war nun vom WWF ausersehen worden, mit meinem Mann über die Problematik zu sprechen, und trug sein Anliegen bei einem Treffen im Schömer-Haus vor. Ob ein Unternehmer, der überall in Österreich Baumärkte errichtet, für ein solches Projekt zu gewinnen sein könnte? Lötsch war durchaus skeptisch. Da er ahnte, dass Karlheinz die Katze nicht im Sack kaufen würde, lud er ihn und mich nach Marchegg ein, um uns die Schönheiten der Aulandschaft zu zeigen. Er erzählte von einer einzigartigen Kolonie baumbrütender Weißstörche in einer Landschaft, wie sie die Künstler des 18. Jahrhunderts gemalt hatten. Diese Störche benötigen für ihre 150 Kilogramm schweren Horste uralte Baumbestände und riesige Flächen von

Feuchtwiesen, die der WWF international schon 1970 erstanden hatte. Weiters wollte er uns das geplante Schutzkaufgebiet der Donau-Auen bei Haslau und Regelsbrunn zeigen, um uns mittels eines Schlauchbootes durch diese wildromantischen Flusslandschaften zu führen. Wir würden Reiher sowie den kleinen blauen Eisvogel zu Gesicht bekommen; auch die mit Lianen bewachsenen Baumriesen neben dem verzweigten Unterholz in den verschiedenen Donauarmen würden uns sicher begeistern.

Unter der Devise: »Kaufen statt raufen, besitzen statt besetzen« sollte das Gebiet freigekauft werden. Lötsch fand die richtigen Worte, um meinen Mann aufmerksam zuhören zu lassen. »Selbst Christlichkeit und Kunstsponsoring würden nicht genügen, um die Welt zu retten!«, meinte Lötsch. »Jetzt geht es um Natur, die überall im Schwinden ist. Auch das Unternehmen bauMax hat davon profitiert, dass seit 1950 mehr Landflächen verbaut wurden und man mehr Bauvolumina errichtet hat als alle Generationen der mehrtausendjährigen Kulturgeschichte Österreichs davor. Das bedeutet aber den größten Schwund an wildlebenden Tier- und Pflanzenarten.«

Harte Worte wurden meinem Mann also entgegengeschleudert. Karlheinz nahm die Herausforderung an und meinte, man möge ihm einen kritischen Chemiker nennen, der die Produktpalette seiner Baumärkte ökologisch bewerten könne – Umweltbilanzen für rund 40.000 Artikel in seinen Regalen. In der Folge recherchierte tatsächlich ein Team unter dem Diplomchemiker Hans Werner Mackwitz mit Schwerpunkt auf Lacken, Anstrichen, Belägen und Verpackungen. Das machte Sinn, denn eine große Kette kann die Zulieferer eher unter Druck setzen und schädliche Produktbestandteile durch umweltfreundlichere ersetzen oder auch Verpackungsmodalitäten ändern.

Nach diesem ernsten Gespräch sprach Lötsch nochmals seine Einladung an uns aus, mit ihm in die Au zu kommen. Karlheinz nahm das Angebot an und wollte mit mir in einem kleinen Expeditionsboot, möglichst bei Hochwasser, die wildnisähnliche Natur erleben, die hier

Mit Bernd Lötsch, dem Retter der Donau-Auen, 1992

auf dem Spiel stand. Am 13. Juli 1990 trafen wir nach einem Urlaub im Schüttkasten von Stift Geras in Marchegg ein. Mit dem Ehepaar Lötsch standen wir vor einem Naturmonument der Storchenkolonie, von dem uns schon berichtet worden war. Als Nächstes sahen wir das geplante Schutzkaufgebiet, die Donau-Auen bei Haslau und Regelbrunn. Wir hatten wirklich das Glück, auf ein vom Hochwasser überflutetes Augebiet zu stoßen. Der Fluss zeigte seine Wildheit; die Fluten unterhöhlten Wurzeln, ließen Bäume stürzen und warfen Schotterbänke auf. Lötsch zog das Boot gemeinsam mit seinem Adlatus durch den überschwemmten Wald hinaus zum Strom. Zwischen den Inseln übernahm auch Karlheinz ein Stechpaddel. Wir querten die angeschwollene Donau und drangen in einen Seitenarm ein. Die Strömung schob unser Boot in einem riesigen Tempo, bis ein querliegender Baum uns daran hinderte, weiterzupaddeln. Der Gebietsbetreuer des Nationalpark-Instituts schlug mit seinem Buschmesser einen Weg durch das Astwerk, in das die Strömung uns gedrückt hatte.

Mit Bernd Lötsch und seiner Frau in den Donau-Auen unterwegs, 1992

Während Lötsch sich sorgte, dass er seinen Gästen zu viel zugemutet haben könnte und sich im Stillen wohl dachte, dass man so nicht um Förderer wirbt, verblüffte ihn Karlheinz. Er brachte mich kurzerhand auf einen querliegenden Ast in Sicherheit und herrschte mich an, mich nicht vom Fleck zu bewegen. Er zerrte das Boot mit den anderen Männern über das verkeilte Treibholz und hob dann die Mutter seiner Kinder wieder zurück. Es machte ihm sichtlich Spaß. Er gab knappe Anordnungen an mich, aber auch an die Crew, kurzum, er zeigte, was einen Unternehmer ausmacht. Wir wollten rechts ab in die Petroneller Au – die bisher härteste Prüfung. Karlheinz fühlte sich sichtlich wohl; ich selbst war etwas ängstlich. Baumriesen, die mit Lianen behangen waren, umsäumten das Wasser, Reiher flogen majestätisch auf, kurz leuchtete das Blau eines vorbeifliegenden Eisvogels.

Das Idyll wurde kurz durch Plastikmüll gestört, den das Hochwasser mit Treibholz zusammengeklumpt hatte. Doch dann umfing uns die Au im Abendlicht, im rötlichen Sonnenglanz. Zarte Nebelschleier lagen über dem Wasser. Auf tiefhängenden Ästen saßen einige Reiher. Dann landeten wir am Rande der Wiese von Schloss Petronell, einem mächtigen Barockbau. Bei einem gemütlichen Abendessen sprachen wir hier nochmals über unsere Erlebnisse. Auch ohne Erklärungen hatten wir den Unterschied zwischen den kanalisierten Donauabschnitten und der lebenden Au mit dem freifließenden Fluss verstanden. Wir erfuhren, dass es sich hier um die beste und wichtigste Trinkwasserreserve des ostösterreichischen Tieflandes handelte. Der Bau eines Kraftwerks hätte diese zerstört. Die Kulturlandschaft der Wachau und die naturnahe Landschaft der Donau-Auen östlich von Wien sollten auch unseren Enkeln eine Ahnung geben, wie schön das Land am Strome ist. »Die Donau-Auen sind unser Amazonas!«, meinte Lötsch.

Der Rest dieser Geschichte ist kurz erzählt: Wir kauften 60.000 Quadratmeter Auen am Donausüdufer, um sie dem WWF zur treuhändigen Umwandlung in ein großes Schutzgebiet zu überantworten. Weitere 120.000 Spender kauften Flussuferflächen und ließen der Politik keine Wahl. Damit ist nun eine Trinkwasserreserve für 750.000 Menschen gesichert. Weiters erwarb mein Mann für das Nationalpark-Institut Donau-Auen ein Gehöft am Rande der Petroneller Au als Exkursionsstützpunkt. Das Haus wurde als Außenstelle des Wiener *Naturhistorischen Museums* zur Ranger-Akademie und Kursstätte für Universitäten und Öko-Gymnasien umgebaut. Niedrigenergie, Klimagerechtigkeit, Baubiologie, Grauwasser-Recycling und Dorfbilderneuerung sind hier die Aufgabengebiete.

Wenn Lötsch gefragt wurde, wie dies alles möglich geworden war, pflegte er nur kurz zu antworten: »Das Ehepaar Essl war hier, fuhr mit einem kleinen Schlauchboot bei Hochwasser im Augebiet, ein Unternehmer hielt sich über Wasser, und so wurde er vom bauMax zum AuMax!«

Unsere Kinder gehen ihre Wege

Vier unserer Kinder kamen in die Pubertät. Eigentlich ist das der ganz natürliche Lauf im Leben einer Familie. Aber wenn man wie wir gleichzeitig viermal damit konfrontiert ist … So eine plötzliche Loslösung hätten wir nicht erwartet. Karlheinz und ich waren beide pietistisch erzogen worden. Wir meinten, nach althergebrachtem Verständnis immer das Beste für unsere Kinder zu tun. Das schien uns die einzig mögliche Erziehung zu sein. In keinem Moment dachten wir, dass wir mit unseren Grundsätzen dem Zeitgeist womöglich nicht mehr entsprechen würden. Aber plötzlich standen wir vier Pubertierenden gegenüber, die wie Pech und Schwefel zusammenhielten, aus dem Familienverband hinausdrängten – und ihre eigenen Wege gehen wollten.

Die Jüngste, also Elisabeth, war damals erst im Volksschulalter und sollte uns noch einige Jahre erhalten bleiben. Aber bei unseren Großen hatten wir zunächst kein gutes Gefühl, als sie flügge wurden. Dieses Loslösen fiel uns beileibe nicht leicht, bis wir endlich verstanden und lernten, dass das Abnabeln für unsere Kinder ein Prozess war, der unbedingt vollzogen werden musste – so schmerzlich er zum Teil für uns alle war.

Zunächst waren wir ja noch beruhigt gewesen. Unsere Kinder hatten in einer christlichen Jugendgruppe – in der Volksmission – eine zweite Heimat gefunden, wo sie mit Gleichaltrigen einen Teil ihrer Freizeit verbrachten. Zudem spielte sich noch vieles innerhalb unseres Hauses ab. Bei den beiden Mädchen erwachten die Liebe und Verbundenheit zu meiner Mutter und zu meiner Schwester, die ja im Hause wohnten. Das war für mich eine willkommene Hilfe, wenn sie sich an freien Nachmittagen bei ihnen aufhielten und mit ihnen nähten und stickten. Die beiden Buben suchten den Kontakt zu meinem Vater und auch zu meinem Schwager Helmut Kinzel. In ihren Schulferien halfen Heinz und Martin schon früh im Geschäft mit. Mein

Schwager weihte vor allem Heinz in die Geheimnisse der Chemie ein.

Später besuchte Heinz nach der vierten Klasse des Gymnasiums in Klosterneuburg die fünfjährige Chemische Mittelschule in der Rosensteingasse in Wien, die er mit gutem Erfolg abschloss. Wir stellten uns vor, dass er nach der Schule Chemie studieren würde. Dem war aber nicht so! Heinz stellte uns vor die Tatsache, dass er sich für das Studium der Musik entschieden hatte. In einem intensiven Gespräch versuchte mein Mann ihm dies auszureden. Karlheinz führte ihm vor Augen, dass die beruflichen Aussichten nicht gerade rosig wären: »Wozu bist du den schwierigen Weg der Chemieschule gegangen, wenn du diesen nicht weiterverfolgst?«

Heinz antwortete klar, deutlich und ohne Zugeständnis: »Dort habe ich das logische Denken gelernt, das ich als Musiker, als Komponist und als Musikwissenschaftler dringend brauche.«

Ein Essl gibt nicht so bald auf, besonders wenn es gilt, seinen Sohn in »die rechten Bahnen« zu lenken. Karlheinz ging in Klausur und

Unsere Kinder, mit uns diskutierend, 1976

Notenblatt einer Komposition von Heinz

schrieb seine Gedanken und Vorschläge nieder, die er dann seinem Sohn überreichte. Darin ging es insbesondere um einen Beruf, mit dem er einmal eine Familie ernähren könnte. Daran wollte Heinz aber im Moment nicht denken. Sein Interesse galt der Musik. Alle unsere Kinder hatten Klavierunterricht bekommen; bei Heinz jedoch war der Zugang zur Musik immer ausgeprägter gewesen als bei seinen Geschwistern. Über Jahre hinweg hatte er seine Freizeit musizierend mit Schulfreunden verbracht. In seiner Klasse gab es eine Reihe musisch begabter Jugendlicher, die sich gegenseitig inspirierten. Auch in der Jugendgruppe der Volksmission gab es einen jungen Mann, der sich ebenfalls für das Studium der Musikwissenschaft entschieden hatte. Von einem Jusstudium, das ihm nun mein Mann vorschlug, wollte Heinz partout nichts wissen. Er verschwieg aber um des lieben Friedens willen seine konkreten Zukunftspläne.

So inskribierte Heinz an der Musikhochschule, der heutigen Musikuniversität, in Wien Komposition und Kontrabass sowie zugleich Musikwissenschaft an der Universität Wien. Erst nachdem er seine ersten Prüfungen erfolgreich absolviert hatte, gab es ein weiteres

Familienfoto, 2009

Gespräch mit seinem Vater. Karlheinz blieb nichts anderes übrig, als den eingeschlagenen Weg seines ältesten Sohnes zu tolerieren. Mittlerweile bekleidet Heinz eine Professur für Komposition an der Musikuniversität in Wien und ist als Komponist für zeitgenössische elektronische Musik international erfolgreich. Nach seinem Studium heiratete er seine langjährige Freundin Eva. Sie hat Querflöte studiert und weiß somit mit dem Metier unseres Ältesten gut umzugehen. Zwei Knaben wurden den beiden geschenkt, die ebenfalls musisch begabt sind. In meinen Augen ist Eva diejenige, die einmal in meine Fußstapfen treten und die Ansprechperson für alle Belange im Museum sein wird.

Unsere älteste Tochter Andrea fand ihr Berufsziel über Umwege. Schon als junges Mädchen hatte sie den Wunsch gehabt, sich als Schneiderin ausbilden zu lassen. Ihr extravaganter Geschmack überzeugte neben ihrem Farben- und Formsinn, ihrer flinken Art und Zielstrebigkeit nicht nur uns Eltern. Kaum hatte sie ihren Abschluss, heiratete sie und brachte im Laufe der Jahre zwei Knaben zur Welt.

Ich habe schon immer Andreas eisernen Willen und die Konsequenz bewundert, mit der sie an neue Aufgaben herangeht. Ihre Freunde und auch ich unterstützten sie bei dieser Neuorientierung.

Als sie mitten im Leben stand und bereits ihre beiden Söhne ihre Berufswege anpeilten, starb völlig unerwartet ihr Mann. Das war ein schwerer Schlag für sie und die ganze Familie. Schließlich entschloss sie sich, sich der Ayurveda-Massage zu widmen. Sie vermittelt ihren Klienten das Wissen vom gesunden Leben und von der Urkraft der Pflanzen mit ihren natürlichen Wirkstoffen und schenkt ihnen während der Massagen das Gefühl der Geborgenheit und der inneren Ruhe. So hat Andrea eine neue Aufgabe für ihr Leben gefunden. Seit geraumer Zeit hat sie auch ihre ursprüngliche Liebe zur künstlerischen Gestaltung wiederentdeckt. Sie belegt Kurse für Zeichnen und Malerei und hat sich in ihrem Haus ein eigenes Atelier eingerichtet.

Unser Sohn Martin war der Auserkorene, der einmal unsere Firma übernehmen sollte. Da war es nur konsequent, dass er nach der Pflichtschule die Handelsakademie besuchte. Schon am ersten Schultag merkten wir, dass er sich gravierend verändert hatte. Martin, der immer für Späße bereit gewesen und bisher immer sehr salopp mit Jeans und Pullis bekleidet zur Schule gegangen war, wählte jetzt eine elegante Hose, trug Hemd mit Krawatte und ein Sakko. Er hatte meinen Rat befolgt und sein Äußeres verändert. Ich hatte nämlich einmal gemeint: »So wie du aussiehst und dich fühlst, wirst du gesehen werden!«

Seine Schulsachen hielt er seit seinem Einstieg in die Handelsakademie in Ordnung, und er fiel in seiner Klasse positiv auf. Jetzt war er mit Ernst bei der Sache. Seine Mitschülerin Gerda war ihm damals schon eine große Unterstützung.

Hin und wieder kam Gerda mit Martin zu uns zu Besuch. Natürlich merkte ich sehr bald, dass sie eine starke Sympathie füreinander empfanden. Nach der Matura luden Karlheinz und ich die beiden zur Belohnung für den gelungenen Abschluss zu einem Dinner ins Sacher ein. Karlheinz hielt eine Rede. Dabei ging es um Verantwortung im Leben wie im Beruf. Im Anschluss daran äußerte auch Martin den

Wunsch, Worte an uns richten zu dürfen. Nun, ich hatte schon eine Ahnung, was er uns mitteilen würde. Mütter haben eben ein stärkeres Gefühl für die Kinder als die Väter. Martin begann: »Nun haben wir also unsere Berufsausbildung mit der Matura abgeschlossen, und ich möchte euch herzlich dafür danken, dass ihr mir beigestanden seid. Gerda und ich haben eine Überraschung für euch: Wir haben uns heute verlobt!«

Mit einem Mal herrschte eisige Stille. Karlheinz hatte alles, nur das nicht erwartet. Er hatte für seinen Sohn Pläne und wollte ihn nach der anstehenden Militärausbildung in die Vereinigten Staaten schicken. Dort sollte er sich seine Sporen verdienen und berufsorientierte Praktika bei verschiedenen Firmen absolvieren. Die Stimmung war unterkühlt. Mir tat Gerda leid, die ganz verschreckt vor uns saß und eigentlich das Weite suchen wollte. Ich fühlte mit ihr. Wie angewurzelt blieben wir sitzen. Mit Respekt brachte Martin aber die Situation wieder ins rechte Lot. Sehr vorsichtig erinnerte er seinen Vater daran, dass er ja selbst bereits im Alter von zwanzig Jahren geheiratet hatte. Nach seiner Zeit beim Bundesheer und nach der Heirat wolle er mit Gerda ohnehin in die USA reisen, um dort Berufserfahrungen zu sammeln.

So ist es auch gekommen. Unmittelbar nach der Rückkehr aus den USA trafen Karlheinz und Martin im Beisein unserer Berater eine Vereinbarung, wonach Martin die ersten fünf Jahre als Assistent seines Vaters unternehmensweit tätig sein sollte. In dieser Zeit lernte er die Firma im Detail kennen und übernahm zunehmend Verantwortung. Martins Einsatz war immer hervorragend, und gemeinsam mit Gerda, die als seine Sekretärin arbeitete, waren sie unverzichtbar für die notwendigen Veränderungen. Die beiden waren ein Herz und eine Seele. Sie hielten zusammen, wie man sich das nur wünschen kann. Aber wir als Eltern mussten dabei immer wieder erfahren und lernen, dass andere Ansichten zu akzeptieren sind. Als Gerda ihr erstes Kind erwartete, meinte sie, es wäre an der Zeit, ihren Job in der Firma zu quittieren, um sich ausschließlich auf die Familie und den Haushalt zu konzentrieren. Innerhalb von zehn Jahren wurden dem Ehepaar drei Mädchen und ein Knabe geboren, die inzwischen bereits zielstrebig ihren eigenen Lebensweg suchen. Gerda steht ihrem Mann und der Firma als Beraterin bei und hat mit ihm gemeinsam vor einigen Jahren den »Essl Social Prize« ins Leben gerufen.

1999 übernahm Martin von meinem Mann die operative Leitung von bauMax. Glücklich macht mich, dass er und Karlheinz eine sehr gute und partnerschaftliche Zusammenarbeit gefunden haben, und eine Loyalität zueinander, die den verschiedenen Intentionen und Charakteren einen kreativen Freiraum zubilligt. Mit dem Generationswechsel wurde somit eine gute Voraussetzung für die weitere positive Entwicklung des Familienunternehmens sichergestellt.

Auch unsere Tochter Gudrun hatte sich vorerst für eine kaufmännische Ausbildung entschieden. Schon bald kristallisierte sich bei ihr ein Interesse für Werbung heraus. Sie entschied sich für eine entsprechende Ausbildung als Werbegestalterin. Anschließend wollte sie es ihren Eltern gleichtun: Sie ging in die USA und landete als Werbegrafikerin in Kalifornien. Bei Verwandten aus Kärnten, die seit vielen Jahren in einem Haus in Santa Monica im Westen von Los Angeles wohnten, fand sie vorübergehend Unterschlupf. Wenig später übersiedelte Gudrun ins Haus einer Freundin, wo sie kurz darauf ihren späteren Mann Phil kennenlernte. So wie ich es damals meiner Mutter versprochen hatte, so schrieb auch Gudrun regelmäßig Briefe an mich, in denen sie von ihren aufregenden Erlebnissen erzählte und mich an ihrem neuen Leben teilnehmen ließ. Jeden ihrer Briefe beantwortete ich. Ich versuchte auch, ihr mit Rat und Tat zur Seite zu stehen – wenn sie mich danach fragte. Schon wenige Monate später fühlte ich, dass unsere Tochter nicht mehr daran dachte, ihren neuen Lebensraum zu verlassen und zurück nach Österreich zu kommen. Sie erzählte mir auch von ihrem Freund. So planten wir Eltern eine Reise in die Vereinigten Staaten.

Wir trafen Gudrun zunächst in Miami, Florida. Unser Kind war inzwischen erwachsen geworden. Wir verlebten wunderschöne Urlaubstage am Meer und in der näheren Umgebung der Stadt. Vieles wurde vor allem zwischen Vater und Tochter besprochen. Ich selbst hielt mich zurück; ich kannte ja Gudruns Ansichten aus ihren Briefen sehr genau und hatte auch zwischen den Zeilen gelesen – eine Gabe, die meinem Mann nicht gerade gegeben ist. Wenn Gudrun begann, von ihrem Freund zu sprechen, blockte Karlheinz stets ab und fing ein anderes Thema an.

Unser nächster Stopp war Los Angeles, wo wir von unseren Verwandten Georg und Rosemarie Essl und der kleinen Michaela herzlich willkommen geheißen wurden. Am nächsten Tag fuhren wir zu Gudruns Haus, wo wir Phil kennenlernten. Als ich den jungen Mann und das verliebte Gesicht unserer Tochter sah, ahnte ich, dass diese Freundschaft eine ernste Angelegenheit und meine Vermutung richtig war. Mein Mann wollte natürlich seine eigenen Pläne durchsetzen und sah Gudruns sehnsüchtige Blicke nicht. Es gibt Väter, die ihre Töchter nicht so ohne Weiteres fremden Händen anvertrauen. Er hatte vor, Gudrun zu Geschäftsfreunden an die Ostkünste zu vermitteln, damit sie noch vieles kennenlernt.

Aber auch er konnte Gudrun von ihren Ideen und Vorstellungen für die eigene Zukunft nicht mehr abhalten.

Ein Jahr später heiratete das Paar. Wir erlebten eine richtige amerikanische Hochzeit. Die Familie Rubbo tat alles Erdenkliche, um uns den Aufenthalt so schön wie möglich zu gestalten. Zu Gudruns großer Freude waren nicht nur wir Eltern, sondern auch Martin und Gerda, die zwei Jahre zuvor geheiratet hatten, zum Fest gekommen. Nach der kirchlichen Trauung und den Feierlichkeiten in einem der vielen Parks lernten wir viele Verwandte des Bräutigams kennen. Es sind wirklich liebenswerte Menschen. Einzig und allein die Mentalität war uns fremd. Wir kannten hauptsächlich die Bewohner der amerikanischen Ostküste, die vom Wesen her den Europäern ähnlicher sind.

Beruflich erlebten Gudrun und Phil aufgrund von wirtschaftlichen Problemen in den USA immer wieder turbulente Phasen. Nach zahlreichen Veränderungen und Umorientierungen haben unsere beiden Amerikaner schlussendlich aber ihren Weg gefunden. Sie haben eine Ausbildung für Aromatherapie absolviert. Damit war der Weg frei für eine eigene kleine und gemeinsame Produktion. Cremes, natürliche Heil- und Pflegemittel mit ätherischen Ölen werden erzeugt, die über das Internet, auf Märkten und auch bei Verkaufspartys unter die Leute gebracht werden. Mich begeistern ja am meisten die fein duftenden Seifen, während Karlheinz ein Abnehmer von Cremes und Ölen ist.

Zu guter Letzt war nur noch Elisabeth, unsere Jüngste, daheim. Nachdem sie das 14. Lebensjahr vollendet hatte, war es der Wunsch von Karlheinz, dass auch sie, wie alle unsere Mädchen, ein Jahr lang ein Internat besuchen sollte, um dort eine Haushaltsausbildung zu erhalten und die enge Bindung zu mir zu lockern. Diese Schule war in Waiern in Kärnten, wurde von evangelischen Diakonissen geführt und war nur eine Stunde von den Großeltern Essl entfernt, die es liebten, ihre Enkeltöchter in der Nähe zu haben. Die freien Wochenenden verbrachten unsere Töchter gerne bei den Cousinen und Cousins in Hermagor oder in Villach. Elisabeth hatte sich immer schon zu Tieren hingezogen gefühlt. Das hat sie meinem Vater zu verdanken, der Pferde liebte und Elisabeth für das Reiten begeisterte. Regelmäßig gingen sie zum Reitstall in unmittelbarer Nähe unseres Hauses. Die Begeisterung für Pferde und den Reitsport hat Elisabeth ihr Leben lang nicht mehr losgelassen. Vorerst absolvierte sie aber nach dem Internat den biologischen Zweig eines Oberstufengymnasiums in Wien. Später war sie an vielen Studienrichtungen interessiert. Sie versuchte sich in Architektur und dachte auch an ein Studium der Rechtswissenschaft.

Aber wie es so kommt: Auf einem Ball der Mediziner, zu dem sie eingeladen worden war, lernte sie ihren späteren Mann kennen. Ihr weiteres Studium wurde von ihr beiseitegeschoben. Man suchte nach einer passenden Wohnung, und es wurde früh geheiratet, nämlich gleich, nachdem der zukünftige Schwiegersohn seine Doktorarbeit abgeschlossen hatte. Er hatte sich als Hals-Nasen-Ohren-Spezialist ausbilden lassen, denn sein Vater, der 1956 aus Ungarn geflüchtet war, leitete erfolgreich eine Ordination im Süden von Wien. Diese sollte sein ältester Sohn später einmal übernehmen, nachdem er das Spitalspraktikum hinter sich gebracht haben würde. Einer großartigen Hochzeit stand nichts mehr im Wege. Viele sahen in der österreichischen Elisabeth und dem ungarischen Arpad ein ideales Paar. Als Braut sah unsere Jüngste wirklich wie eine Prinzessin aus. Alles schien eitel Wonne zu sein. In Baden wurde eine gemeinsame Wohnung eingerichtet.

Zwei Jahre später wurde ein Mädchen geboren. Ich erwähne es voll Stolz: Dieses Mädchen trägt meinen Namen. Elisabeth war schon als kleines Kind ein Persönchen gewesen, das mir sehr nahestand. Sie war noch in der Volksschule, als sie einmal meinte: »Meine erste Tochter werde ich Agnes nennen!«

Damals freute ich mich, vergaß es aber bald wieder. Als ich nun nach der Geburt der Kleinen ins Krankenhaus kam, um Elisabeth zu gratulieren und die Kleine zu begrüßen, meinte die glückliche Mutter: »Ich hab dir versprochen, dass meine erste Tochter deinen Namen tragen wird!«

Es ist eine eigene Sache mit dem Weitergeben eines Namens. Man baut eine tiefe Verbindung auf zu diesem Kind. Das wollte wahrscheinlich auch Karlheinz, als er seinem Erstgeborenen seinen Namen weitergab. Allein unser Sohn war lange Zeit darüber nicht sehr glücklich.

Nun aber wieder zu Elisabeth: Nach einem weiteren Jahr wurde ihr ein zweites Mädchen geschenkt, dem man den Namen Sophie gab. Beide Kinder waren die süßesten und liebsten Mädchen, immer fröhlich und nie ohne einander. Sie spielten gemeinsam und waren lange Zeit ein Herz und eine Seele.

Nur das Eheglück war getrübt; Elisabeth und Arpad ließen sich scheiden. Wir schlugen Elisabeth vor, wieder nach Klosterneuburg zu ziehen. So übersiedelte unsere Tochter mit ihren beiden Kindern, die damals drei und vier Jahre alt waren, in ein Einfamilienhaus in Kierling am anderen Ende unserer Stadt. Sooft wir wollten, konnten wir uns treffen. Für mich war es eine glückliche Zeit, wenn ich die beiden Enkeltöchter hin und wieder bei mir haben oder ich mich bei ihnen ein wenig nützlich machen konnte. Elisabeth hatte nun auch wieder die Möglichkeit, ihrem Hobby nachzugehen und kaufte sich ihr erstes eigenes Pferd.

Ein Wunsch wurde bei ihr immer stärker, nämlich einen eigenen Reitstall mit Reithalle und dazugehörigem Haus zu besitzen. Sie suchte im Internet und wurde schließlich im Burgenland fündig. In einem typischen Straßendorf wurde ein Objekt angeboten, das für ihren Bedarf geeignet schien. Seit nunmehr fast zehn Jahren bewirtschaftet sie ein Gestüt mit 25 Pferden. Sie packt selbst immer mit an und beschäftigt sich mit der Ausbildung und Sitzkorrektur der Reiter. Mit großer Ambition züchtet sie auch Fjordpferde, die vor allem für Kinder geeignet sind. Die Reitschule bietet Unterricht für Kinder und Erwachsene, für Anfänger wie für Fortgeschrittene. All das ist nun zu Elisabeths Lebensinhalt geworden. Auch ihre beiden Töchter haben diesen Weg gewählt.

Ich hätte mir nie gedacht, dass Elisabeth nicht nur eine Reiterin, sondern auch eine geduldige Lehrerin und sogar Bäuerin werden würde, die mit großer Freude Obst und Gemüse anpflanzt. Auch Hunde, Katzen, Ziegen und Hühner gehören zu ihrem Haus.

So schwer es anfangs für Karlheinz und mich war, die Eigenständigkeit unserer Kinder zu akzeptieren – heute blicken wir mit Stolz und Dankbarkeit auf eine Zeit zurück, in der unsere Kinder zu selbstständigen, lebensbejahenden Menschen geworden sind. Jedes hat in unterschiedlicher Weise seinen Weg gefunden.

Glaube, Vertrauen, Freunde fürs Leben

Karlheinz und ich leben im Glauben an Gott und erbitten und erhalten jeden Tag Kraft von oben. Für viele Leser ist das vielleicht nicht nachvollziehbar. Deshalb will ich diese starke Beziehung zu unserem Heiland näher erläutern. Vorausschicken möchte ich, dass unser tiefer Glaube nicht bedeutet, dass wir uns fehlerfrei fühlen. Aber Gott verzeiht uns, wenn wir unsere Fehler eingestehen und um Vergebung bitten. Leider erkennen wir in den seltensten Fällen selbst, dass wir falsch gehandelt haben. Oft sind es andere, die einen darauf aufmerksam machen – und das tut manchmal entsetzlich weh. Deshalb ist das Gespräch mit dem Partner oder mit echten Freunden, die als Christen in dieser Welt stehen, besonders heilsam, wenn sie durch Gottes Güte in liebevoller Weise auf Fehler aufmerksam machen.

Unser evangelischer christlicher Glaube ist tief in unserem Alltag verankert. Nach dem gemeinsamen Frühstück beginnt jeder Morgen mit einem Lied und einigen Versen aus der Bibel, die uns durch den Tag begleiten. Abends, bevor wir einschlafen, falten wir ebenfalls unsere Hände und danken Gott für seine Hilfe, mit der er uns durch den Tag begleitet hat. Wir befehlen unsere Lieben in seine Hände und legen ihm auch alle Probleme vor, mit denen wir tagsüber zu kämpfen hatten. Mit einem Lobpreis sollte dann jedes Gebet enden. Ich muss gestehen, dass ich diesen manchmal vergesse. Wir haben die Erfahrung gemacht, dass wir auch Meinungsverschiedenheiten im gemeinsamen Gebet viel leichter aufarbeiten können.

Aber als Ehepaar braucht man auch Menschen um sich – Menschen, denen man sich in den verschiedensten Lebenslagen anvertrauen kann. Wie wichtig Freunde sind, wird einem ja oft erst dann bewusst, wenn es nicht mehr so leicht ist, welche zu finden. Wir hatten das Glück, schon früh zu erkennen, dass wir Freunde brauchen – und vor allem, solche Freunde auch zu finden. Menschen, mit denen wir nicht nur die sonnigen Stunden unseres Lebens teilen, sondern von denen wir uns auch korrigieren lassen, weil wir ihnen vertrauen. Schon seit nunmehr fast vierzig Jahren stehen wir mit ihnen in engem Kontakt. Die Wurzeln für diese Freundschaften wie auch für unseren Glauben liegen weit zurück, nämlich bei einem Prediger, der schon unsere Vorfahren beeinflusst hat.

1876 wurde in Ostpreußen ein Mann geboren, der 1901 als evangelischer Pfarrer nach Österreich kam und vorerst in der weitverzweigten Gemeinde Krems sein Amt ausübte. Obwohl er Pfarrer war, bekam er erst während einer Pfarrerkonferenz, an der er teilnahm, Heilsgewissheit geschenkt. Diese Wende war ausschlaggebend für sein weiteres Leben und Wirken. Sein größtes Anliegen war, den Weg zur Heilsgewissheit klar aufzuzeigen. Max Monsky, so sein Name, gründete im Jahr 1912 die Evangelische Gesellschaft, die heutige Volksmission, die unter der Abkürzung VM bekannt geworden ist. Monsky diente in vielen Evangelisationen, und seine Tätigkeit erstreckte sich weit über die Grenzen Österreichs. In den letzten Jahrzehnten vor seinem Tod hielt er immer wieder Straßenpredigten, um auch auf diese Weise das Wort Gottes zu verkündigen. Monsky war immer bereit zu helfen; er sprang dort ein, wo man ihn brauchte. Kein Weg war ihm zu weit, kein Wetter zu schlecht und kein Opfer zu groß. Durch seine Initiative kam in der Notzeit nach dem Zweiten Weltkrieg die Hilfe der Quäker nach Österreich, die vielen – über alle politischen und konfessionellen Schranken hinweg – notwendige Lebensmittel brachte.

Karlheinz hatte Max Monsky und seine herzensbewegenden Predigten bereits in seiner Jugend kennengelernt, da dieser Gottesmann auch in Hermagor seine Vorträge und Predigten hielt. Ich selbst hörte ihn in Wien in einem Kellerlokal in der Wurzbachgasse, wo wir als junges Ehepaar eingeladen waren. In unserer Kirchengemeinde in Klosterneuburg besuchten wir zwar den Gottesdienst, vermissten aber die Gemeinschaft mit Gleichaltrigen. Bei den sogenannten Jugendstunden in Wien traf man sich einmal wöchentlich; wir sangen Lieder zum Gitarrenspiel, betrachteten das Wort Gottes, das uns für das tägliche

Leben Hilfe und Rat anbot. Geleitet wurden diese Stunden von der Salzburger Missionsschwester Gertrud Stasny, die nur wenig älter war als wir. Wir fragten sie, ob sie sich vorstellen könnte, während des Gottesdienstes in Klosterneuburg die Kinder in ihre Obhut zu nehmen, um mit ihnen zu singen und ihnen biblische Geschichten nahezubringen. Zu unserer Freude sagte sie zu und kam nun jeden Sonntag in die evangelische Kirche, um die Kinder zu unterrichten. Bald schlossen sich andere Kinder dieser Gruppe an. Ein junges Gemeindeleben erwachte.

Karlheinz ging regelmäßig nach dem Gottesdienst mit unseren Kindern und Sr. Gertrud spazieren, während ich das Mittagessen für die große Schar zubereitete. Bei festlich gedecktem Tisch ließen wir uns dann die Mahlzeit schmecken. Für mich persönlich freilich waren die Sonntage anstrengend. Unser Kindermädchen hatte natürlich frei, und ein Sonntagsessen für acht Personen zuzubereiten, war für mich doch eine gewisse Herausforderung. Trotzdem freute ich mich über eine fröhliche Stimmung und wenn alle zufrieden und glücklich am Tisch ihre Mahlzeit zu sich nahmen. Ich erinnere mich ebenso an die Bibelstunden, die sonntags am Abend in regelmäßigen Abständen in unserem Wohnzimmer abgehalten wurden. Auch meine Eltern, meine Schwester Roswitha mit ihrem Mann Helmut Kinzel und einige Nachbarn fanden sich dazu ein. Diese Zusammenkünfte standen wiederum unter der Leitung von Sr. Gertrud. Ihre liebevolle Art tat uns wohl; die ganze Familie schätzte es, wie sie uns die Bibel auslegte.

Wir besuchten weiterhin die Jugendstunden in Wien und versuchten Gleichaltrige einzuladen. So kam es, dass wir dort eine fröhliche Gruppe von Christen trafen, die sich vorerst im Keller, in den sogenannten Katakomben, in der Wurzbachgasse trafen. Obwohl wir nicht einmal ein Fenster im Gemeinschaftsraum hatten, sorgte Sr. Gertrud dafür, dass es gemütlich war. Ein Eisenofen brachte im Winter die wohlige Wärme. Im Sommer war es hier sowieso angenehm kühl. Verschiedene ausrangierte Stühle und ein Tisch waren die Einrichtung. Auf der sauberen Tischdecke lag ein Stapel von Liederbüchern für uns bereit. Daneben hatte Sr. Gertrud ihre Gitarre platziert. Jeder der kam, wurde freundlich begrüßt und erzählte über seine Befindlichkeiten, bis wir schließlich zu singen anfingen. Zur inneren Sammlung sprach Sr. Gertrud ein Gebet. Reihum wurden die einzelnen Verse aus der Bibel gelesen, und Sr. Gertrud erklärte uns die Stelle, stellte Verbindungen mit anderen Abschnitten her, sodass uns das Wort Gottes immer vertrauter wurde. Auf diese Weise wurde die Bibel für uns lebendig. Ein bestimmtes Bibelwort, das uns Kraft für unseren Alltag gab, konnte jeder in seinem Herzen zur persönlichen Erbauung mit nach Hause nehmen.

An manchen Sonntagen besuchten wir auch die Gottesdienste, die Pfarrer Monsky im danebenliegenden Saal hielt. Ich erinnere mich an ein erhöhtes Podest für den Prediger. Dieses war notwendig, denn Monsky war von kleiner Statur, dafür aber wortgewaltig und überzeugend. Daneben stand das Harmonium, das Sr. Gertrud spielte. Ungefähr fünfzehn Sesselreihen füllten den Raum; annähernd hundert Gläubige, die dem lebhaften Mann Gottes gerne zuhörten, fanden Platz. 1969 starb Max Monsky im vierundneunzigsten Lebensjahr. Seine Heilsgewissheit war, dass es ein Leben nach dem Tod gibt.

Sr. Gertrud, die Monsky acht Jahre lang begleitet hatte, übernahm nun die Verantwortung für die Volksmission, und alle in der Gemeinde halfen mit. Auch Karlheinz engagierte sich, indem er selbst Predigten hielt; er war zudem bei der Suche nach einem neuen Prediger behilflich. Schließlich wurde ein Gottesmann gefunden, der die Lücke ausfüllen konnte: Ein gebürtiger Wiener, der einige Jahre in Deutschland als Missionar tätig gewesen war, wollte mit seiner Familie wieder nach Wien übersiedeln. Auf Wunsch vieler Mitglieder wurde beschlossen, ein neues Quartier für die Arbeit der Volksmission zu suchen. Man fand es in nächster Nähe in der Seidengasse im siebenten Wiener Gemeindebezirk. Die nötigen finanziellen Mittel waren durch Gottes Hilfe und das Engagement der Mitglieder zusammengekommen. Gottes Wort konnte nun in hellen, freundlichen Räumen verkündigt werden. Wir wollten weitere Menschen ansprechen, die ebenfalls eine Beziehung zu Gott aufbauen wollten. Karlheinz und ich brachten einige Interessierte, die zu Freunden fürs Leben wurden.

Sr. Gertrud mit meinem Mann und mir, 2010

Seit frühester Jugend kannte ich Herfried Bauer, der mit mir den Kinderkreis der evangelischen Kirche in Klosterneuburg besucht hatte. Bei einer Theateraufführung hatte ich die Rolle des Schneewittchens zu spielen, und Herfried war der Prinz, der mich wachküsste. Später verloren wir uns dann aus den Augen. Er wurde Ingenieur und verbrachte beruflich viele Jahre in der Schweiz. Nach seiner Rückkehr siedelte er sich schließlich mit seiner charmanten und liebenswerten Frau Sonja und seinen beiden Kindern in unserer unmittelbaren Nähe in Klosterneuburg an. Sonja war zu dieser Zeit Modell in einer Modeagentur und vertrat später eine prominente deutsche Modefirma in Österreich. Als mein Vater einen Mitarbeiter suchte, entschied er sich für eben diesen Herfried Bauer, dem er die Heizölgeschäfte übertrug. Später sollte er in unserem Unternehmen einen Direktorposten innehaben.

In den 1970er-Jahren arbeitete Karlheinz sehr intensiv mit dem Werbefachmann Hans Plank zusammen, den er auch privat bei Kaffee und Kuchen näher kennenlernte. Plank stellte kritische Fragen über Gott und die Welt. Schließlich wurde er von Karlheinz dazu motiviert, gemeinsam mit seiner Frau Elfi vorerst einmal als Zuhörer zu den Abenden in die Volksmission zu kommen. Sr. Gertrud bereitete wie üblich die Stunden vor, wir sangen zu ihrer Gitarre und kamen dann zur Bibelarbeit. Jeder las einen Vers des vorgenommenen Textes, den Sr. Gertrud dann auslegte. Hans hatte immer wieder andere Ansichten und Interpretationen und hielt seine Meinung auch nicht zurück. Wie ein Hecht im Karpfenteich kam er mir damals vor. Das sollte auch in Zukunft so sein. Sein Interesse an dieser Gemeinschaft war aber sehr stark. Da sich seine Frau ebenso von ihr angesprochen fühlte, besuchten beide regelmäßig die Veranstaltungen.

Um 1970 traf Karlheinz seinen Freund Gerhard Wratschko auf der Wiener Messe wieder. Sie hatten sich während der Schulzeit in Graz kennengelernt. Es war ein freudiges Wiedersehen, und er lud ihn mit seiner Frau Christl in unser Wohnhaus ein. Gerhard erzählte uns, dass er schon früh während eines England-Aufenthaltes zum lebendigen Glauben gefunden hätte. Später hätte er aber aufgrund seines Wirtschaftsstudiums und seiner Heirat immer weniger an seine Entscheidung, Gott nachzufolgen, gedacht. Er sei viel zu viel mit anderen Dingen, die ihn total ausfüllten, beschäftigt gewesen. Als die beiden mit uns plauderten und unser jüngstes Kind in der Wiege bewunderten, kamen wir auch auf unseren Glauben zu sprechen. Wir erzählten nicht nur von unserem Weg zu Christus, sondern auch von unserem Kennenlernen in den USA und wie sich unser Leben seit damals entwickelt hatte. Wir erzählten natürlich auch von unseren Bibelstunden in der Volksmission und luden sie ein, zu den Gemeinschaftsstunden unter Gottes Wort zu kommen. Sie waren offen dafür und freuten sich auf die Zusammenkünfte.

Die Gruppe, die sich zu den Bibelstunden der Volksmission zusammengefunden hatte, wuchs und wuchs. Die jüngsten Mitglieder waren um die zwanzig Jahre alt, die ältesten um die siebzig. Sie alle tauschten sich dort aus und sahen dabei das Wort Gottes als Grundlage. So grundsätzlich positiv die Unterschiede in der Gruppe durchaus waren – die Interessen der verschiedenen Altersgruppen gingen doch auseinander. So initiierten wir etwas Neues und gründeten den »Club 40« – denn wir, die Gründer, waren alle um die vierzig. Die meisten von uns waren verheiratet, hatten Kinder und standen mit allen Anforderungen eines Berufes mitten im Leben. Somit verbanden uns ähnliche Herausforderungen, die wir gemeinsam bewältigen wollten. Unsere Abendstunden, ebenfalls in den neuen Räumen der Volksmission, verliefen wie vorher: Singen, Gebete, Wortbetrachtungen. Alle zwei Wochen trafen wir uns.

Nun darf man nicht glauben, dass es bei diesen Treffen nur ernst und langweilig zuging. Unsere Gruppe war stets um einen Tisch mit Getränken und Knabbergebäck versammelt. Zu Gitarrenmusik studierten wir Lieder ein, die wir so lange wiederholten, bis wir sie auswendig konnten, um sie an Sonntagen während des Gottesdienstes vorzusingen. Jeweils einer von uns bereitete ein Thema vor. In tiefschürfenden Gesprächen suchten wir Antworten auf unsere Fragen; Bibelstellen halfen uns dabei. Da ging es um Themen wie Leben und Tod, Gesundheit und Krankheit, Beruf und Berufung, Kindererziehung und das Verhältnis zur älteren Generation, Heilsgewissheit und vieles mehr, was uns bewegte.

Nach hundert Abenden und hundert Themen sollte wieder etwas Neues entstehen. In dieser Gemeinschaft hatte sich mit den drei Ehepaaren Bauer, Plank und Wratschko, die ich schon erwähnt habe und die inzwischen zu unseren engsten Freunden geworden waren, ein harter Kern gegebildet. Bis heute bewährt sich diese enge Freundschaft, obwohl wir in unseren Ansichten, unserer Herkunft und unserer Erziehung alle grundverschieden sind. Damals überlegten wir, wie wir uns weiterhin unter Gottes Wort treffen könnten und hatten eine glänzende Idee: Alle zwei Wochen, immer am Freitagabend, lädt ein Ehepaar zu sich nach Hause ein. Jede Familie hat seine eigene Art, den Tisch zu decken und das Abendessen vorzubereiten, das dann mit Freude und Genuss verspeist wird. Dem voran geht eine persönliche Begrüßung und ein inniges und mit Dank erfülltes Gebet. Während der Mahlzeit finden wir immer Zeit und Muße, uns darüber auszutauschen, was uns in den vergangenen zwei Wochen beschäftigt hat. Freud und Leid werden vorgebracht und angehört. Wir dürfen liebe-

Unsere Familienrunde, 2008

volle Ratschläge erwarten. Diese können wir annehmen oder auch darüber diskutieren. Gerade in problematischen Situationen hilft das Gespräch mit Freunden. Wir spüren die innige Gemeinschaft, wenn wir uns selbst unter Gottes Wort stellen. Antworten erhalten wir immer bei den Wortbetrachtungen, bei denen uns die Bibel die Grundlage bietet. Da wir seit so vielen Jahren miteinander verbunden sind, wissen wir über Höhen und Tiefen Bescheid. Wir kennen aber auch die wunderbaren Gaben, die jeder von Gott geschenkt bekommen hat und die gefördert werden sollen.

Seit zehn Jahren ist es unser ausdrückliches Bedürfnis, eine Woche lang einen gemeinsamen Urlaub zu erleben. Dazu wählen wir immer ein Gebiet in Österreich aus, wo es möglichst viele Wanderrouten gibt. Oft ist es gar nicht so einfach, ein Quartier für uns zu finden, denn wir benötigen vier Doppelzimmer und einen Gemeinschaftsraum, wo wir singen, diskutieren und die Bibelarbeiten abhalten können. Aber bis jetzt haben wir immer ein passendes Bauernhaus gefunden, das uns liebevoll aufnimmt und in dem wir in unmittelbarer Umgebung erholsame Tage in guter Luft genießen können. Ein spürbarer Segen umfängt uns jedes Jahr während dieser Ferien, und wir kommen erholt und gestärkt durch Gottes Gegenwart wieder zurück nach Hause. Unsere Gemeinschaft, unsere Freundschaft möchte ich unter einen kurzen Text stellen. Er stammt aus dem 4. Jahrhundert aus der Feder von Augustinus, einem der bedeutendsten Kirchenlehrer. Seine Gedanken sind bis heute aktuell – auch die folgenden: »Ich bin berufen, etwas zu tun oder zu sein, wofür kein anderer berufen ist. Ich habe einen Platz in Gottes Plan, auf Gottes Erde, den keiner sonst hat. Ob ich reich bin oder arm, verachtet oder geehrt bei den Menschen. Gott kennt mich und ruft mich bei meinem Namen, und ich merke auf und höre!«

Einschneidende Ereignisse

Nicht nur Karlheinz und ich sind im christlichen Glauben verwurzelt und wünschen nach Gottes Wort zu leben. Auch meine Eltern waren gläubige Christen. Dennoch waren unsere Ideen und Ansichten grundverschieden. Stets gab es eine Diskrepanz zwischen uns und meiner Herkunftsfamilie. Karlheinz und ich verstanden uns als moderne und zielstrebige Menschen, die die Welt verändern wollten. Das moderne Amerika war in unserem Gedankengut tief verwurzelt. Unser Leben war immer äußerst umtriebig und ständig im Aufbruch. Meinc Eltern dagegen hatten den Krieg durchlebt und waren darum bemüht, ihr mühsam erwirtschaftetes Vermögen überaus sparsam zusammenzuhalten – und nur keine Experimente zu machen! Die Konflikte innerhalb der Großfamilie, die als drei Kleinfamilien in einem Haus wohnten, waren unausweichlich.

Zunächst wohnten in unserem Haus ja nicht nur wir und unsere Kinder, sondern auch meine Eltern sowie meine Schwester Roswitha mit ihrem Ehemann. Unsere Kinder wuchsen heran, viele ihrer Freunde gingen hier ein und aus, es wurde immer lauter. Schließlich zogen es meine Schwester und mein Schwager vor, nach Wien zu übersiedeln. Die frei gewordene Wohnung war für eine Tante vorgesehen, die als Krankenschwester bald in Pension gehen würde. Meine Mutter wünschte sich, im Alter von ihr gepflegt zu werden. Doch Tante Erika benutzte die Wohnung bloß als Möbeldepot. Nun war keine Rede mehr davon, dass sie hier einziehen würde. Auch ihre Besuche bei meinen Eltern wurden immer seltener. Statt ihr tauchte aber eine andere Tante in unserem Familienhaus immer regelmäßiger auf. Tante Hedy suchte nach dem plötzlichen Tod ihres Mannes Anschluss bei meinen Eltern. Und immer, wenn sie zu ihnen kam, wurden auch wir von ihr besucht. Unsere Sprösslinge scharten sich um sie, weil sie immer Interessantes zu erzählen wusste. Oft brachte sie auch selbstgebackenen Kuchen mit, der mit Begeisterung verspeist wurde. Bald merkte sie, dass ich mit meinen hausfraulichen Pflichten überlastet war. Einmal fragte sie mich, wann ich denn mit meinem Mann und ohne Kinder ein paar Tage wegfahren würde. So ein Ausreißen vom täglichen Trott hatte ich mir noch nie überlegt. Es wäre mir auch nie eingefallen, einen solchen Wunsch zu äußern. Meine Eltern, die schon etwas betagt waren, hätten die Verantwortung über unsere große Kinderschar nicht übernehmen können. So war mir nichts anderes übriggeblieben, als daheimzubleiben, während Karlheinz auf Geschäftsreisen durch die Lande fuhr.

Tante Hedy mit 78 Jahren

Aber das änderte sich nun. Tante Hedy hatte keine eigenen Kinder. Sie litt darunter, dass sie nun als Witwe mit erst 64 Jahren alleine und ohne Familie leben sollte. Jetzt nahm sie mich quasi als ihr Kind an und hatte mit einem Schlag fünf Enkelkinder, die sie vergötterte. Nachdem ich merkte, mit welcher Liebe sie an unseren Kindern hing, nahm ich mit Freude ein großzügiges Angebot von ihr an: Sie wollte mich für einige Tage vertreten, während ich Karlheinz auf einer seiner Geschäftsreisen begleiten sollte. Ich freute mich wie eine Schneekönigin darauf! Meine Tante wohnte für diese Zeit mit den Kindern in unserem Haus und schlief in unserem Ehebett. Elisabeth, die damals noch nicht zur Schule ging, liebte es, unser Bett mit ihr zu teilen. Tante Hedy war äußerst unkompliziert und kam mit jeder Gegebenheit zurecht. Meine Eltern, die im Hause wohnten, staunten über ihren Mut, Verantwortung für die lebhafte Schar zu übernehmen.

Es war die erste gemeinsame Reise von Karlheinz und mir ohne

Kinder seit langer Zeit. Sie führte uns nach Amsterdam. Ein leitender Angestellter mit seiner Frau begleitete uns. Obwohl es eine Geschäftsreise war, kam es mir vor, als hätten wir Urlaub. Ich sog alle wunderbaren Sehenswürdigkeiten der Stadt, die mir in diesen drei Tagen geboten wurden, in mich hinein.

Die Architektur von Amsterdam begeisterte mich. Die denkmalgeschützten Gebäude sind einzigartig. Wir wohnten in einer kleinen Pension im letzten Stock eines Hauses, das gerade so breit wie unser Zimmer war. Man erzählte mir, dass es früher üblich gewesen wäre, die Höhe der Steuern nach der Breite der Straßenfront eines Hauses zu bemessen. Aus diesem Grund findet man in dieser Stadt viele schmale Häuser. Dafür sind sie aber relativ hoch gebaut. Mich begeisterten auch die typischen Kanäle in der Amsterdamer Innenstadt, die mich an Venedig erinnerten. Diese alten Grachten dienen heute noch als Verkehrswege für den Transport von Gütern und Personen. Wir fuhren mit einem dieser verglasten Ausflugsboote und erlebten das Flair und den Charme der Innenstadt auf den schmalen Wasserwegen. Einen großen Eindruck hinterließ bei mir die Fahrt auf der Prinzengracht, die am Haus der Anne Frank vorbeiführte. Das Tagebuch dieses Mädchens hatte ich kurz vor Beginn unserer Hollandreise gelesen. Ich war erschüttert über die Tragödie dieser Familie und ihrer Freunde, die sich auf engstem Raum vor den Nationalsozialisten versteckt gehalten hatten. Ihre ständige Angst, von der Gestapo entdeckt zu werden, und ihr schreckliches Ende bewegen heute noch viele, die das Buch lesen.

Natürlich standen auch die wichtigsten Museen der Stadt auf unserem Programm. Als Erstes peilten wir das *Van Gogh Museum* an, das die größte Sammlung mit Werken des niederländischen Malers beherbergt. Die ausgestellten Hauptwerke beeindruckten mich sehr, allen voran die »Kartoffelesser« in den unterschiedlichen Variationen, die Landschaften, die Sonnenblumengemälde, die Selbstportraits und sein »Schlafzimmer in Arles«. Ist es nicht verwunderlich, dass der Künstler zu seinen Lebzeiten nur an seinen Bruder Theo, der Kunsthändler war, seine Bilder hatte verkaufen können? Dieser hatte ihn zeitlebens unterstützt, während er in Kunstkreisen zunächst verkannt und nicht akzeptiert worden war. Unsere nächste Station war das *Rijksmuseum*. Hier wollten wir uns vor allem den Werken Rembrandts van Rijn widmen, unter anderem seiner »Nachtwache«. Bewundernd stand ich vor diesem Gruppenbildnis mit Schützen und vielen weiteren Figuren, die durcheinanderlaufen. Ich war von der Malerei fasziniert und fühlte mich in das Geschehen hineingenommen.

Meine Eltern in der Wachau, 1977

Zurück in Klosterneuburg wusste ich auf einmal wieder, wie die große, weite Welt aussieht. Für mich war es ein Zurück zu meiner Persönlichkeit; meine Reiselust war wieder erwacht. Meine Tante, die so liebevoll meine Kinder betreut hatte, überraschte uns zu Hause mit Blumenschmuck aus dem Garten und einem wunderbaren Kuchen, den sie extra für unseren Empfang gebacken hatte. Unsere Kinder hatten sich unter der Obhut von Tante Hedy richtig wohlgefühlt. Ich war so dankbar, dass man mir von keinerlei Problemen zu berichten hatte.

Meine Eltern gingen sehr selten auf Reisen. Hin und wieder machten sie Urlaub in ihrer geliebten Wachau, wo mein Vater nicht nur Geschäftsleute traf, sondern auch Freunde aus seiner Schulzeit, etwa den berühmten Weinhauer Lenz Moser.

Als meine Eltern einmal auf dem Weg nach Graz waren, kam es, nachdem mein Vater ein von rechts kommendes Auto übersehen hatte, zu einem folgenschweren Unfall: Meine Mutter erlitt eine schmerzhafte Prellung im Brustbereich, von der sie sich eigentlich nie mehr richtig erholen konnte. Oft klagte sie nachher über Schmerzen. Mein Vater, der bei dem Unfall seine wunderschönen Zähne eingebüßt hatte, machte sich schreckliche Vorwürfe. Drei Jahre später wurde unsere Mutter ernstlich krank und ging zum ersten Mal in ihrem Leben in ein Krankenhaus, um sich untersuchen zu lassen. Mein Vater trug ihr Köfferchen, und sie mühte sich von ihrer Wohnung im ersten Stock die Stiegen herunter. Ich stand im Hausflur, um ihr Lebewohl zu sagen. Da bemerkte ich Tränen in ihren Augen. Ganz leise sprach sie einen Satz, den ich mein Leben lang nicht vergessen werde: »Hier gehe ich nie mehr hinauf!«

Es klang so unendlich traurig, aber doch so bestimmt, als ob sie genau wüsste, was auf sie zukommen würde. Sie liebte ihre Wohnung und ihr Haus, in dem sie mit uns beinahe fünfzig Jahre lang gewohnt hatte. Im Klosterneuburger Krankenhaus bekam sie ein Einzelzimmer und wurde untersucht. Aber bis heute haben wir keine Ahnung, was wirklich die Ursache ihres plötzlichen Verfalls war. Ich denke fast, sie hatte einfach keinen Mut mehr zum Leben.

Mein Vater betreute seine Frau auf liebevollste Weise. Schon früh morgens besuchte er sie und half ihr bei der Körperpflege. Er wollte nicht, dass irgendjemand sonst diesen Dienst übernahm. Tagsüber wechselten wir Schwestern uns ab, sodass unsere Mutter immer wieder in der Obhut der Familie war. Ich erinnere mich daran, dass sie einmal den Wunsch äußerte, von uns bekocht zu werden. Abwechselnd brachten wir ihr das gewünschte Essen. Am liebsten waren ihr jene Suppen, die wir nach ihren Rezepten zubereiteten und die sie mit Appetit verspeiste. Damals hörte ich von ihr ein Lob, das mich ganz glücklich machte: »Deine Gemüsesuppe hat mir so gut geschmeckt wie keine zuvor!«

Nach einigen Wochen meinten wir, eine Besserung ihres Gesamtzustandes zu bemerken. Bei unseren Besuchen war sie gesprächig und erzählte uns viel aus ihrer Kindheit. Sie erwähnte so manches, das ich vorher noch nie gehört hatte. Mein Vater, wir Schwestern, aber auch die Schwiegersöhne und die Enkelkinder kamen zu Besuch, um sie aufzumuntern.

Unsere Mutter war immer vorausschauend gewesen, wenn es um

Geburtstage ging. Schon lange vor diesen Festen hatte sie für jeden von uns eine Überraschung parat. Trotz ihrer Krankheit hatte sie an meinen 41. Geburtstag gedacht und bat Roswitha und Lore, aus ihrer Wohnung das vorbereitete Paket für mich zu holen. Sehr feierlich überreichte sie mir eine Ergänzung zu meinem Silberbesteck mit den Worten: »Du wirst in deinem Leben eine große Familie und viele Freunde zu bewirten haben.«

Ich war gerührt und ließ meinen Tränen freien Lauf. In den letzten Lebenswochen meiner Mutter habe ich ihr die strenge Erziehung, unter der ich sehr gelitten hatte, verziehen. Da ich nun selbst in einer ähnlichen Situation war und unseren Kindern den rechten Weg zum Leben weisen wollte, verstand ich sie besser als vorher. Ich konnte nur mehr Liebe und Zuneigung für sie empfinden.

Meine Mutter wurde immer schwächer und konnte sich schließlich nicht mehr auf den Beinen halten. Die kleinen Mahlzeiten, die sie zu sich nahm, reichten nicht mehr aus. Sie musste künstlich ernährt werden, was sie aber verweigerte. Sie erlaubte nur mehr Flüssigkeiten und Schmerzmittel. Nach sechs Wochen Spitalsaufenthalt ging es mit ihrem Leben zu Ende. Meine Schwester Lore und ich waren anwesend, als sie sich von uns verabschiedete und ihr Leben aushauchte. Betroffen standen wir vor ihr, falteten unsere Hände und befahlen unsere Mutter unserem Schöpfer an. Von einem Moment zum anderen war aus einem geliebten Wesen eine fremde Hülle geworden. Das waren Momente, die ich nie vergessen werde.

Unendlich traurig verständigten wir unsere Familie. Mein Vater hatte gewusst, dass das Leben seiner geliebten Frau nur mehr an einem dünnen Faden hing – er war untröstlich, dass er beim Hinübergleiten in ihr neues Leben nicht bei ihr hatte sein können. Als gläubiger Christ hätte er ihr zu gerne beim letzten Lebewohl die Hände gereicht. Wir Schwestern und alle in der Familie versuchten ihn zu trösten. Alle Schwieger- und Enkelkinder waren noch einmal im Krankenzimmer erschienen. Wir wollten unsere liebe Verstorbene nur im engsten Kreis der Familien zu Grabe tragen und ganz leise zusammenrücken, um Mutters Gegenwart spüren zu können.

Für den bevorstehenden Sommer hatten Karlheinz und ich mit unseren drei Töchtern eine Reise an den Plattensee geplant. Unter keinen Umständen aber wollten wir meinen Vater alleine lassen. Nach kurzem Nachdenken entschied er sich, uns zu begleiten, während Tante Hedy für diese Zeit die »Regentschaft« über das Haus und unsere beiden Söhne übernahm. Wir fuhren mit Andrea, Gudrun und Elisabeth in unserem Auto nach Ungarn. Mein Vater wählte das Tragflügelboot, das ihn von Wien nach Budapest brachte. Dort wurde er von unseren ungarischen Verwandten abgeholt und zum Plattensee gebracht. Wir waren glücklich, dass seine Lebensfreude langsam wieder erwachte. In Balatonfüred wohnte eine seiner Cousinen aus der Schömer-Dynastie in einer Jugendstilvilla. Diese »uralte Tante Roszi«, wie sie sich immer selbst nannte, war eine liebevolle Gesellschafterin; eine zweite Dame im Haus bemühte sich ebenfalls um ihn. So war er gut aufgehoben. Wir selbst hatten einen Bungalow am See gemietet. So konnten wir uns täglich sehen, verbrachten zwei wunderbare Wochen mit all den herrlichen Bademöglichkeiten. Auch die verschiedenen privaten Gasthöfe besuchten wir abends gemeinsam und genossen die typisch ungarische Küche. Gut erholt kamen wir wieder heim.

Bald darauf kehrten wieder Ruhe, Ordnung und Normalität in unser Leben zurück. Mein Vater ging wieder täglich in sein Büro und nahm wie gewohnt seine Aufgaben wahr. Mit seinen 77 Jahren war er wieder gewillt, seine langjährigen Kunden selbst zu betreuen.

III.

Leidenschaft für die Kunst

Wie die Kunst wieder in mein Leben trat

Ich habe schon darüber berichtet: In Karlheinz steckt ein Künstler. Doch das Geschäft lässt ihm keine Zeit, das Künstlertum auch zu leben. Umso mehr aber faszinieren ihn die Werke anderer wie auch die Begegnungen mit Künstlern. Und diese Faszination ist ganz die meine. So setzte sich gerade für mich eine Geschichte fort, die mit meiner Entdeckung der modernen Kunst in der Galerie von Virginia Zabriskie in New York begonnen hatte.

Über jeden unserer Künstler, die wir im Laufe der Zeit entdeckten, gäbe es so vieles zu erzählen, aber alle diese Geschichten würden mein Buch sprengen. Ich kann daher nur einige herausgreifen, um zumindest einen Einblick in mein Leben für die Kunst zu geben.

Immer wieder werden wir gefragt, wie und wann wir eigentlich begonnen haben, Kunst zu sammeln. Dahingehend gibt es zwischen meinem Mann und mir durchaus verschiedene Meinungen, denn es gibt einen Unterschied zwischen der Museumskollektion und jenen Bildern, die wir am Anfang unserer Ehe für unsere Wohnung erworben haben. Das allererste Gemälde, das ich ganz speziell für meinen Mann gekauft habe, zähle ich sehr wohl dazu.

Karlheinz hatte schon früh ein Vorbild in seinem Leben. Das war sein Großvater väterlicherseits. Von ihm ist bereits die Rede gewesen. Er hat ihn nie wirklich kennengelernt, denn er starb, als Karlheinz gerade einmal ein Jahr alt war. Aber durch die Erzählungen seiner Eltern ist meinem Ehemann das Wesen seines Großvaters mit seiner Geschäftstüchtigkeit, seiner Reiselust und seinem unerschütterlichen Glauben zum Ideal geworden.

Im Jahre 1962, während eines Besuches in Hermagor, hatte ich die Möglichkeit, den Maler Karl Moser kennenzulernen. Er war mit meinen Schwiegereltern schon lange befreundet und verbrachte seit Jahren seine Sommerurlaube bei ihnen in Kärnten. Dieser Maler hatte immer wieder Aufträge bekommen, Mitglieder der Familie Essl zu portraitieren. Diese Bilder hingen im Haus meiner Schwiegereltern und waren so stets präsent. Auf diese Weise bekam ich auch visuell einen Einblick in die Familiengeschichte. Da kam mir die Idee, ein Bild seines Großvaters für Karlheinz malen zu lassen. Ich suchte ein prägnantes Foto aus und bestellte bei Karl Moser ein Gemälde, das ich meinem Mann zu Weihnachten schenkte. Seine Freude darüber war groß. So meine ich, dass dieses Bild zu Beginn unserer Sammlung stehen darf.

Großvater Georg Essl I., Gemälde von Karl Moser, 1962

Es folgte ein Klosterneuburger Künstler, den ich bereits nach dem Zweiten Weltkrieg persönlich kennengelernt hatte. Er hieß Erhard Amadeus-Dier. Dieser großgewachsene, schlanke und feinsinnige Mann, mit Charme gegenüber der Weiblichkeit, wohnte in einer wunderschönen Villa in Weidling und kam einmal wöchentlich mit seinem amerikanischen Auto zu unserer Tankstelle und ließ sich dort bedienen. Unsere Damen vom Büro stürzten zur Zapfsäule, wenn er kam, um seine Wünsche zu erfüllen. In regelmäßigen Abständen erschien er. So hatte ich die Möglichkeit, mit ihm zu plaudern. Er hatte nach dem Krieg die österreichische 100-Schilling-Banknote entworfen. Er war zudem Komponist, Designer, Maler und Mitglied des *Künstlerhauses* in Wien. Einmal vor Weihnachten brachte er mir eine Serie von Weihnachtskarten, die er als preisgekrönter Grafiker gezeichnet und gemalt hatte und die es nur in exquisiten Papierhandlungen in Wien zu kaufen gab. Als unsere Wohnung noch ziemlich kahl und ohne Bilder war, statteten Karlheinz und ich ihm einen Besuch ab. Wir diskutierten mit ihm, erzählten von unserem Leben und fragten ihn, ob er eine spezielle Idee hätte, was er für uns malen könnte. Schlussendlich einigten wir uns auf ein typisches Klosterneuburger Thema, nämlich die »Wunderbare Verteidigung von Klosterneuburg gegen die Türken im Jahre 1683«. Wochenlang recherchierte er in der Stiftsbibliothek. Nach einigen Monaten, zur Weihnachtszeit, hing das Gemälde schließlich in unserem Wohnzimmer. Dieses Bild sollte übrigens einige Jahre später zu einer Ausstellung ins Künstlerhaus kommen. Schon damals war uns klar: Je öfter Werke eines Künstlers in der Öffentlichkeit gezeigt werden, desto bekannter wird der Maler. So willigten wir ein. Als wir aber die Ausstellung besuchten, glaubten wir nicht recht zu sehen. Das Bild war von Dier übermalt und total verändert worden. Darüber waren wir sehr enttäuscht. Wir zogen daraus eine Lehre: Nachdem ein Werk in unseren Besitz übergeht, darf nicht einmal der Künstler selbst Hand anlegen, denn das veränderte Bild ist dann nicht mehr jenes, für das wir uns beim Kauf entschieden haben.

1974 entschlossen wir uns, ein bedeutendes Werk von Friedensreich Hundertwasser zu erwerben. Eine Holzkassette mit dem Titel »Regentag« mit zehn Serigrafien wurde uns angeboten. Einige Blätter davon wurden gerahmt und hätten unser Schlafzimmer zieren sollen. Eines davon, mit dem Titel »Irinaland Over the Balkans«, hing gegenüber von meinem Bett. Die phosphoreszierende Färbung irritierte mich. Ich fürchtete mich, wenn ich nachts aufwachte. Nach einigen Tagen entschied ich mich für einen Wechsel, suchte ein anderes Sujet aus der Mappe und konnte wieder ruhig schlafen.

1978 richteten wir im Dachgeschoss unseres Klosterneuburger Wohnhauses ein Atelier ein. Kurz darauf planten wir mit unserer Kinderschar eine Reise zu unseren Verwandten nach Kärnten. Am Weg dorthin wollten wir den Künstler Peter Krawagna besuchen. Seine Jugendstilvilla lag in einem romantischen Garten mit Blick auf den Wörthersee. Wir hatten uns angemeldet und wurden freundlich vom Ehepaar Krawagna empfangen und mit Kaffee und Kuchen verwöhnt. So nach und nach schwirrten auch die Kinder des Paares hinzu. Wir unterhielten uns über dies und das, bis wir endlich auf die Kunst zu sprechen

»Wunderbare Verteidigung von Stift Klosterneuburg gegen die Türken 1683«,
Gemälde von Amadeus Dier, 1963

kamen. Schließlich wurden Karlheinz und ich ins Haus gebeten, wo der Künstler seine Arbeiten präsentierte, während die Kinder im Garten blieben und sich miteinander die Zeit vertrieben. Damals setzten wir uns erstmals mit seinen Werken auseinander. Wie unterschiedlich ist doch seine Ausdrucksweise von jener anderer Künstler, die wir zuvor gesehen hatten! Karlheinz war begeistert; er wollte einige Bilder kaufen. Da wir aber zu wenig Platz im Auto hatten und auf dem Weg in den Urlaub waren, wollten wir ein anderes Mal die Werke nochmals begutachten und einige Blätter auswählen. Wie erstaunt waren wir, als wir nach unserer Heimkehr nach Klosterneuburg eine Kiste aus Kärnten mit Bildern von Krawagna vorfanden. Nicht lange wurde überlegt. Karlheinz entschloss sich, die Werke im neuen Atelier aufzuhängen, um sie alle vor Augen zu haben. Vor uns präsentierte sich nun eine wunderbare kleine Ausstellung mit Aquarellen, die auf den Reisen des Künstlers durch Italien, Griechenland und Tunesien entstanden waren. Wir waren selbst so angetan davon, dass wir unsere Freunde und Verwandten zu uns einluden. Es wurde ein unterhaltsamer Abend – anders als Einladungen der herkömmlichen Art. Und das war sozusagen die erste von uns organisierte Ausstellung. Wir setzten das fort und stellten in den nächsten Jahren für Verwandte, Freunde und Bekannte Werke aus unserer damals noch sehr bescheidenen Sammlung im Atelier im Dachgeschoss unseres Wohnhauses aus. Übrigens: Von Krawagna kauften wir uns drei wunderbare Papierarbeiten, den Rest schickten wir fein säuberlich verpackt zurück.

Noch vor Krawagna hatte mein Mann andere Künstlerpersönlichkeiten kennengelernt, allen voran Kurt Moldovan, den Karlheinz mit unserer Tochter Gudrun 1975 in seinem Wiener Atelier besuchte. Seine Freundlichkeit und Offenheit begeisterten beide. Damals entschied er sich für ein Konvolut an Blättern. Er kaufte fünf Rohrfederzeichnungen und fünf Aquarelle, für die Moldovan in Österreich unter Kollegen sehr geschätzt war. Nachdem der Künstler erfuhr, dass wir fünf Kinder hatten, fragte er ganz erschrocken: »Ja, was wird Ihre Frau dazu sagen, wenn Sie so viel Geld ausgeben?«

Moldovan hatte ein schlechtes Gewissen Karlheinz und mir gegenüber. Da Karlheinz ihm aber erzählt hatte, dass er sich momentan ernstlich mit der Tuschzeichnung auseinandersetze und deshalb so an seinen Zeichenblättern interessiert sei, war Moldovan erleichtert. Er lud Karlheinz ein, mit einigen seiner Zeichenblätter zu ihm ins Atelier kommen. Wir beide folgten der Einladung. Er hatte eine deftige Jause vorbereitet und begrüßte uns freundschaftlich. Auch mir zeigte Moldovan viele seiner spritzigen Zeichnungen. Darunter war auch die Mappe »Alice im Wunderland«, die mich besonders begeisterte und die wir einige Jahre später in unsere Sammlung aufnahmen. Ich bewunderte auch die Aquarelle, die er mir vorlegte, wegen ihrer zeichnerischen Malweise. Immer wieder schaute er mich unsicher und neugierig an, bis ich ihm versicherte, ich wäre mit den Blättern sehr einverstanden gewesen, die Karlheinz nach Hause gebracht hatte.

Lächelnd und sichtlich beruhigt war nun sein Blick. Später zeigte er meinem Mann, wie man Rohrfedern spitzt und sie drehen und wenden kann, um mit ihnen verschieden starke Striche aufs Papier zu bringen. Gleich wurden die Federn in die Tusche getaucht und probiert. Währenddessen erzählte er uns aus seinem Leben: Beruflich hatte er als Feinmechaniker begonnen und war inzwischen zu einem international anerkannten und vielreisenden Künstler geworden. Wir staunten über die Betriebsamkeit dieses Mannes.

Kurz nach dem unerwarteten Tod des Künstlers entschieden wir uns, ihm eine unserer ersten Ausstellungen in unserem Wohnhaus zu widmen.

Auf Moldovans Rat hin hatten wir weitere Künstler persönlich kennengelernt. In der *Galerie Welz* in Salzburg erwarben wir einige Aquarelle von Gottfried Salzmann aus seiner New York-Serie. Gottfried Salzmann hat ein beachtliches Aquarellwerk geschaffen; er beherrscht diese Technik wie kaum ein anderer. Er zeichnet mit dem zartesten Pinsel; er lasiert mit breiteren, er untermalt, und durch Auftrocknen entstehen feste Ränder, oder er lässt die Farben verfließen, genau so wie er es braucht. Seine Blätter strahlen eine innere Ausgewogenheit aus, es scheinen skizzenhafte Entwürfe zu sein, mit einer schwebenden Leichtigkeit gemalt. Man meint eine Komposition von Formen und Farben vor sich zu haben, sodass seine Ideen zu einer Aussage kommen, die eine Wirklichkeit zeigt, die außerordentlich ist. Ihm gelingt es, die Architektur einer Stadt mit seiner horizontalen und vertikalen Linienführung so zum Ausdruck zu bringen, wie man sie als Besucher empfindet. Nicht nur für Salzmann ist New York eine Stadt von fantastischer Größe, die von ihren Flüssen, dem Meer und der Umgebung beherrscht wird, sondern sogar vom Himmel darüber. Salzmann sieht die Dinge buchstäblich aus der Luft, ermöglicht durch Flugzeuge oder Hubschrauber, oder auch durch die Aussicht vom obersten Stockwerk eines Hochhauses. Diese Betrachtungsweise hat den Künstler befähigt, die urbane Landschaft als Ganzes einzufangen, so wie es nur wenige Künstler vor ihm zustande gebracht haben. Seine Bilder von New York, die wir in unsere Sammlung aufgenommen haben, sind himmelbetonte Verkörperungen der Bauten des 20. Jahrhunderts.

Salzmann malt jedoch nicht ausschließlich städtische Motive. Die natürliche Landschaft, besonders die der Normandie und der Île de France, strahlen ein Gefühl von Romantik und Lyrik aus. Manchmal wirken seine Bilder wie ein weites Panorama; sie zeigen ausgedehnte Felder, die von Straßen durchzogen sind, die wiederum in die Unendlichkeit des Horizonts führen. Ein besonderes Markenzeichen von Salzmann sind seine Spiegelungen von modernen Glas- oder Spiegelfassaden, in denen die Wahrnehmung in viele Facetten gebrochen, auf den Kopf gestellt und verzerrt wird. Einige dieser Aquarelle kauften wir später für unsere Sammlung und werden von mir ganz besonders geschätzt. Salzmann ist der Aquarellist par excellence. Aber er malte auch Ölbilder, die wie Aquarelle wirken. Ebenfalls geschätzt sind seine zahlreichen Schwarz-Weiß-Zeichnungen; und als Fotograf ist er bekannt für seine spezielle Kameraführung, wenn er seine Motive wie durch einen Schleier wahrnimmt.

Aus Salzburg kam auch Rudolf Hradil. In Kontakt mit ihm kamen wir im Mai 1975 bei einer Ausstellung seiner Werke in der Wiener *Albertina*. Es waren hauptsächlich Aquarelle zu sehen. Karlheinz war begeistert. Für mich sind vor allem seine Ölgemälde von Bedeutung. Hradil lud uns ein, nach Salzburg zu kommen. Ich kann mich noch genau daran erinnern, als wir vor seinem Haus in der Morzger Straße eintrafen. Nicht nur er begrüßte uns, sondern auch eine sehr aparte Dame, die er uns als seine Frau vorstellte. Zwischen einem Zaun und einer Garage verlief ein schmaler Weg, der zu einem versteckten Garten führte. Dort lag das Haus des Künstlers mit seinem Atelier. Aufgefallen war mir ein langgezogenes Blumenbeet mit farbenprächtigen Zinnien. Ich hatte noch nie so viele dieser Blumen auf einem Fleck gesehen und war ganz hingerissen von dieser Pracht. Wir wurden ins Haus gebeten und nahmen im Wohnzimmer Platz. Am Fenster saß eine schwarze Katze, die uns gelangweilt ansah. Uns wurde gesagt, dass sie Fremden gegenüber sehr scheu reagieren würde. Wir saßen an einem langen Tisch. Mit einem wunderbaren Mittagessen, das seine

Frau zubereitet hatte, wurden wir verwöhnt. Hradil begann in seiner etwas zurückhaltenden Art auf unsere Fragen einzugehen. Als Karlheinz aber erwähnte, dass wir ihn auf Empfehlung von Kurt Moldovan aufgesucht hätten, wurde er lebhaft und gesprächig. Er erklärte uns die Finessen der Lithografie und machte uns neugierig. Er lud uns ein, in die Werkstatt am Salzburger Kai zu kommen; dort wollte er uns alles zeigen. Das Treffen wurde für einen der nächsten Tage fixiert. Übrigens: Die schwarze Katze wurde im Laufe der Zeit zutraulich und schlich, während ich aufmerksam den Gesprächen zuhörte, um meine Beine.

Der Besuch der lithografischen Werkstatt war ein Höhepunkt. Hradil führte uns durch die heiligen Hallen und wurde nicht müde, uns das komplizierte Verfahren zu erklären. Die Lithografie ist ein Flachdruckverfahren und gehörte im 19. Jahrhundert zu den am meisten angewendeten Techniken für farbige Drucksachen.

Karlheinz war von dem komplizierten Verfahren so beeindruckt, dass er fragte, ob man ihm erlauben würde, während einer Urlaubswoche in der Lithografiewerkstatt zu arbeiten. Erstaunt über den Mut meines Mannes, stimmte Hradil zu. Karlheinz verbrachte eine intensive Woche in der Werkstatt, wo einige Lithos mit Motiven aus Salzburg entstanden. Über Rudolf Hradil gab es wieder eine Verbindung zu den Künstlern aus dem Gailtal, aber diese Geschichte will ich etwas später erzählen.

In derselben Werkstatt lernte mein Mann auch Herbert Breiter kennen, von dem wir im Jahr 1978 ein Ölgemälde einer griechischen Landschaft und einige Papierarbeiten mit Themen aus Griechenland in die Sammlung aufnahmen. Seine Urlaube verbrachte er oft auf der Halbinsel Mani. Dort beschäftigten ihn die mediterrane Landschaft, das Meer und die Olivenhaine. Er hielt sich auch oft in der Südsteiermark auf, wo er die Weinberge und Felder mit Kürbissen malte. Beim Besuch in seiner Wohnung in der Alpenstraße in Salzburg lernten wir seine Frau Burgi Breiter kennen. Wie klein ist die Welt der Künstler und wie stark sind sie alle miteinander verknüpft. Burgis Vater war der berühmte Holzschneider Switbert Lobisser, der Drucke vom Feinsten produzierte, die ich im Haus meiner Schwiegereltern erstmals gesehen hatte. In die komplizierte Familiengeschichte ihrer Eltern wurden wir eingeweiht, die Breiter selbst mit verschmitzten Lachen erzählte. 1981 entschieden wir uns für eine Präsentation seiner Werke in unserem Wohnhaus. Breiters Ölbilder, Aquarelle, Zeichnungen und Druckgrafiken zu zeigen, war ein gesellschaftliches Ereignis. Wegen des großen Interesses luden wir erstmals an zwei aufeinanderfolgenden Abenden im Juni 1981 ein. Wir hatten mit einem solchen Ansturm nicht gerechnet.

Ebenfalls in Salzburg wurden wir auf Markus Vallazza aufmerksam und kauften eine Mappe von Kaltnadelradierungen mit dem Titel »Hop frog« und ein Aquarell zum selben Thema. Auch über diesen Künstler gäbe es vieles zu erzählen. Einmal besuchten wir ihn in seinem Südtiroler Heimatort und lernten dort seine Familie kennen. In weiterer Folge kauften wir wiederholt seine außergewöhnlichen Papierarbeiten, die aufregende Geschichten erzählen. Es waren Grafiken, Aquarelle, lavierte Tuschezeichnungen und Acryl-Mischtechniken. Für einige seiner wenigen Stillleben, Öl auf Leinwand, konnte ich mich besonders begeistern. Im Laufe der Jahre haben wir eine ansehnliche Anzahl seiner Werke in die Sammlung aufgenommen, die immer wieder in Ausstellungen gezeigt werden.

Unser Weg führte uns auch zu Hans Kruckenhauser, nachdem wir eine Ausstellung in der Salzburger *Galerie Welz* gesehen hatten. Er beschäftigt sich eingehend mit dem Aquarell, aber ebenso mit der Lithografie. Seine Art der Malerei ist wohlüberlegt, genau disponiert, eine aus seinem Inneren kommende Sprache. Der Künstler lässt sich in einem langen Prozess des Schauens auf die Landschaft ein, die er malen will. Erst dann beginnt er, verweilt zwischendurch überlegend, bis er gezielt fortfährt und dann seine Arbeit zu seiner Zufriedenheit zu Ende bringt. Im Jahre 1989 baten wir den Künstler, eine Lithografie mit dem Stadtmotiv Klosterneuburg zu erarbeiten. Am Dach der ehemaligen Kaserne, die kurz vor dem Abbruch stand, fand er den geeigneten Platz mit dem besten Blick auf das Stiftsgebäude. Er erstellte einen Aquarellentwurf, der ihm für die Umsetzung zu einer Farblithografie geeignet erschien. Er verwendete acht Steine und erreichte einen Achtfarbendruck. Diese Grafik wurde als Weihnachtspräsent an einige unserer leitenden Angestellten, an Geschäftsfreunde, an unsere Freunde und nächsten Verwandten verschenkt.

Neben Salzburg war auch Kärnten, die Heimat von Karlheinz, für uns ein wichtiger Ort, Künstler und deren Werke kennenzulernen. Auf die Kunst von Giselbert Hoke wurden wir schon relativ früh, nämlich 1975, aufmerksam. Karlheinz, unsere Tochter Gudrun und ich besuchten ihn während unseres Sommerurlaubs auf seinem Schloss Saager bei Grafenstein. Wir hatten ein anregendes Gespräch über Kunst, Gesellschaft, Politik, Wirtschaft und Architektur. Er übernahm zu diesem Zeitpunkt eine Professur an der Technischen Universität in Graz und hatte interessante Vorstellungen, wie er Architektur vermitteln wollte. Persönliche Wünsche und Belange der Bewohner eines Hauses sowie die Funktionalität sollten maßgeblich bei jeder Planung sein. Hoke hatte in einem Zeitraum von zwölf Jahren das verfallene Schloss Saager wunderbar ausgebaut und den ursprünglichen Charakter des Gebäudes erhalten, das er mit seiner Familie bewohnte. Auch die Wandfresken im Klagenfurter Hauptbahnhof, die 1956 einen regelrechten Volksaufstand der konservativen Bürger auslösten, sind das Werk dieses Mannes, der im Zweiten Weltkrieg als ganz junger Soldat seinen rechten Arm verloren hatte. Während er am Anfang seiner Karriere vorwiegend mit Eisen arbeitete und Emailtafeln schuf, bevorzugte er spater große Bildformate. Auch Glas ist ein beliebter Werkstoff für den Künstler. Unter anderem eine Serie von Aquarellen, die er in den 1970er-Jahren auf seinen Reisen in Peru schuf, befindet sich in unserer Sammlung.

Ernst Gradischnig, ebenfalls ein Kärntner Künstler, überträgt seine Eindrücke in Zeichnungen, Aquarelle, Ölgemälde, Keramiken und Lithografien. Alle diese künstlerischen Auseinandersetzungen sind Produkte seiner zahlreichen Studienreisen, die ihn nach Frankreich, Island, Kroatien, Italien, Namibia, Südafrika, Ungarn und sogar Russland führten. Er sagt von sich selbst: »Ich bin ein Mensch, der von der Natur lebt, ich liebe das Schöne und Positive!«

In seiner jeweiligen Umgebung fand er Themen für seine Arbeiten. Besonders seine scheinbar leicht hingeworfenen Aquarelle und die farbenprächtigen Ölgemälde spiegeln seine Welt wider. Die Farben vibrieren und verdeutlichen den jeweiligen Charakter einer Landschaft, aber auch den der Personen in ihrer Bewegung und Einfachheit. Er versteht es, durch das Weglassen eine Dichte zu erzeugen, ohne zu langweilen, und lässt dem Betrachter die Möglichkeit, seine eigene Fantasie spielen zu lassen. Mit der Zeichnung nähert sich Gradischnig mehr und mehr einem Thema, das ihn beschäftigt. Werke Gradischnigs standen im Mittelpunkt jener Präsentation in unserem Haus, die wir für den Herbst 1981 vorbereiteten.

Inzwischen waren Karlheinz, ich und unsere Familienangehörigen fast schon Profis beim Vorbereiten einer Vernissage. Meine Tante und meine beiden großen Mädchen fabrizierten köstlich belegte Brötchen. In unserer winzigen Teeküche schenkten wir Getränke ein, um sie unseren Besuchern anzubieten. Mittlerweile erwarteten unsere Freunde in gewisser Regelmäßigkeit ähnliche Events. Dafür mussten wir uns in Zukunft etwas überlegen. Denn unser Atelier wurde dem großen Besucherinteresse nicht mehr gerecht. Wir dachten: »Kommt Zeit, kommt Rat!«

Übrigens: Nach mehreren Jahrzehnten war es mir ein Anliegen, Werke jener Künstler, die wir zu Beginn unserer Sammlertätigkeit kennengelernt hatten, in einer eigenen Ausstellung zu zeigen. Daraus ist 2010 die von mir kuratierte Ausstellung »Weggefährten« im Schömer-Haus entstanden.

Sammlung österreichischer Kunst

Der Künstler Giselbert Hoke hatte zu uns einmal gemeint: »Sammelt österreichische Kunst!« Seine Worte waren uns fast ein Auftrag, zumindest fanden wir Gefallen an der Idee. Österreichische Künstler waren ja lange benachteiligt, denn die österreichischen Museen hatten keine finanziellen Mittel, Werke, die nach 1945 entstanden waren, zu erstehen. Da wollten wir in die Bresche springen. Und wir hatten einige von ihnen bereits kennengelernt und waren fasziniert von ihrer Kunst. Nun wollten wir uns noch intensiver mit ihren Arbeiten auseinandersetzen. Über große Beträge verfügten zwar auch wir nicht, aber wir dachten: »Wo ein Wille ist, ist auch ein Weg!«

Der Nötscher Kreis

Über die Familie Essl in Kärnten war es uns möglich, mehr über den Kärntner Nötscher Kreis zu erfahren. Das spezielle Licht dieses Tales inspirierte die Maler, die in dem kleinen Ort Nötsch im Gailtal geboren wurden oder die sich, aus Mähren und Deutschland kommend, dort zumindest zeitweise niedergelassen hatten. Vater Essl hatte alle diese Maler persönlich kennengelernt. Er wusste auch um ihre Familien, ihre unerfüllten Wünsche und die bittere Not, unter der sie vor allem während der Kriegszeit gelitten hatte. Wer hatte schon die nötigen finanziellen Mittel, um diesen Künstlern unter die Arme zu greifen und ihnen Bilder abzukaufen? Damals war es durchaus üblich, sich mit Tauschgeschäften über Wasser zu halten. Zuweilen schaute Vater Essl bei der Familie des Malers Anton Mahringer vorbei und brachte notwendige Lebensmittel.

Es war nun während eines Skiurlaubs im Februar 1975, als wir mit Vater Essl der Witwe des damals kürzlich verstorbenen Malers Anton Mahringer einen Kondolenzbesuch abstatteten, um sie zu trösten und ihr ein wenig nahe zu sein. Sie war unendlich traurig über den Verlust ihres Mannes. Es war ein Glück für sie, dass ihre Tochter Monika, so oft es ihr möglich war, zu ihr kam, um ihr in dieser schweren Zeit beizustehen. Wir wurden kurz ins Haus gebeten und durften auch einen Blick auf die Bilder werfen, die hier an den Wänden hingen. An einer Staffelei stand ein unfertiges Gemälde, das der Künstler nicht mehr zu Ende bringen hatte können. Mir schien es fertig zu sein.

Für Regina Mahringer, die Witwe, war unser Besuch nicht leicht zu ertragen. Mit Tränen in den Augen verabschiedete sie sich sehr bald und ging in das obere Stockwerk ihres Hauses. Ihre Tochter blieb gefasst und sehr offen, denn sie war mit der ältesten Schwester von Karlheinz befreundet. Sie führte uns ins Atelier und zeigte uns einige Bilder. Ich selbst kannte seine Kunst damals noch nicht, Karlheinz hingegen schon, denn im Gailtal hatte der Wirt in St. Georgen seine Stube mit Werken Mahringers ausgestattet. Karlheinz, der in seinen jungen Jahren in diesem Gasthaus Lebensmittel und auch Kaffee verkauft hatte, saß bei seinen geschäftlichen Besuchen so manches Mal in dieser Gaststube, um Rechnungen zu kassieren. Damals bewunderte er schon die ganz spezielle Malweise des Künstlers, der sich vor allem Landschaften widmete. Dabei entwickelte der Maler einen sehr persönlichen, abstrahierenden Malstil.

Vater Essl erzählte uns noch einiges über den Künstler. 1902 in der Nähe von Stuttgart geboren, hatte Anton Mahringer durch den Beruf seines Vaters, der Lehrer in einer Goldschmiedeschule war, schon früh die Gelegenheit, sich künstlerisch zu betätigen. Später besuchte er die Württembergische Kunstakademie in Stuttgart, wo er Student von Anton Kolig wurde. Im Sommer des Jahres 1928 fuhr Kolig mit seinen Studierenden nach Nötsch ins Gailtal. Die Kärntner Berglandschaft und das spezielle Licht hatten es Mahringer angetan, sodass es ihn immer wieder ins Gailtal zog. 1931 entschloss er sich, dort zu bleiben. Ein Jahr später heiratete er Regina Peschges, die ebenfalls eine Stuttgarter Kolig-Schülerin war.

Bei unserem ersten Besuch erwarben wir ein Aquarell mit dem Titel »Südliche Landschaft« und eine Serigrafie mit dem gleichen Thema. Weitere Bilder, die uns interessierten, wollte die Tochter ohne Einwilligung ihrer Mutter nicht verkaufen. Nach dem Tod des Künstlers musste erst eine Auflistung aller Arbeiten angefertigt werden. Und im Moment wollte sich die Witwe nicht von den Bildern trennen. Sie fühlte noch immer seine Gegenwart, wenn die Gemälde an den Wänden hingen oder gegen die Wand gelehnt waren, so wie er sie selbst arrangiert hatte.

Innerhalb der nächsten Jahre haben wir 36 Werke von Anton Mahringer zusammengetragen, die einen Querschnitt seines Schaffens darstellen. Mit dieser Art des Sammelns haben wir die Möglichkeit geschaffen, dass sich Besucher in Ausstellungen mit dem Œuvre eines einzelnen Künstlers auseinandersetzen können. Schon früh wurde übrigens eine Dissertantin auf das Werk Mahringers aufmerksam. Als wir unsere Sammelobjekte noch in unserem Privathaus deponieren mussten, studierte sie seine Werke bei uns im Original. Übrigens können auch heute Studenten die Originale von Künstlern im Depot unseres Museums betrachten und die unterschiedlichen Malweisen vergleichen.

Der nächste Künstler des Nötscher Kreises, den wir in unsere Sammlung aufnahmen, war der gegen Ende des Zweiten Weltkriegs unter tragischen Umständen verstorbene Franz Wiegele. Unser Kontakt zu den Nachfahren lief ebenfalls über meinen Schwiegervater. Die Nötscher Bäckerei Wiegele war sein Kunde. Den Namen Wiegele hatte ich immer mit dieser Bäckerei und dem herrlichen Duft des frischgebackenen Brotes verbunden. Mitte der 1980er-Jahre lernten wir nun die Nachkommen von Franz Wiegele kennen. Auf dem Weg zu den Essl-Eltern nach Hermagor blieben wir regelmäßig bei der Bäckerei stehen, um dort kurz mit Hermine zu plaudern. Sie ist die Frau des kürzlich verstorbenen Alfred Wiegele, des Neffen von Franz Wiegele. Wenn Hermine in ihrer lebhaften Art zu erzählen anfing, ging nicht nur ihr das Herz über. Wir fühlten uns hineingenommen in das Leben einer bedeutenden Nötscher Familie. Gastfreundlich wie sie ist, zeigte sie uns stets voll Stolz die Bilder im Wohnbereich des Hauses. Einmal lud sie uns zur berühmten Kirtagssuppe ein, oder sie servierte uns Tee und Kaffee sowie Köstlichkeiten aus der eigenen Bäckerei. Hermine und Alfred hatten nach dem Tod des Vaters die Bäckerei übernommen und damit auch die Verpflichtung, soweit es in ihrer Macht stand, die Kunstschätze Franz Wiegeles, des Onkels, zu schützen und möglichst zusammenzutragen. Hermine Wiegele, die in ihrer Jugend in der Salzburger *Galerie Welz* in die Kunstgeschichte eingeweiht worden war, ist die Richtige dafür, sich um den Nötscher Kreis zu bemühen. Sie hat sogar dem Verein des Nötscher Kreises Räumlichkeiten ihres Hauses zur Verfügung gestellt, um dort ein Museum zu etablieren.

1887 in Nötsch geboren, freundete sich Franz Wiegele später mit dem ebenfalls aus Nötsch stammenden Maler Sebastian Isepp an. Vor dem Ersten Weltkrieg studierte Wiegele an der Akademie der bildenden Künste in Wien, wo er Anton Kolig kennenlernte. Beide verbrachten ihre Ferienzeit regelmäßig im Kärntner Gailtal. Nach dem Ersten Weltkrieg, gemeinsamen Aufenthalten mit Kolig, unter anderem in Paris, Nordafrika und Zürich, kehrte Wiegele 1925 wieder in seinen Kärntner Heimatort zurück. Sein Bruder finanzierte ihm ein Wohnhaus mit Atelier. In den Jahren danach entstand auch eines von Wiegeles berühmtesten Bildern: »Die glückliche Familie«. Ein schweres Augenleiden ließ ihn zwischenzeitlich beinahe erblinden, doch durch eine effiziente Behandlung erlangte er seine Sehkraft wieder, sodass er sich erneut seiner Malerei und den feinen Zeichnungen, für die er so berühmt geworden ist, widmen konnte. Das Image des Zeichners Wiegele ist hauptsächlich durch den weiblichen Akt definiert. Im letzten Jahrzehnt seines Lebens malte er hauptsächlich Portraits ihm nahestehender Personen, und er beschäftigte sich mit allegorischen Kompositionen.

Urplötzlich wurde Franz Wiegele aus dem Leben gerissen. Am 17. Dezember 1944 traf eine Fliegerbombe sein Wohn- und Atelierhaus. Seine Mutter, seine Schwester Hedwig, deren Ziehtochter Maria und er selbst fanden dabei den Tod. Anton Kolig, der sich ebenfalls im Haus aufhielt, wurde verschüttet und schwer verletzt.

In unserer Sammlung befinden sich etliche Zeichnungen und einige Ölgemälde Franz Wiegeles. Mein liebstes Bild aber ist ein Pastell auf getöntem Karton, weil es die Geschichte Wiegeles am Ende seines Lebens erzählt. Es zeigt den Kopf eines jungen Mädchens. Man fand das Blatt im Wasser des Baches neben dem Atelierhaus, das durch die Bombe zerstört worden war. Das Bild wurde vorsichtig restauriert; es zeigt aber noch immer die Wunden, die es erlitten hat. Gerade deshalb ist es mir ans Herz gewachsen, weil es an das tragische Lebensende des Künstlers erinnert.

»Frauenportrait«, Franz Wiegele, ohne Datierung

Ihn habe ich bereits mehrfach erwähnt: Anton Kolig. Er war künstlerisch und familiär mit dem Nötscher Kreis verbunden. Unser Kontakt zu den Werken Koligs, der 1950 in Nötsch gestorben war, entstand über Manja Kolig, seine Schwiegertochter, die zugleich Mutter des Künstlers Cornelius Kolig ist. Nach einem Besuch bei ihr fingen wir an, uns intensiv mit der Malerei und den Zeichnungen von Anton Kolig auseinanderzusetzen. Von Galerien und über Auktionen kauften wir immer wieder Werke von ihm, sodass inzwischen eine gewisse Übersicht seiner Arbeiten in unserer Sammlung vorhanden ist. Sowohl sein Leben wie das seiner Mitstreiter war von beiden Weltkriegen beeinflusst. Diese Erfahrungen drücken sich auch in der Kunst Koligs aus.

1886 in Mähren geboren, war der Sohn eines Kirchenmalers schon früh mit der Kunst in Berührung gekommen. Während seiner Ausbildung an der Wiener Kunstgewerbeschule kam er mit Oskar Kokoschka, an der Akademie der bildenden Künste mit Franz Wiegele und Sebastian Isepp in Kontakt. Wiegele war eine außerordentlich attraktive Erscheinung, wofür Kolig durchaus empfänglich war. Über diese Freundschaft lernte Kolig nicht nur das Gailtal kennen, sondern auch seine Ehefrau Katharina, eine Schwester Wiegeles. 1911 stieß Anton Kolig gemeinsam mit Oskar Kokoschka, Anton Faistauer, Sebastian Isepp und Franz Wiegele mit einer spektakulären Ausstellung in den Räumen des Künstlerbundes Hagen in Wien auf ein außerordentliches Interesse. Ihre Kunst war entscheidend für den Aufbruch der österreichischen Kunst in die Moderne. Ebenfalls Aufsehen erregten jene Bilder, die Kolig in Nötsch über Krieg, Generäle und Gefangene malte und in einer Gemeinschaftsausstellung mit Egon Schiele in Klagenfurt zeigte. Auch als Professor an der Württembergischen Kunstakademie in Stuttgart kam Kolig regelmäßig mit seinen Schülern nach Nötsch. Er erhielt unter anderem den Auftrag, mit seinen Studenten den kleinen Landtagssaal im Klagenfurter Landhaus mit Fresken auszumalen, die 1930 fertiggestellt wurden – und zu heftigen politischen Auseinandersetzungen führten. Die Fresken wurden später von den Nationalsozialisten vernichtet, ebenso ein von ihm gestaltetes Mosaik im Salzburger Festspielhaus. Nach dem Ende der nationalsozialistischen Herrschaft war übrigens der kommunistische Wiener Stadtrat Viktor Matejka der wichtigste Förderer des trotz seiner homoerotischen Neigung tiefreligiösen Künstlers. Auch Rudolf Hradil hielt sich zu Studienzwecken oft in Nötsch auf. Er wurde von Kolig gemalt, und das Portrait konnten wir in die Sammlung aufnehmen.

Auch von Sebastian Isepp ist bereits die Rede gewesen. Seine Kunst und sein Leben berühren mich sehr, vor allem nachdem ich einen seiner Nachfahren, nämlich seinen Großneffen, kennenlernen durfte. Michael Isepp hatte meinen Mann und mich in sein Haus in Nötsch eingeladen. Er schilderte uns die Hintergründe des bewegten Lebens seines Großonkels. Sebastian Isepp, der 1884 in Nötsch geboren worden war und 1907 seine Ausbildung an der Akademie der bildenden Künste in Wien abgeschlossen hatte, zeigte schon früh seine Werke in der *Wiener Secession* und in den Räumen des *Wiener Hagenbundes*. Mit Oskar Kokoschka war er sein Leben lang befreundet. Während seiner Studienzeit war er Gast in den fortschrittlichen Zirkeln der

»Portrait Rudolf Hradil«,
Anton Kolig, 1948

Intellektuellen des frühen 20. Jahrhunderts. So wurde er auch in den weltberühmten Salon von Berta Zuckerkandl eingeführt. Sebastian Isepp war ein Multitalent, sein Interesse galt nicht nur der Malerei; er widmete sich auch bildhauerischen, kunsthandwerklichen und restauratorischen Arbeiten.

Michael Isepp erzählte uns eine Anekdote, eine eigentlich sehr aufregende Geschichte über seinen Großonkel: Als Soldat war Sebastian Isepp in der letzten Phase des Ersten Weltkriegs in den Karnischen Alpen im Oberen Gailtal im Einsatz gewesen. Im Zuge der Kampfhandlungen wurde er lebensgefährlich verletzt und verschüttet. Aber der Künstler wollte gegen das Sterben ankämpfen. Er schrie in seiner Verzweiflung zu Gott! Er legte das Gelübde ab, dass er im Falle seiner Rettung nie mehr seiner eigentlichen Leidenschaft, dem Malen, nachgehen würde. Gott scheint seine Gebete erhört zu haben: Er wurde befreit und auch wieder gesund – und er schwor der Kunst ab. Nach dem Krieg arbeitete er vor allem als Restaurator, zunächst in Nötsch und später in Wien im *Kunsthistorischen Museum*. Aufgrund der jüdischen Herkunft seiner Frau Helene Hammerschlag emigrierte das Ehepaar 1938 nach England, wo er bis zu seinem Tod 1954 seine restauratorische Tätigkeit fortsetzen konnte. Das künstlerische Œuvre von Sebastian Isepp ist deshalb sehr klein geblieben. Trotzdem war es uns möglich, vier seiner Gemälde und eine Zeichnung in die Sammlung aufzunehmen.

Herbert Boeckl gehörte nicht zum Kern des Nötscher Kreises, aber er, der in Klagenfurt geboren wurde und Professor an der Akademie der bildenden Künste in Wien war, war während seiner Kärntner Aufenthalte nicht nur gerne in Nötsch zu Gast, sondern stand auch im Austausch mit den Künstlern des Nötscher Kreises. Seine Lebensgeschichte berührt mich, weiß ich doch, was es bedeutet, für viele Kinder zu sorgen. Er hatte neun!

Seine Themen veränderten sich mit seinen Lebensumständen, aber immer arbeitete er an Serien. Anfangs waren ihm Landschaften und Portraits wichtig, während der Militärzeit im Ersten Weltkrieg waren es Soldaten oder ausgebrannte Häuser, schließlich Familienportraits und Gruppen von Personen, Stillleben, Landschaften, Akte und wieder Portraits, Selbstportraits und Familienbilder. Schließlich widmete er sich der menschlichen Anatomie. Auch mythologische Historienmalerei und religiöse Tafelbilder waren für ihn von Bedeutung. Das Thema Erzberg malte er in etlichen Variationen; auch das Bildnis des Dominikaners variierte er vielfach. Nach 1948 wurden seine Gemälde abstrakter, die Gesichter der Portraits kann man aber klar erkennen. Alois Riedl erstellte im Auftrag von Boeckl einen Gobelin mit dem Titel »Die Welt und der Mensch«. Sein Fresko in der steirischen Abtei Seckau ist ein Gesamtkunstwerk. Immer zur Osterzeit pflegte sich mein Vater in dieses Kloster zurückzuziehen. Dort lernte er Herbert Boeckl während seiner künstlerischen Ausführungen in der Kapelle kennen. Gemeinsam mit dem Pater kam es an diesem Ort zu Gesprächen.

»Dominikaner IV.«,
Herbert Boeckl, 1948

Relativ früh war es uns möglich, Papierarbeiten dieses außerordentlichen Künstlers zu erwerben. Die ersten Ölgemälde, die mir sehr viel bedeuten, entdeckten wir während eines Sommerurlaubs in einer Salzburger Galerie. Sie wurden bald in unserer Wohnung präsentiert. Wir wollten mit den Bildern leben und den Künstler in unser

Leben einbeziehen, obwohl er damals schon seit beinahe zwanzig Jahren verstorben war. Durch die Kunstwerke und unser Wissen um die Geschichte der Künstler sind mir diese über deren Tod hinaus präsent. In der Folge konnten wir weitere wichtige Werke von Herbert Boeckl erwerben. Agnes Husslein, die Direktorin der *Österreichischen Galerie*, ist übrigens seine Enkeltochter. In den 1980er-Jahren haben wir sie persönlich kennengelernt. Durch den freundschaftlichen Kontakt zu ihr haben wir einen sehr persönlichen Einblick in das Leben und Werk Herbert Boeckls bekommen.

Der Wiener Phantastische Realismus

Wir suchten neue österreichische Künstlergruppen – und stießen schließlich auf jene des Wiener Phantastischen Realismus. Als deren Begründer gelten Edgar Jené und insbesondere Albert Paris Gütersloh. Zahlreiche Werke Güterslohs befinden sich inzwischen in unserer Sammlung. An ihm schätze ich besonders seine kleinformatigen und fein gemalten Aquarelle. Auch einige seiner Portraits, in Öl gearbeitet, haben wir erworben. Da Gütersloh 1973 starb, konnten wir ihn leider nicht mehr persönlich kennenlernen. Aber als Professor an der Akademie der bildenden Künste in Wien, der er 1945 geworden war und dessen Werke vorher von den Nationalsozialisten als »entartet« eingestuft worden waren, war er unter anderem Lehrer von Arik Brauer, Ernst Fuchs, Wolfgang Hutter und Anton Lehmden – einigen der Hauptvertreter des Phantastischen Realismus. Dem Surrealismus nahestehend malen die Phantastischen Realisten altmeisterlich mit einer unglaublichen Perfektion und vielen Details. Ihre Themen erinnern an Träume, manchmal mit apokalyptischen Inhalten, die oftmals schockieren. Wie sind wir nun mit einigen dieser Künstler und ihren Werken in Berührung gekommen?

Schon früh hatten wir – meist über das Auktionshaus Dorotheum – einzelne Radierungen von Ernst Fuchs gekauft, die dann bei uns in der Wohnung an den Wänden hingen. Einmal wurde uns die Bronzeskulptur »Der Achill« angeboten, die daraufhin lange Zeit am Schreibtisch meines Mannes stand. Weitere Skulpturen folgten in den frühen 1990er-Jahren. Schließlich erwarben wir einige seiner frühen Zeichnungen, eine Acryl-Mischtechnik sowie ein Aquarell aus dem Jahr 1989.

Da wir uns am Anfang unserer Sammlertätigkeit hauptsächlich auf Papierarbeiten konzentrierten, wurden wir auf einige Blätter von Anton Lehmden aufmerksam. Eine Wiener Galerie bot uns Ölgemälde dieses Künstlers an, die uns interessierten. Seine Malweise und Themenauswahl ging uns nahe. Die Technik Lehmdens orientiert sich wie die seiner Kollegen an den Alten Meistern der Donauschule, an Pieter Brueghel oder an Hieronymus Bosch. Beeinflusst von Kriegsereignissen, Naturkatastrophen und menschenleeren Weltlandschaften hat er surreale, eher kleinformatige Bilder geschaffen, die die Bedrohung der Welt zum Thema haben.

Anton Lehmden, der fast dreißig Jahre Professor an der Wiener Akademie der bildenden Künste war und weltweit ausstellte, reiste ausgiebig: nach Rom, Istanbul, Anatolien und schließlich Ägypten. 2007 lud mich mein Mann zu einer Reise an den Bosporus ein. Damals zeigte uns der Leiter des österreichischen St. Georgs-Kollegs in Istanbul unter anderem die dem Kolleg angeschlossene Schule wie auch die St. Georgs-Kirche. Wir waren erstaunt und beeindruckt, hier auf Werke jenes Künstlers zu treffen, der in unserer Sammlung inzwischen seinen festen Platz hatte. Lehmden hatte in den 1960er-Jahren die Renovierung dieser Kirche geleitet und sie selbst mit seinen die Bibel thematisierenden Bildern ausgestattet.

Im Frühling des Jahres 1985 planten wir nach einem unserer vielen Umbauten im Wohnhaus wieder die Einzelausstellung eines Künstlers. Kurz vorher hatten wir Arik Brauer persönlich kennengelernt und ihn gefragt, ob er sich vorstellen könnte, für unser Privathaus eine Ausstellung zusammenzustellen. Er sagte zu. Brauer brachte ein Konvolut aus gerahmten Papierarbeiten und ungefähr zehn Ölgemälden. Wir boten an, die Arbeiten selbst aufzuhängen. Das Atelier im Dachgeschoss war für die Papierarbeiten vorgesehen; im Wohnbereich im

Untergeschoss sollten die Gemälde ihren Platz finden. Ich hatte immer schon große Ambitionen, Bilder richtig zu platzieren; Karlheinz und ich sind in dieser Hinsicht ein gutes Team. Als nun bei der Eröffnung viele uns unbekannte Menschen gemeinsam mit unseren Freunden ins Haus strömten, erschien auch Arik Brauer mit seiner Frau und etlichen seiner engsten Vertrauten. Obwohl ich die Arbeiten an den Wänden großartig fand, hatte ich ein mulmiges Gefühl und Bedenken bekommen, Arik Brauer könnte mit der Hängung seiner Werke unzufrieden sein. So hielt ich mich in unserem Schlafzimmer versteckt. Schon Stunden vorher hatte mich die Frage beschäftigt: »Was geschieht, wenn er im letzten Moment alles umhängen möchte?« Während er durch die Räume schlenderte und vorerst keine Erwähnung machte, klopfte mir mein Herz bis zum Hals. Plötzlich hörte ich hinter der Tür ein befreiendes Lob. Jetzt erst trat ich ihm gegenüber und begrüßte ihn und seine Frau. Er trat mir mit seinem offenen Lächeln entgegen und sagte: »Wunderbar sieht es aus bei Ihnen!«

Wie erleichtert war ich! Nun hatte ich auch den Mut, alle unsere Gäste zu begrüßen und herzlich willkommen zu heißen. Jetzt erst merkte ich, dass die Stimmung unter unseren Gästen locker und fröhlich war. Sie betrachteten die Bilder sehr genau und wollten sich kaum von ihnen trennen. Im Anschluss luden wir alle zu einem Besuch in eines der wunderbaren Klosterneuburger Heurigenlokale ein. Das war einer der Höhepunkte des Abends, denn Arik Brauer hatte seine Gitarre mitgebracht und verwöhnte uns mit seinen Liedern.

Nach dieser Ausstellung hatten wir die Möglichkeit, einige weitere Gemälde für unsere Sammlung zu kaufen. Die ersten Aquarelle von Arik Brauer hatten wir schon einige Jahre vorher erworben; das allererste in der *Galerie Welz* in Salzburg; es hatte den Titel: »Sperre keine Dichter ein!« Wie Brauer den Titel mit seiner fantasievollen Ausdrucksweise malerisch darstellt, fasziniert mich. Ein Hauptwerk von ihm ist eine Gouache mit dem Titel: »Alles, was Flügel hat, fliegt«. So wie das Bild nennt sich auch die Schallplatte des »singenden Malers« Arik Brauer, und das Bild ziert konsequenterweise auch das Cover des Tonträgers. Ein frühes Selbstportrait und ein Doppelportrait des Ehepaars Brauer sind ebenfalls Highlights unserer Sammlung.

Arik Brauer beim Heurigen in Klosterneuburg, 1986

Meine Leser werden es vielleicht schon gemerkt haben: Wenn mich einmal die Werke eines Künstlers ansprechen, dann interessiert mich nicht mehr nur die Kunst selbst, sondern auch die Person, die dahintersteckt, mit ihrer ganzen Lebensgeschichte. Und Arik Brauers Biografie hat mich immer schon beeindruckt: Als Kind jüdischer Emigranten aus Litauen 1929 in Wien geboren, überlebte er die nationalsozialistische Zeit in einem Versteck; sein Vater hingegen starb in einem Konzentrationslager. Als Künstler thematisierte er später politische Ereignisse und verstand es, diese ins Märchenhafte zu übersetzen. Auch die Mythen und die Geschichte des Judentums bilden eine wichtige Grundlage für seine Arbeiten. Als kreatives Multitalent hat sich Brauer nicht nur mit bildender Kunst befasst. Er ist Maler, Liedermacher und Chansonsänger, Architekt, Grafiker, Bühnenautor und Dichter in einer Person. Nicht nur er und seine Frau, sondern auch seine Töchter sind künstlerisch sehr erfolgreich. Die offene Art dieser Familie und das fröhliche Auf-uns-Zugehen empfinden wir als wohltuend.

Die Künstlergruppe St. Stephan um Otto Mauer

In den 1950er-Jahren, kurz nach dem Zweiten Weltkrieg – in jener Zeit also, als noch überall Entbehrungen spürbar waren –, schlossen Wolfgang Hollegha, Josef Mikl, Markus Prachensky und Arnulf Rainer Freundschaft mit Otto Mauer. Diese Freundschaft zwischen dem Priester und Kunstförderer und den vier intellektuellen Künstlern, die sich der abstrakten Malerei zuwandten, sollte in weiterer Folge das Kunstgeschehen in Österreich beeinflussen. 1954 gründete Otto Mauer die *Galerie nebst St. Stephan* in Wien. Er wollte die Werke österreichischer Künstler in der Öffentlichkeit bekannt machen. Für den damals 47-Jährigen war es sicher ein Wagnis, sich mit jungen Künstlern auseinanderzusetzen.

Seine Lebensgeschichte liest sich wie ein spannender Roman. Schon in jungen Jahren hatte er sich intensiv mit der Bibel beschäftigt. Seine Intention war es, Menschen zum lebendigen Glauben zu führen. Neben der Religion galt seine Aufmerksamkeit der Kunst. Besonders Künstler, die sich mit Fragen über Leben und Tod sowie mit der Liebe auseinandersetzten, interessierten ihn. Er, der mehrmals während der NS-Zeit verhaftet worden war, stand für eine Erneuerung der katholischen Kirche ebenso wie für die Förderung zeitgenössischer Kunst.

1973 starb Otto Mauer. Wenig später besuchten wir Josef Mikl in seinem Atelier in der Wiener Akademie der bildenden Künste. Er zeigte uns seine Gemälde und einige frühe Werke. Ich erinnere mich noch genau, wie er ein Bild nach dem anderen aus seinem Fundus holte und es vor uns präsentierte. Für mich war das ein unvergessliches Erlebnis. Bald darauf wurden wir von ihm und seiner späteren Frau zu einem Abendessen in seine Wohnung eingeladen. Wir sprachen über die Nachkriegszeit, die damalige Problematik der jungen Maler und die bedeutende Rolle von Otto Mauer. Wie viele andere Künstler auch, für die wir uns einmal entschieden haben, begleiteten wir Josef Mikl – er starb 2008 – über mehrere Jahrzehnte und zeigten seine Werke in mehreren Ausstellungen. Mikl vertrat einen abstrakten Realismus mit der menschlichen Figur als zentrales Thema. Ein besonderer Stellenwert kam bei ihm der Zeichnung zu. Einer breiteren Öffentlichkeit bekannt wurde Mikl vor allem durch die Ausgestaltung von verschiedenen Kirchen und durch das Deckengemälde und die Wandbilder im renovierten großen Redoutensaal der Wiener Hofburg. Am Tag, an dem die Jury die Entscheidung für die Neugestaltung der Säle zu fällen hatte, rief Mikl mich an. Kleinlaut, was so gar nicht seine Art war, erinnerte er mich daran, an ihn zu denken. Ich wollte ihn aufmuntern: »Josef, hab keine Sorge, die Jury wird sich für dich entscheiden! Du hast doch die kaiserlichen Farben!«

Die Art und Weise, wie er unter anderem die Literatur von Johann Nestroy, die so typisch für Wien ist, auf Leinwände gebracht hatte, war schließlich der Grund für den Zuschlag für Mikl – und möglicherweise auch die kaiserlichen Farben Schwarz und Gelb.

1987 besuchten Karlheinz und ich den in Tirol geborenen Markus Prachensky erstmals in seinem Atelier in der Wiener Akademie. Otto Mauer hatte über Prachensky geschrieben: »Der Mensch ist kein Fertigprodukt der Schöpfung, er ist ein dynamisches Wesen, das an der Evolution des Ganzen Anteil nimmt.«

Diese Worte hatten unsere Neugier geweckt. Wir wollten Prachensky unbedingt kennenlernen. Nun standen wir in seinem Atelier, und er erzählte in seiner lebhaften Art aus seinem Leben, über seine vielen Kontakte und Reisen, die übrigens in seinen »Bildtagebüchern«, wie ich sie nenne, dokumentiert sind.

Ein Merkmal unserer Sammlung sind die vielen Werkblöcke, die wir von den einzelnen Künstlern erworben haben. Bei Prachensky sind die Serien besonders ausdrucksstark, zeigen sie doch die Vielfalt seiner Arbeiten. Dennoch weisen sie eine gewisse Kontinuität auf. Karlheinz und ich unternahmen vor einigen Jahren, angeregt von Prachenskys Bildern, eine Italienreise. Auf Schritt und Tritt hatten wir dabei seine Gemälde vor Augen.

Wolfgang Hollegha, auch ein geborener Kärntner, hatte den österreichischen Künstlern, die sich der abstrakten Malerei widmeten, nach dem Zweiten Weltkrieg zum Durchbruch verholfen. In den USA lernte er die informelle Malerei kennen und wurde von ihr geprägt. Er entwickelte eine eigenwillige Kunstsprache, die er konsequent verfolgte. Seine Motive findet er in der Natur, setzt sie aber abstrakt um. Er verspürt Empfindungen, wenn er einen Wurzelstock, Astformen, Geräte, Puppen oder für uns unbedeutende Gegenstände betrachtet. Er setzt gestisch dünne Farbkleckse auf die weiße Leinwand; ihr scheinbares Nebeneinander bildet eine künstlerische Einheit.

Hollegha war wie viele seiner Mitstreiter Professor an der Akademie der bildenden Künste in Wien. Er und seine Frau leben inzwischen auf dem Land: in der Nähe eines dichten Waldes bei Rechberg in der Steiermark – so wie es Einsiedler lieben. Nicht weit davon entfernt hat er sich aus fünfzehn Meter hohen Baumstämmen ein Atelierhaus in der Form eines Tipis gebaut. An den schrägen Seitenwänden sind riesige Fenster in die Stämme eingelassen, sodass der Raum mit Licht durchflutet wird und das Atelier wie ein Dom wirkt. Hier entstehen seine monumentalen Werke. Des Öfteren hat uns das Ehepaar eingeladen. Jedes Mal verbringen wir einen ganzen Tag in ihrem Refugium. Der Besuch des Ateliers ist dabei stets ein Erlebnis für sich. Bilder in solcher Fülle und Farbigkeit vor sich zu haben, ist einfach fantastisch. Die Vorstellung, sie auf unseren eigenen Wänden zur Geltung kommen zu lassen, löst bei mir ein beinahe euphorisches Glücksgefühl aus. Auch im gemütlichen Bauernhaus des Ehepaares zu sein, ist stets ein Höhepunkt. Während des köstlichen Mahles erzählen sie uns Anekdoten aus ihrem Leben. Dadurch lerne ich auch die Geschichten hinter den Bildern kennen und verstehe besser, was sie ausdrücken sollen. Es erweitert den Respekt und die Ehrfurcht vor den uns anvertrauten Werken.

Der Vierte im Bunde der Gruppe St. Stephan ist Arnulf Rainer. Seine Kunstwerke waren uns am Anfang unserer Sammlerleidenschaft ein Buch mit sieben Siegeln. Als mein Mann gemeinsam mit unserer damals noch kleinen Tochter Elisabeth den Künstler besuchte und ihn nach den Hintergründen seiner Malerei befragte, antwortete er ziemlich schroff. Er »befahl« Karlheinz, seine Bücher und Kataloge zu kaufen, sie zu studieren und erst dann wiederzukommen. Rainer hatte Recht! Um hinter das Geheimnis seiner Kunst zu kommen, muss man sich mit seinem Werk auseinandersetzen; erst dann kann man den Schleier lüften.

Seine ersten Zeichnungen hatte er im Stil des Phantastischen Realismus beziehungsweise des Abstrakten Realismus realisiert. In Paris traf er Jackson Pollock und Jean Paul Riopelle, von denen er sich auf seiner Suche nach einem eigenen Kunstausdruck kurzzeitig beeinflussen ließ. Dann begann er aber mit den für ihn typischen Übermalungen eigener und fremder Werke. Später übermalte er auch Fotografien von sich selbst und anderen. Sodann versuchte er mit geschlossenen Augen zu malen. In dieser Zeit machte er Erfahrungen mit Drogen und betrieb Studien in psychiatrischen Kliniken. Er experimentierte mit seinem Körper. Seine »Body Poses« und »Face Farces« erinnern an Arbeiten des Wiener Aktionismus. Schließlich ist der Tod zu einem zentralen Thema seiner Arbeiten geworden. Übermalungen von Totenmasken, von Mumien und Leichengesichtern und Darstellungen von Kreuzigungen sind der Ausdruck seiner neueren Werke. Als ein Höhepunkt erscheint mir die von ihm übermalte Doré-Bibel; mit diesem Werk möchte er das Geheimnis der Bibel offenlegen und gleichzeitig einen Schleier darüber breiten.

Wir lernten die Werke von Arnulf Rainer anlässlich einer Präsentation in der *Galerie Curtze* in Wien kennen. Dort tätigten wir auch unsere ersten Ankäufe. Mit dem Künstler selbst kamen wir aber nur zögerlich ins Gespräch. Später besuchten wir sämtliche seiner Ausstellungen in Wien, Salzburg und Graz. In New York sahen wir seine Werke im *Guggenheim Museum* und in der *Menil Collection.* Auf mich persönlich machten die dichtgedrängten Bilder Rainers einen enormen Eindruck. Zur feierlichen Vernissage im *Stedelijk Museum* reisten wir nach Amsterdam, um dort mit dem Künstler, seinen Sammlern und Künstlerkollegen einen unvergesslichen Abend zu verbringen.

Doch die Barriere zwischen uns und Arnulf Rainer lockerte sich nur langsam. Die wirkliche Annäherung ereignete sich erst anlässlich eines weniger schönen Ereignisses. Es begann mit einem spektakulären Einbruch in das Atelier des Künstlers, bei dem ein Teil seiner Werke zerstört worden war. Rainer musste sich in der Folge gegen ungerechtfertigte Anschuldigungen zur Wehr setzen: Man warf ihm vor, den Einbruch selbst inszeniert zu haben. Trotz aller Querelen und Unkenrufe in den Medien entschlossen wir uns dazu, den 65. Geburtstag Arnulf Rainers im Schömer-Haus mit einer Einzelausstellung und einem fulminanten Fest zu begehen. Hundert Bilder aus unserer Sammlung an den Wänden der Galerien waren unsere Art der Demonstration gegen die Anfeindungen, denen damals Arnulf Rainer ausgesetzt war. Heute, beinahe zwanzig Jahre danach, befindet sich ein repräsentativer Überblick seines gesamten künstlerischen Œuvres in der Sammlung. Von den frühen gegenständlich surrealistischen Zeichnungen, den Vertikalgestaltungen und Zentralisationen bis hin zu den dunklen Übermalungen, Fotoarbeiten, den Hand- und Fingermalereien, den eigenwilligen Kreuzesdarstellungen, den Schlangen- und Pflanzenüberzeichnungen, den Anatomien, den farbig lasierten Arbeiten der Engel- und Kosmosbilder – und die von ihm gestaltete Bibel von Gustave Doré.

Cover des Ausstellungskatalogs »St. Stephan«, 2003

Im Laufe der Zeit haben wir weitere Künstler dieser Gruppe kennengelernt und einige ihrer Werke erworben. Bis zum heutigen Tag zeigen wir sie in zahlreichen Ausstellungen. Aber Wolfgang Hollegha, Josef Mikl, Markus Prachensky und Arnulf Rainer hatte ich ausgewählt, um Ende 2003 ihre Arbeiten im Schömer-Haus in einer eigenen Ausstellung zu präsentieren. Es gibt ein bekanntes Foto von den vier Künstlern vom bekannten Fotografen Franz Hubmann, das anlässlich einer Ausstellung in der *Wiener Secession* im Jahr 1957 entstanden ist. Es war mir möglich, Herrn Hubmann zu bitten, diese Künstler anlässlich der Schau im Schömer-Haus in derselben Stellung noch einmal zu fotografieren. Es ziert die Vorderseite des repräsentativen Katalogs, während auf der Rückseite das ursprüngliche Bild zu sehen ist.

Diese Ausstellung war für uns und unsere Besucher von großer Bedeutung und sehr erfolgreich, aber am meisten freute ich mich über die Freundschaft, die nach diesen langen Jahren zwischen den Künstlern wieder aufflackerte.

Die Errichtung des Schömer-Hauses

Schömer ist der Familienname meines Vaters und des Unternehmensgründers; ihm zu Ehren ist der Name bis zum heutigen Tag für das Zentralgebäude des Unternehmens beibehalten worden. Auch als in den 1980er-Jahren unser Unternehmensleitbild neu definiert wurde, beschrieben prägnante Worte unsere Firmenkultur, mit denen – man schaue auf die jeweiligen Anfangsbuchstaben – einmal mehr der Name Schömer ins Gedächtnis gerufen wurde: **s**olide, **c**hristlich, **h**uman, **ö**konomisch, **m**itarbeiterorientiert, **e**ngagiert, **r**ationell. Die neue Unternehmenszentrale in Klosterneuburg wollten wir nach meinem Vater benennen.

Unser Unternehmen war in der Zwischenzeit stark expandiert. Die Verwaltung war auf mehrere Standorte verteilt, und die Kommunikation zwischen den verschiedenen Bereichen wurde immer komplizierter. Ein neues zentrales Verwaltungsgebäude war daher notwendig. Die Errichtung dieser Zentrale war ein Projekt, um das sich ein ganzer Stab von Experten kümmerte, der von meinem Mann und unserem Sohn Martin geleitet wurde. Auch ich wurde gebeten, mich an dieser Aufgabe zu beteiligen. Durch meinen Großvater und meinen Urgroßvater väterlicherseits, die angesehene Baumeister und Architekten in Klosterneuburg gewesen waren, erbte ich das Interesse an Architektur. Für mich war die Mitwirkung eine besondere Herausforderung, die ich mit großer Begeisterung annahm.

Das neu zu errichtende Bürogebäude sollte mehrere Aufgaben erfüllen. Zunächst mussten der Kommunikationsfluss verbessert und Platz für die zukünftige Expansion geschaffen werden. Über diese Funktionalität hinaus lagen uns die eigenen Mitarbeiter am Herzen. Sie sollten sich in dem neuen Haus wohlfühlen. Mit der architektonischen Gestaltung wollten wir also mitarbeitergerechte, angenehme Arbeitsbedingungen schaffen. Es war uns ein besonderes Anliegen, dass sich das Gebäude in das Orts- und Landschaftsbild harmonisch einfügt. Durch den hohen Grundwasserspiegel mussten wir auf eine Unterkellerung verzichten. Die Bilder unserer Sammlung befanden sich zu diesem Zeitpunkt noch in unserem Wohnhaus. Im neuen Schömer-Haus wollten wir die Werke einer breiten Öffentlichkeit präsentieren.

Um unsere hochgesteckten Ziele für dieses zukunftsweisende Bauprojekt zu erreichen, wurde ein qualifizierter Beirat unter Mitarbeit von Friedrich Achleitner ins Leben gerufen. Er nannte uns die Namen einiger ambitionierter Architekten, von denen wir drei auswählten. Nachdem wir einige ihrer bisherigen Arbeiten gesehen hatten, kamen wir überein, sie zu einem Wettbewerb einzuladen. Nach einer angemessenen Zeitspanne präsentierten sie ihre Projekte der Jury, die sich in der Wiener Technischen Universität einfand. Ich war überrascht über die grundverschiedenen Vorstellungen der einzelnen Architekten. Das Auswahlverfahren, das mein Mann leitete, entschied sich für das Projekt von Heinz Tesar. Dieser hatte im Zentrum des Gebäudes eine mit Tageslicht durchflutete ovale Halle mit umlaufenden Galerien geplant, in der unsere Kunstwerke optimal präsentiert werden konnten.

An die Zeit der Errichtung habe ich viele Erinnerungen, die ich nicht missen möchte. Die Zusammenarbeit zwischen Heinz Tesar und uns war außerordentlich produktiv. Wir begleiteten den Baufortschritt in allen Phasen des Entstehungsprozesses. Sogar mein Vater, der damals schon das ehrwürdige Alter von über achtzig Jahren erreicht hatte, ließ es sich nicht nehmen, jeden Morgen auf der Baustelle zu erscheinen, um sich an Ort und Stelle vom Bauleiter informieren zu lassen. Im Anschluss kam er zum Frühstück und erzählte mir begeistert von seinen Erlebnissen.

Das Gebäude von Beginn an wachsen zu sehen, war wirklich großartig für mich. Zuerst staunte ich über die enorme Größe des Grundrisses, die das wahre Ausmaß erkennen ließ. Der Baufortschritt war atemberaubend. Die Fassade wuchs und im Inneren des Gebäudes waren bald klare Formen zu erkennen. Das ovale Dach bekam rundum Öffnungen für die Lichtkuppeln. Zuoberst über dem Stiegenaufgang wurde eine gläserne Laterne aufgesetzt, die zusätzliches Licht in die Halle bringen sollte. Rund um die riesige Halle wurden die Büroräume angeordnet. Noch konnte ich mir ein Leben und Arbeiten hier nicht vorstellen. Erst nachdem alle Konstruktionshilfen abgebaut waren, bekam ich ein Gefühl für das Gebäude. Noch fehlte das schützende Geländer des Stiegenhauses, welches wie eine eigene Skulptur gegenüber dem Eingangsbereich angeordnet ist. Vom Dach des Gebäudes hatte man einen traumhaften Ausblick auf das Stift Klosterneuburg, die St. Gertrud-Kirche, das angrenzende Augebiet und die Berge des Wienerwaldes. Sogar die Stadt Wien schien mir näher gerückt.

Einmal stieg ich mit Karlheinz und Heinz Tesar über die rauen Stufen des Treppenhauses nach oben und warf einen Blick in die Tiefe. Das Geländer war damals noch nicht vorhanden, und eigentlich sollte man schwindelfrei sein, wenn man sich in diese Höhen wagt. Das Ergebnis dieser Besichtigungstour war für mich ein Alptraum in der folgenden Nacht. Ich träumte, ich wäre von hoch oben in die Tiefe gestürzt. Dieses »Problem« löste sich später, da ein schützender Metallkäfig, gleich einer Voliere, errichtet wurde, der den Stiegenaufgang umhüllte.

Nach der endgültigen Fertigstellung des Schömer-Hauses begannen die Säuberung der Baustelle und die großangelegte Übersiedlung aller Abteilungen der verschiedenen Außenstellen. Es war Zeit, daran zu denken, das Gebäude mit Leben zu erfüllen. Schon bald traf man nun jene Kolleginnen und Kollegen im Zentralgebäude, die man bislang nur per Telefon gekannt hatte. Es gab ein fröhliches Begegnen auf den Gängen und Galerien, wenn wir unsere Schachteln mit dem Büromaterial und den Ordnern in die vorgesehenen Räume transportierten. Es war ein Rennen treppauf, treppab; es ging zu wie in einem Bienenstock.

In bleibender Erinnerung ist mir, wie ich das Büro meines Vaters einrichtete. Je näher der Termin des Umzugs rückte, umso stärker merkte ich meinem Vater an, dass er gar nicht mehr so begeistert davon war, sein Büro im neuen Haus in Besitz zu nehmen. Die Hektik der letzten Monate war für ihn aufreibend gewesen. Der Lärm und der Schmutz machten ihm zu schaffen. Er konnte sich einfach nicht vorstellen, plötzlich mit 250 Mitarbeitern unter einem Dach zu arbeiten. Mir war es aber wichtig, ihn auch weiterhin in meiner unmittelbaren Nähe zu wissen. Kurz vor dem Umzug konnten wir ihn dazu überreden, in seiner geliebten Wachau einige Tage Urlaub zu machen. In dieser Zeit ließ ich alle Möbel seines alten Büros in das Schömer-Haus bringen und versuchte, den Raum so einzurichten, wie er es gewohnt war. Wir hatten ein lichtdurchflutetes Zimmer für ihn vorgesehen, das in unmittelbarer Nähe der Büroräume von Martin, Karlheinz und mir sowie dem Sekretariat lag. Das allein würde ihm gefallen, dessen war ich mir sicher.

Jetzt hieß es aber für mich, seine gewohnten Einrichtungsgegenstände, an denen er hing, so zu platzieren, dass sein neues Büro wie sein altes aussah. Aber was erwartete mich im Inneren der Schränke? Da lagen unendlich viele Mappen und Ordner aus dem Jahre Schnee, teilweise mit einer dicken Staubschicht bedeckt. Ich hatte vorher keine Ahnung gehabt, was hier alles aufbewahrt wurde und wie lange sich niemand darum gekümmert hatte. Wahrscheinlich war seit der Pensionierung seiner Sekretärin nicht mehr aufgeräumt worden. Vorerst überlegte ich, mit welchen geschäftlichen Agenden er sich noch auseinandersetzte. Da gab es lange handschriftliche Listen über verkaufte Brenn- und Baustoffe, die wagonweise an seine Kunden, die seine persönlichen Freunde geworden waren, geliefert wurden. Wenn das Datum ziemlich neu war, sah ich das als ein Zeichen an, dass diese Aufzeichnungen für ihn noch relevant waren. Ich legte diese Unterlagen auf seinen Schreibtisch; daneben ordnete ich sein Schreibzeug und seinen Notizblock, sein Telefonverzeichnis und sein Arbeitsbuch. Ich wusste, dass er täglich seine »Wiener Zeitung« las, die auch Bilanzen von Firmen enthielt, die er eifrig studierte. Die aktuellste Ausgabe musste am Tag seiner Rückkehr zuoberst liegen.

Nun galt es, alle Ordner mit alten Verträgen, Geschäftsbriefen, aber auch Stöße von Obstzeitschriften, die er gerne las und die sich angesammelt hatten, abzustauben und in die neuen Wandverbauten einzuordnen. Nur einen kleinen Schrank, den er besonders liebte und den er als Ablagefläche brauchte, ließ ich unverändert. Drinnen befanden sich Mappen mit seinen privaten Briefen. Anscheinend waren diese Laden schon lange nicht mehr durchforstet worden, denn die Papiere waren stark vergilbt und staubig. Nach kurzer Überlegung entschied ich, den Inhalt so zu belassen, wie er war. Ich säuberte allerdings das Möbelstück und versuchte mittels Möbelpolitur ein wenig Glanz auf die Oberfläche zu bringen. Eine Kletterpflanze brachte Leben in seinen neuen Wirkungsbereich herein. So sah ich mich zufrieden um und fand das Büro richtig einladend. Die gewohnten Fotos, die Bilder und zwei Skulpturen, die mein Vater geerbt hatte, wurden so angeordnet, dass man den Eindruck hatte, man befände sich in seinem früheren Büro.

Endlich konnte ich daran denken, auch mein eigenes neues Büro einzurichten. Heinz Tesar hatte für mich einen Raum ausgewählt, der sich im Zentrum des Gebäudes im dritten Stockwerk befindet. Einen besonders schönen Schreibtisch hatte er für mich vorgesehen, der sich wunderbar in den Raum einfügte. Vor den Fenstern hatte er eine mit Marmor verkleidete Ablagefläche geschaffen, die einen tragenden Betonkern elegant überdeckte. Dass gerade dieser spezielle Raum für mich von Heinz Tesar ausgewählt worden war, empfand ich als Auszeichnung – wusste ich doch, dass er meine Meinung und Mitarbeit bei der Planung des Schömer-Hauses sehr schätzte. Manches Mal hatte ich meine Bedenken kundgetan. Immer hatte mir Heinz Tesar zugehört und war mit freundlichen Worten darauf eingegangen. Und wenn er es für richtig gehalten hatte, hatte er Veränderungen zugelassen. Ich erinnere mich beispielsweise an eine Situation, als die Verkleidung um den Stiegenaufgang angebracht wurde. Es fiel mir auf, dass die Abstände zwischen den Sprossen sehr groß ausgefallen waren. Ich äußerte meine Bedenken. Wenn Kinder unachtsam über die Stufen springen und ausrutschen würden, wäre es möglich, dass ihre kleinen Körper zwischen den Stäben durchrutschen könnten. Daraufhin wurden an den neuralgischen Punkten weitere Stäbe angebracht, um solche Gefahren zu vermeiden.

Das fertiggestellte Schömer-Haus, 1987

Jetzt war die Zeit gekommen, dass wir Werke aus unserer Sammlung österreichischer Kunst in den neuen Räumen präsentieren konnten. Mit Heinz Tesar und seiner lieben Frau Helga hatten wir uns während der intensiven Bauphase angefreundet. Gemeinsam mit ihnen wählten Karlheinz und ich die Gemälde aus, die an den Wänden der Galerien präsentiert werden sollten. Budislav Ilic, der seit einigen Jahren bei uns als Hausmeister beschäftigt war, half uns bei der Hängung, die wir uns schon vorher überlegt hatten. Wichtig war es uns, herausragende Werke der Künstler, die wir gesammelt hatten, in ihrer Vielfalt zu zeigen. Nun brachten wir die Bilder in die Galerien, positionierten und verwarfen die Anordnung wieder, bis wir schlussendlich das richtige Konzept gefunden hatten. Von jedem Punkt der Galerie hat man einen Überblick über die gesamte Ausstellung. Daher war eine überlegte Hängung erforderlich, was aufgrund der Typologie der Halle eine wahre Herausforderung darstellte.

Tage zuvor waren wir noch auf der Suche nach Werken einiger Künstler gewesen, die bis dahin nicht ausreichend in der Sammlung vertreten gewesen waren, uns aber wichtig erschienen. So besuchten wir auch Maria Lassnig in ihrem Atelier, die uns nach langem Verhandeln drei Gemälde »genehmigte«, die wir über ihre Galerie kaufen konnten. Darunter war eines meiner Lieblingsbilder: der großformatige »Atlas«. Er bekam einen Ehrenplatz im Eingangsbereich. Das Werk stellt eine weibliche Figur dar, die mit ihren Schultern das Atlasgebirge stützt. Ich identifizierte mich damals sehr mit dieser Figur, weil zu jener Zeit schier unüberwindliche Aufgaben auf mir lasteten, die ich nur mit äußerster Disziplin und Arbeitseinsatz bewältigen konnte. Oft litt ich unter Schlaflosigkeit, weil mir nachts viele Überlegungen durch den Kopf gingen. Trotz allem musste ich alles Geforderte gewissenhaft erledigen. Wenn es mir gelang, meine Aufgaben zu erfüllen, fühlte ich mich glücklich und wieder stark genug für Neues.

Endlich war die Ausstellung zu unserer Zufriedenheit platziert. Erstmals konnten unsere Bilder in einer spannenden Gegenüberstellung präsentiert werden. Die Sammlung in diesem Zusammenhang zu sehen, war für Karlheinz und mich ein besonderes Ereignis. Ebenso sollten Lieferanten und Besucher des Hauses Nutznießer sein. Es war unser Wunsch, das Schömer-Haus zu einer offenen Institution zu machen. Unsere Angestellten wollten wir ebenfalls mit einbinden. Sie konnten sich Grafiken und Gemälde für ihre Arbeitsplätze selbst auswählen. Es war unser Wunsch, dass sich alle Mitarbeiter im Haus mit unseren Kunstwerken beschäftigen und sich daran erfreuen würden, denn wir hatten die Erfahrung gemacht, dass Menschen, die sich mit Kunst umgeben, kreativer sind. Und Kreativität ist wichtig, um ein Unternehmen wie unseres erfolgreich zu führen.

Am 30. Oktober 1987 eröffneten wir mit einem Fest das Schömer-Haus für unsere Mitarbeiter. Karlheinz wies in seiner Ansprache auf den Leitspruch des Hauses hin, der an prominenter Stelle im Treppenaufgang steht: »Mit engagierten Mitarbeitern die Zukunft gestalten.« Auch dankte er ihnen für ihren bisherigen Einsatz, ohne den es einen solchen Erfolg des Unternehmens nie gegeben hätte. Schließlich führte Karlheinz durch die Eröffnungsausstellung und versuchte, so gut er konnte, die Kunstwerke zu erklären. Noch waren wir es nicht

»Atlas«, Maria Lassnig, 1985

gewohnt, Kunstvermittlung zu betreiben. Plötzlich mussten wir Menschen, die kaum mit Gegenwartskunst in Berührung gekommen waren, Rede und Antwort stehen. Das fiel uns anfangs nicht leicht. So manche Frage irritierte uns, und wir konnten nicht alles gebührend beantworten. Neben begeisterter Zustimmung gab es auch Verwunderung, Unverständnis, Kopfschütteln, teilweise sogar Ablehnung.

Insbesondere das Gemälde »Figur am Bein aufgehängt« von Adolf Frohner ist mir als Zankapfel noch deutlich in Erinnerung. Wie oft ich aufgefordert wurde, gerade dieses Bild aus der Ausstellung zu entfernen, kann ich gar nicht sagen. Ich versuchte zu erklären, was der Künstler damit aussagen wollte. Frohner war kein Sadist, das Gegenteil war der Fall. Er war charmant und zum weiblichen Geschlecht äußerst höflich. Er wollte mit seinen Bildern aufzeigen, welche Rolle Frauen jahrhundertelang hatten spielen müssen. Diese provokanten Werke hatte er zwischen 1960 und 1980 geschaffen, als die Emanzipation der Frau noch in den Kinderschuhen steckte – seine Botschaft war: »Ihr Frauen, wehrt Euch!«

Einige Tage später, am 6. November 1987, fand die offizielle Eröffnung des Schömer-Hauses statt. Dazu war Prominenz aus Politik, Wirtschaft und Kunst geladen. Es begann mit einem musikalischen Empfang, bei dem vier Stücke unseres Sohnes Heinz, der im selben Jahr sein Kompositionsstudium bei Friedrich Cerha abgeschlossen hatte, aufgeführt wurden. Unser Sohn ist davon fasziniert, neue Klänge zu schaffen. Es geht ihm bis heute darum, Tendenzen und Möglichkeiten des heutigen Denkens mit all ihren Problematiken und Gefahren zu erkennen und diese in seinen Kompositionen zum Ausdruck zu bringen. Eigens für die Einweihung des Schömer-Hauses hatte er das Stück »Proportional Circles 2314« für vier Schlagzeuger komponiert. Dabei ordnete er Musiker an vier sich gegenüberliegenden Punkten der Galerie des zweiten Obergeschosses an, wo sie abwechselnd im Rund des Raumes ihre Trommelwirbel zum Besten gaben. Man hatte den Eindruck, die Trommler würden sich im Raum bewegen. Einige Tage nach diesem Konzert kam Claudio Abbado zu Besuch, um sich das Haus anzusehen. Still schritt er von einer Galerie zur anderen. Im obersten Stockwerk wandte er sich uns freundlich zu und meinte: »Für dieses Haus sollte man Musik schreiben!«

Dieser Aufforderung sind wir mit Hilfe unseres Komponistensohnes insofern nachgekommen, als wir seither jedes Jahr für das Schömer-Haus einen Kompositionsauftrag vergeben. Die von unserem Sohn ausgewählten Komponisten sollen sich mit der speziellen Architektur der zentralen Halle auseinandersetzen.

Doch zurück zur Eröffnung des Schömer-Hauses: Nach dem musikalischen Auftakt hielt mein Mann die Eröffnungsansprache. Dabei dankte er auch meinem Vater, der den Grundstein für das Unternehmen gelegt hatte. Anschließend bat er den niederösterreichischen Landeshauptmann Siegfried Ludwig, die österreichische Kunstministerin Hilde Hawlicek, den Klosterneuburger Bürgermeister Gottfried Schuh sowie Heinz Tesar um Wortspenden. Ich selbst hielt mich zurück, empfand aber große Dankbarkeit und Freude. Schlussendlich kam Bewegung ins Haus. Die Besucher schritten die Galerien mit den Kunstwerken ab. Auch viele Künstler waren erschienen. So mancher

Gast, der sich bis jetzt kaum mit Gegenwartskunst auseinandergesetzt hatte, ergriff die Möglichkeit, mit ihnen in Kontakt zu kommen. Ich freute mich über die intensiven Gespräche und Begegnungen, die ich beobachten konnte. Dieses Gebäude sollte auch in Zukunft nicht nur die Funktion eines Bürohauses erfüllen, sondern ein Ort der kulturellen Begegnung werden.

Noch vor der Eröffnung des Schömer-Hauses hatte ich meinen Vater von der Wachau nach Hause geholt. Voll Stolz waren er und ich beim neuen Schömer-Haus vorgefahren und hatten die Halle betreten. Mit dem Aufzug fuhren wir ins oberste Stockwerk. Als wir dann aus dem Lift traten, lehnte sich mein Vater an die Brüstung der Galerie und ließ seinen Blick um das Rund der Halle schweifen. Alles war sauber geputzt und das Haus wirkte freundlich. Einige seiner langjährigen Angestellten und natürlich auch Karlheinz, Martin und dessen Frau Gerda hatten sich hier versammelt und begrüßten ihn. Dann führten wir ihn in sein Büro. Die Tür war schon geöffnet, und als er seine gewohnte Umgebung wahrnahm, lächelte er freudig. Sofort schritt er an seinen Schreibtisch, erblickte die aktuelle Zeitung und begann die Überschriften zu lesen. Erst dann sah er sich näher im Zimmer um. »Das hast du aber recht schön gemacht!«, meinte er anerkennend zu mir.

Nun war ich sicher, dass er sich hier wohlfühlen würde. Ich zeigte ihm auch mein Büro und die Räume von Karlheinz, Martin und Gerda. Ganz begeistert war er vom Sitzungssaal, wo wir einen kleinen Umtrunk vorbereitet hatten. Lächelnd und mit feuchten Augen nahm er alles an wie ein Geschenk. Nun war der Bann gebrochen. Ich wusste, er würde wie gewohnt auch weiterhin täglich ins Büro gehen, um dort einige Stunde zu verbringen.

Noch gut drei Jahre konnte mein Vater das Ambiente des neuen Hauses, das seinen Namen trug, genießen. Während einer Südafrikareise, die Karlheinz und ich lange schon geplant hatten, ereilte uns im Herbst 1990 in einem Hotel in Johannesburg die Nachricht, dass wir sofort unseren Sohn Martin anrufen sollten. Der Zustand meines inzwischen 88-jährigen Vaters, der schon vor der Reise sehr angeschlagen gewesen war, hatte sich rapide verschlechtert. Wir wollten sofort die Heimreise antreten. Die früheste Verbindung nach Wien war erst in drei Tagen danach möglich, mit einem Zwischenstopp in London. Martin holte uns vom Flughafen ab und brachte uns sofort ans Krankenbett meines Vaters im Spital.

Meine beiden Schwestern hatten schon tagelang bei ihm Wache gehalten und ihm immer wieder erzählt, dass ich schon unterwegs zu ihm sei. Es war eine bange Zeit für uns alle gewesen. Tatsächlich hatte er auf uns gewartet. Trotz seines schlechten Zustandes – er hatte seit Tagen nichts mehr essen können – erkannte er uns und war sichtlich froh, uns zu sehen. Karlheinz betete den 23. Psalm und legte ihm eine Hand auf die Stirn. Mein Vater bekreuzigte sich und hielt uns fest an den Händen. Dann hob er voll Mühe seine beiden Hände und segnete uns. Das war der letzte Augenblick, den er noch bewusst erlebte. Er schloss erschöpft die Augen und schien zu schlafen.

Meine Schwestern und ich betreuten ihn noch drei Tage. Wir hatten ein Nebenzimmer zur Verfügung gestellt bekommen, sodass wir uns abwechselnd hinlegen und ein wenig ausruhen konnten.

Am 30. November 1990 hörte sein Herz auf zu schlagen. Wir trauerten sehr um ihn, der so viel Gutes gewirkt hatte. Sein Wesen, seinen Fleiß, seinen lauteren Charakter und seine Redlichkeit haben nicht nur wir als Familie, sondern auch viele Freunde, Mitarbeiter und Geschäftspartner sehr geschätzt.

Das Schömer-Haus als Ort der Begegnung und der Kunst

Im Gästebuch, das wir im Schömer-Haus aufgelegt hatten, fand ich etliche Eintragungen, die uns bestärkten, den eingeschlagenen Weg mit allen unseren Ideen weiterzuverfolgen und das Haus für viele Menschen zu öffnen. So schrieb Friedrich Cerha: »Ihr Haus ist ein Beweis, dass die österreichische Kunst lebt! Ich bin sehr beeindruckt und davon berührt. Im Durchgehen durch die Sammlung habe ich die eigene Entwicklung der letzten vierzig Jahre vorüberziehen lassen.«

Friedensreich Hundertwasser notierte: »Hier ist der Beweis, dass der Erfolg und das Glück eines Unternehmens ein Nebenprodukt der Kreativität ist. Ohne Kunst geht gar nichts. Mit Kunst geht alles mit spielerischer Leichtigkeit.«

Ganz so spielerisch empfand ich allerdings das Eingewöhnen in unserem neuen Haus nicht, hatte ich doch mit der Übersiedlung wieder eine Menge neuer Aufgaben übernommen. Allem voran bat mich mein Mann, ihm das Katalogisieren der Kunstwerke abzunehmen. Noch waren wir beide alleine dafür zuständig. Vorwiegend am Wochenende widmeten wir uns unserer Sammlung. Bald erkannten wir, dass die händisch angelegten Dateien in der Folge nicht genügen würden. Die Bilder unserer Sammlung wurden für mich vor allem dadurch lebendig, dass ich mehr und mehr über ihre jeweiligen Hintergründe erfuhr, die ich unbedingt festhalten wollte. Es war die Zeit, in der sich alle unsere Angestellten mit der damals neuen Computertechnik befassten. Auch ich war daran interessiert, mich dieser Technologie zuzuwenden, denn mir wurde klar, dass es dadurch möglich wird, alle Informationen zu speichern und Neues jederzeit hinzuzufügen.

So wurde mein erster PC installiert. Ich ließ mich instruieren, wie ich ihn für das Katalogisieren der Bilder gebrauchen konnte. Ich begann, Kunstwerk für Kunstwerk, alle relevanten Daten in das Gerät zu tippen. Es machte mir unwahrscheinlich viel Freude, weitere Recherchen anzustellen und die Ergebnisse in der elektronischen Datenbank zu erfassen. Bis 1987 hatten wir 1600 Kunstwerke angekauft, und jeden Monat kamen neue hinzu. Oft wachte ich nachts auf, weil ich meinte, etwas Wichtiges vergessen zu haben.

Das Arbeiten im neuen Gebäude hatte viele Vorteile. Ich hatte die Angewohnheit, die Tür meines Büros immer offen zu halten, denn von meinem Schreibtisch aus hatte ich einen wunderschönen Blick auf die Halle des Hauses und konnte beobachten, was sich da so abspielte. Viele Angestellten schauten bei mir vorbei, und wir wechselten dann einige Worte. Kommunikation war mir wichtig geworden. Mehr und mehr kam ich auch mit Besuchern des Hauses in Berührung, die ich auf ihren Wunsch hin durch die Ausstellung begleitete.

Eines Tages besuchte mich der damals neue Direktor der Wiener *Albertina*, Konrad Oberhuber, der vorher als Kunsthistoriker in Washington und Princeton gelehrt hatte. Er wurde für mich zu einer wichtigen Bezugsperson. Als wir gemeinsam die Galerien durchschritten, war er von den Gemälden und Papierarbeiten sehr beeindruckt. Fragte aber auch, ob ich wisse, wie sensibel gewisse Werke wären? Zu meiner Schande musste ich gestehen, dass wir uns bis dahin darüber noch kaum Gedanken gemacht hatten. Wir waren Sammler aus Leidenschaft, hatten jedoch noch wenig Ahnung vom Umgang mit Kunstwerken. »Was ist zu tun?«, fragte ich.

Er riet mir, Papierarbeiten freistehend mit einem Passepartout zu versehen – ich nannte es später: die Grafiken fliegend zu präsentieren – und ein spezielles Museumsglas zu verwenden, das Schutz vor UV-Strahlen bietet. So vergilbt das Papier nicht mehr und auch das Ausbleichen der Farben wird stark eingeschränkt. Ich war Oberhuber dankbar für diesen und andere Ratschläge und informierte auch meinen Mann über diese Gespräche. In Zukunft wollte ich nicht nur Sammlerin, sondern auch Bewahrerin sein; die Kunstwerke zu schützen und auch optimal zu lagern, war in Zukunft eine meiner Prioritäten.

Als Gastgeberin im Schömer-Haus, 1988

Um das Schömer-Haus lebendig zu gestalten, wollten wir Freunde, Künstler, Kunden und Lieferanten als Gäste in regelmäßigen Abständen zu interessanten Events einladen. Ein Jahr nach der Eröffnung präsentierten wir eine neue Ausstellung. Wir luden auf Wunsch von Friedensreich Hundertwasser seine Meisterschüler ein, ihre aktuellsten Arbeiten zu zeigen. Ein wenig unbeholfen waren die Studenten bei der Präsentation ihrer Werke, da sie noch nie zuvor ihre Arbeiten öffentlich gezeigt hatten. So mussten wir, um den Eröffnungstermin nicht zu gefährden, selbst mit Hand anlegen. Schließlich war es eine recht passable Präsentation. Erstaunlich war, wie sich das Gebäude mit den neuen Kunstwerken optisch veränderte. Die Besucher kamen in Scharen. Auch neue Gäste waren darunter.

So traf ich am Eröffnungsabend mit Bernd Bienert, einem jungen Choreografen der Wiener Staatsoper, zusammen. Er war von den räumlichen Verhältnissen begeistert. Bienert meinte, er spüre in diesem Raum Bewegung, die ihn als Choreograf beflügeln würde und auf interessante Ideen brächte. Alle Linien, alle statischen Elemente sprächen in ihm zahlreiche Deutungsmöglichkeiten an. Er sehe Bilder, wie flüchtige Visionen aus Licht und Farbe, die sich bewegen und sich unentwegt zu neuen Konstellationen vereinen. Den Treppenturm sah er als einen Körper, in dem sich Menschen bewegen und selbst zum Kunstwerk würden. Jedes der im Raum befindlichen Bilder empfand er als ein kleines Universum für sich. Es wäre für ihn eine wunderbare Bereicherung, in diesem Haus ein Ballett inszenieren zu dürfen.

Nachdem er mit mir über den Raum philosophiert und über seine Idee einer Tanzperformance gesprochen hatte, dachte ich, dass eine solche Veranstaltung viele interessierte Besucher ins Haus locken würde. Ich selbst hatte immer schon ein Faible für Ballettaufführungen. Außerdem war es an der Zeit, über ein Geschenk zum fünfzigsten Geburtstag meines Mannes im darauffolgenden Jahr nachzudenken. Ich lud Bernd Bienert ein, mir konkrete Vorschläge zu machen. Diese gefielen mir auf Anhieb. So kam es, dass ich ihm den Auftrag erteilte, eine Tanzaufführung mit dem geheimnisvollen Titel »Visions Fugitives« also »Flüchtige Visionen« für den runden Geburtstag von Karlheinz vorzubereiten.

Einige Wochen vor dem geplanten Fest war ein eifriges Proben im Gange. Ich ließ es mir nicht nehmen, so oft wie möglich dabei zu sein. Aber nicht nur ich hatte großes Interesse an einem erfolgreichen Zustandekommen. In unserer Sammlung befinden sich einige Werke von Franz Grabmayr, die so schwer sind, dass zwei Männer sie nur mit Mühe tragen können, weil er die Ölfarbe gerne mit Sand vermischt, um die Bilder plastisch erscheinen zu lassen. Trotz dieser Technik findet er auch Gefallen an der lockeren Aquarellmalerei. Der Künstler war daran interessiert, während der Proben rasch skizzierte Aquarelle zu fertigen. Um die Tänzerinnen am besten beobachten zu können, hatte er seine Aquarellpapiere auf den Boden der ersten Galerie gelegt und hielt ihre Bewegungen mit roter Farbe und raschen Pinselstrichen fest.

Drei Solotänzerinnen tanzten nicht nur im Rund der Halle, sie sprangen über die Stufen und bewegten sich grazil im Treppenturm. Die Architektur des Turms war das Herzstück für diese Choreografie. Mit Lichteffekten in den Farben Weiß, grelles Gold, fahles Grau, Blau und Violett wurden Stimmungen erzeugt, die zu den Szenen der Ballettaufführung passten. Schließlich schlichen unheimliche Gestalten in roten, grünen und blauen Kostümen durch den Treppenturm und erschreckten die Tänzerinnen, die mit ihren goldenen Kleidern wie Engel durch das Haus flogen.

Als ich das erste Mal bei der Probe die komplette Ballettaufführung sah, hatte ich ein unheimliches Erlebnis. Ich habe bereits erwähnt, dass ich während der Bauphase des Schömer-Hauses davon geträumt hatte, ich wäre vom Treppenturm gefallen. Obwohl ich mit Bernd Bienert nie darüber gesprochen hatte, war das Ende seiner Geschichte ein eben solcher Treppensturz. Mit Lichteffekten gelang ihm diese Täuschung. Die Solotänzerin stand kurz vor dem Ende der Aufführung wie ein Engel mit hocherhobenen Armen am obersten Absatz des Turmes. Dann verfinsterte sich der gesamte Raum, und schließlich fuhr ein Lichtstrahl von oben nach unten. Unvermutet lag die Solotänzerin mit dem Kopf nach unten auf den Stufen. Ich stieß einen Schrei aus. Für mich war es wie das Erwachen aus einem bösen Traum. Zum Glück war ich mit den Tänzerinnen und Tänzern alleine

Ballettaufführung: »Der Sturz«, Choreografie: Bernd Bienert, 1988

im Gebäude. Als Bienert entsetzt auf mich zukam, erzählte ich ihm und allen, die sich um mich geschart hatten, meinen unheimlichen Traum.

Das Ballett wurde dreimal öffentlich aufgeführt und war ein grandioser Erfolg. Die ausgewählte Musik passte wunderbar zu allen Bewegungen und geheimnisvollen Visionen. Das Beethoven-Trio, bestehend aus Klavier, Violine und Cello, spielte Werke von Sergej Prokofjew, Alexander Tscherepnin, Bohuslav Martinů und Franz Schubert. Dazu tanzten drei Soloballetttänzerinnen und zehn Pantomimen. Mein Mann, den ich mit diesem Ballett überrascht hatte, war gerührt und begeistert zugleich. Ich war überglücklich, ihm dieses Geburtstagsgeschenk besonderer Art ausgerichtet zu haben.

1989 lernte ich Nadine Giron kennen. Ihr besonderes Schicksal berührte mich sehr. 1959 geboren, ist sie wegen eines Ärztefehlers von Geburt an querschnittgelähmt. Sie hatte die Meisterklasse für dekoratives Gestalten und Textil und später jene für Mode an der Hochschule für angewandte Kunst in Wien absolviert. Nach dem erfolgreichen Abschluss hatte sie Autofahren gelernt und den ersehnten Führerschein erhalten. Nun bekam ich von Nadine Giron eine Mappe mit wunderbaren Buntstiftzeichnungen von Modellen für Damen- und Herrenmode. Beigefügt lag ihr Lebenslauf und ein zu Herzen gehender Brief, in dem sie mich bat, im Schömer-Haus eine Modeschau möglich zu machen. Ihr Konzept war bis ins letzte Detail ausgereift, die Kleider und Anzüge schon fertiggenäht, die Models waren bereits kontaktiert. Es waren die Freundinnen und Freunde von der Angewandten, die sich ihr zu Verfügung stellen wollten. Für die Finanzierung des Projekts hatte sie Sponsoren gefunden. Die Planung verblüffte mich in ihrer Perfektion, sodass ich mit meinem Mann entschied, mich auf dieses Abenteuer einzulassen.

Die Modenschau, die am 23. September 1989 stattfand, war ein großartiger Erfolg. Nie zuvor und nie danach hatten wir so viele Gäste im Haus. Annähernd achthundert Besucher kamen, und nur ein Teil davon konnte die Stühle, die in der Halle aufgestellt waren, nutzen. Die meisten standen dichtgedrängt in den Galerien, von wo sie eine gute Sicht zum Laufsteg hatten. Poppige Musik begleitete das Geschehen. Während der fröhlichen Schau hielt sich Nadine Giron im Hintergrund. Erst zum Schluss wurde sie von ihren Freundinnen mit dem Rollstuhl in die Halle geschoben. Ein tosender Applaus brach los. Die wenigsten hatten eine Ahnung von ihrer Behinderung gehabt. So manche Träne lief über die Wangen der begeisterten Besucher.

Modenschau von Nadine Giron, 1989

Mich selbst hatte gerade an jenem Tag eine fieberhafte Grippe erwischt, die ich im Bett auskurieren musste. Karlheinz, der die Eröffnungsrede an meiner Stelle hielt, erzählte mir noch am späten Abend von dem großen Erfolg. Nadinc hattc sich in dcr Folge eine Stelle als Designerin gewünscht, aber niemand bot ihr einen Posten an. Einzig und allein die Firma Backhausen bestellte als Reaktion auf diese Show von ihr eine Musterkollektion für Stoffe. Bei einer Nachbesprechung erzählte sie mir von ihren Sorgen und ihrer Suche nach einem passenden Arbeitsplatz. Ich war genauso traurig wie sie selbst und auch ihre Mutter, die Nadine ihr Leben lang liebevoll unterstützt. Auf meine Frage, welche Wünsche sie hätte, meinte sie: »Ich wünsche mir ein Auto, damit ich mobil werde und eine Anstellung annehmen kann.«

Karlheinz und ich überlegten und hatten eine Idee. Da Nadine Giron EDV-Erfahrung hatte, sollte sie vorerst alle wichtigen Adressen für uns in den Computer tippen. Da sie, wie ihre Briefe zeigten, eine traumhaft schöne Handschrift hat, dachte ich daran, Kuverts für spezielle Einladungen von ihr beschriften zu lassen. So kam es, dass sie für die Sammlung angestellt wurde. Später ist sie mit ihrem PC ins *Essl Museum* übersiedelt, wo sie bis heute eine beliebte Kollegin ist.

Auch unser Sohn Heinz hatte zum Beleben des Schömer-Hauses jede Menge Ideen. Es war sein Wunsch, hier regelmäßig Konzerte mit Neuer Musik von Komponisten aus dem In- und Ausland aufführen zu lassen. Allen voran dachte er an seinen Kompositionslehrer Friedrich Cerha. Zwischen den beiden hatte sich im Laufe der Jahre eine Freundschaft entwickelt. Anfangs war die Kommunikation zwischen den beiden freilich nicht einfach gewesen, denn Cerha forderte seine Schüler stets mit unangenehmen Fragen heraus, manchmal bis an die Grenzen des Erträglichen. Alles Kunsthandwerkliche und Gefällige ist ihm von Vornherein verdächtig. Friedrich Cerha war dann auch der Erste, dem wir für das Schömer-Haus einen Kompositionsauftrag erteilten. Das Ergebnis war ein Musikstück mit der Bezeichnung »Quellen«, das im Herbst 1992 in unserer Firmenzentrale uraufgeführt wurde. Bis heute gibt es im Schömer-Haus Konzerte Neuer Musik, die unser Sohn organisiert.

Anfang der 1990er-Jahre hatte sich in Klosterneuburg ein Komitee gebildet, das mit der Idee an mich herantrat, im Schömer-Haus eine Auktion zu Gunsten der Ö3-Aktion »Kurdenhilfe« zu veranstalten. Hintergrund war der Exodus von tausenden Kurden aus dem Norden Iraks, nachdem das Regime unter Saddam Hussein einen Aufstand brutal niedergeschlagen hatte. So fand am 6. Mai 1991 unter dem Titel »Rasche Hilfe für Kurden« im Schömer-Haus eine Versteigerung statt, die der damalige Auktionator des Wiener Dorotheums, Otto Hans Ressler, leitete. Im Vorfeld hatte ich namhafte Künstler darum gebeten, Gemälde, Aquarelle, Zeichnungen und Grafiken zu spenden. Die Künstler nannten uns die Preise, die üblicherweise von den Galerien verlangt wurden. Wir wollten auf keinen Fall unter ihren Preisvorstellungen verkaufen. Das wäre ein Affront gegenüber den Spendern gewesen und hätte dem Projekt nicht wirklich genützt. Zu unser aller Zufriedenheit war die erreichte Summe letztlich höher, als wir es

Konzert im Schömer-Haus, 1990

uns erträumt hatten. Wir erreichten den unglaublichen Betrag von zwei Millionen Schilling für 94 Werke.

Ebenso finden Lesungen im Schömer-Haus statt – erstmals anlässlich des vierundfünfzigsten Geburtstags meines Mannes am 16. April 1993. Gundi Hradil, die Ehefrau des Künstlers Rudolf Hradil, hatte mir den Vorschlag für eine Lesung mit Auszügen aus dem Roman »Nachtvögel« von Marco Lodoli unterbreitet. Sie hatte Lodolis Werk vom Italienischen ins Deutsche übersetzt und war nun daran interessiert, das Buch publik zu machen. Gundi Hradil war mit dem Burgschauspieler Wolfgang Gasser befreundet und bat ihn, Auszüge aus dem Roman vorzutragen. Es war ein vergnüglicher, inspirierender Abend, bei dem sich auch Schauspieler eingefunden hatten, die vorher noch nie unser Haus besucht hatten. Gassers Kommentar im Gästebuch: »Mit Ehrfurcht betrat ich diese Hallen, erfüllt mit Freude ging ich weg!«

Geburtstagsausstellung für Arnulf Rainer mit 100 Bildern, 1995

Auch die Geburtstage einiger unserer Künstlerfreunde feierten wir im Schömer-Haus. Und was kann man einem Künstler Geeigneteres schenken als eine Präsentation in einem Haus wie diesem! Für Arnulf Rainer, diesen leidenschaftlichen Künstler, gestalteten wir 1994 zu seinem fünfundsechzigsten Geburtstag unsere erste One-Man-Show, bei der wir hundert Werke, die wir bis zu diesem Zeitpunkt von ihm gesammelt hatten, präsentierten. Bedeutende Vertreter aus Kultur, Wirtschaft und Politik kamen zur Eröffnung. Der damalige Wissenschaftsminister Erhard Busek und der Kurator der Ausstellung, Rudi Fuchs, seinerzeit Direktor des *Stedelijk Museum* in Amsterdam, würdigten sein Schaffen. Auch der Katalog zur Ausstellung wurde an diesem Abend feierlich präsentiert.

Wenn hundert Bilder eines einzigen Künstlers im Rund der Galerie zu sehen sind, kann man einen Eindruck über seine Schaffensvielfalt gewinnen. Es ist ja immer schon unser Wunsch gewesen, in die Tiefe zu sammeln. So war auch bei dieser Retrospektive, von den frühen surrealistischen Anfängen aus den späten 1940er-Jahren bis zu den damals aktuellsten Bildern, eine interessante Entwicklung des Künstlers zu erkennen. Bis zum heutigen Tag sind sicher noch einmal so viele Werke hinzugekommen, weil uns sein Werk bis heute stark beeindruckt, aber auch gehörig fordert. Es passierte uns erst kürzlich, dass wir in der Auslage einer Galerie ein frühes Werk des Künstlers aus dem Jahr 1973 sahen. Ob es uns möglich sein wird, es für die Sammlung zu erwerben?

Max Weiler, geboren 1910, gestorben 2001, ist für die österreichische Kunstgeschichte und für uns als Sammler von eminenter Bedeutung. Sein Leben und Werk stehen in untrennbarem Zusammenhang und spiegeln die spirituelle, geistige und philosophische Haltung des Künstlers wider. Prägend für sein Schaffen war die Begegnung mit der katholisch-charismatischen Neulandbewegung in den 1930er-Jahren. Max Weiler war stets ein unangepasster und auch revolutionärer Künstler, der neue Wege beschreiten und der Postmoderne sein eigenes Siegel aufprägen wollte. Sein Werk stellt eine unverwechselbare Position in der österreichischen Kunst des 20. Jahrhunderts dar und ist keiner der gängigen Stilrichtungen zuzuordnen.

Die erste Arbeit von Max Weiler, »Mit gelben Hügeln und Purpurhimmel« (1973), hat mein Mann 1987 in einer Wiener Galerie gekauft. In der Folge haben wir weitere Werke erworben, sodass Werkblöcke aus den verschiedensten Schaffensperioden des Künstlers in unserer Sammlung vertreten sind. Max Weiler zählt somit zu den Schwerpunkten österreichischer Kunst in der Sammlung Essl.

Unsere erste persönliche Begegnung mit ihm fand anlässlich seiner großen Retrospektive im *Museum des 20. Jahrhunderts*, im sogenannten *20er Haus*, in Wien im Jahr 1989 statt. Hier bot sich uns die Gelegenheit, das Werk des Künstlers in einer großen Zusammenschau kennenzulernen. Wir waren zutiefst beeindruckt. In der Folge kam es zu vielen persönlichen Begegnungen mit dem Doyen der österreichischen Künstler und seiner Frau Yvonne, der wir bis heute freundschaftlich verbunden sind.

Anlässlich des 85. Geburtstags Max Weilers im Jahre 1995 richteten wir eine große Werkschau aus, die ausschließlich aus Bildern unserer eigenen Sammlung zusammengestellt werden konnte. Max Weiler hat diese Ausstellung und das für ihn arrangierte Fest im Schömer-Haus sichtlich genossen, obwohl er damals nach einer Hüftoperation schwer gezeichnet war. Viele seiner Freunde und alle Künstler, die er als Professor an der Akademie der bildenden Künste in Wien unterrichtet hatte, waren gekommen, um ihm zu gratulieren. Es war ein Fest der Superlative, an das sich viele noch mit Freude erinnern. Die imposante Rede hielt damals der Kunsthistoriker Gottfried Boehm, ein Freund Max Weilers.

Max und Yvonne Weiler

In weiterer Folge waren Arbeiten von Max Weiler in wichtigen Ausstellungen im Schömer-Haus und später auch im *Essl Museum* zu sehen, so auch anlässlich der Ausstellung »Malerei in Österreich 1945–1995« im *Wiener Künstlerhaus* (1996) oder in der großen Jahrhundertausstellung »Österreich 1900–2000« im *Essl Museum* (2006), beide kuratiert von Wieland Schmied. In der Ausstellung »Max Weiler – Die Natur der Malerei«, die wir zu seinem hundertsten Geburtstag im *Essl Museum* zeigten, konzentrierte sich Kurator Edelbert Köb auf den wegweisenden Bilderzyklus »Wie eine Landschaft« (1962–1967) und stellte neue, überraschende Bezüge zu chinesischen Gelehrtensteinen her. Margret Boehm entdeckte bei der Vorbereitung zu dieser Schau in Weilers Atelier Probierpapiere – eigentlich Schmierpapiere, auf denen er Farben mischte und Pinsel abstreifte. Bei genauem Studium ließen sich spannende und bislang unbeachtete Arbeitsspuren erkennen, die neue Rückschlüsse auf Weilers Schaffen erlauben. Es kam zu Tage, dass Max Weiler diese Probierblätter als Vorlage für seine Werke verwendete.

Auch Günter Brus widmeten wir 1998 zu seinem sechzigsten Geburtstag eine Ausstellung im Schömer-Haus samt einem Katalog. Brus wurde 1938 in der Steiermark geboren und hatte, wie er selbst erzählte, im Mutterbauch die Vorgeschichte des Zweiten Weltkriegs miterlebt. In den 1960er-Jahren, als Brus, einer der wichtigsten Protagonisten des Wiener Aktionismus, in Erscheinung trat, waren die Lebensinhalte von Karlheinz und mir vom Aufbau des Unternehmens und der Familie bestimmt gewesen. Meine Zeit mit den Kindern war so kräftezehrend, dass ich froh war, wenn ich mich abends dem Klavier widmen konnte. So nahmen wir die Studentenunruhen und den Auftritt der aktionistischen Künstler nur peripher wahr. Wir waren noch weit von jener Kunst entfernt, die uns später in ihren Bann ziehen sollte. Später war die Beschäftigung mit den Arbeiten von Günter Brus dafür umso intensiver. Karlheinz und ich waren von der Brutalität und dem schonungslosen Bloßstellen von Tabus schockiert. Gleichzeitig wurden wir von den Zeichnungen geradezu magisch angezogen. Wir fühlten Widerstand und Unverständnis, aber auch Neugier und Interesse. Für die Arbeiten des Künstlers hatte Karlheinz schon früher als ich Verständnis gezeigt. Ich selbst konnte erst später einen wirklichen Zugang zu diesen Arbeiten finden.

Ende der 1970er-Jahre begannen wir Werke von Günter Brus intensiv sammeln. Wir sind stolz und dankbar, Hauptwerke aus nahezu allen Schaffensperioden zu besitzen. Darunter sind auch Werke, die er gemeinsam mit Arnulf Rainer erarbeitet hat. Seit 1987 präsentieren wir seine Kunst im Rahmen von ständig wechselnden Ausstellungen im Schömer-Haus. Für den Katalog seiner Geburtstagsausstellung verfasste Johanna Schwanberg, eine langjährige Kennerin seines Werks, kunsthistorische Querverbindungen und Erklärungen, die sie mit Bildmaterial zu einem Ganzen zusammenfügte. Sie versteht es, das komplizierte und doch sensible Wesen und Werk von Brus dem Leser nahezubringen. Seine Lebensgeschichte ist schwierig und kompliziert zugleich. In seinen Zeichnungen drückt er seine eigenen Leiden aus. Durch das persönliche Kennenlernen, das schließlich zu einer echten Freundschaft zu Günter und Anni Brus führte, ergaben sich tiefschürfende und anregende Gespräche, die sehr zum Verständ-

Günter und Anni Brus in unserem Wohnhaus, 1995

nis seines künstlerischen Werkes beigetragen haben. Wir sind neugierig, mit welchen spannenden Irritationen Günter Brus uns in Zukunft noch überraschen wird.

Anlässlich des 90. Geburtstags von Zoran Mušič zeigten wir im Dezember 1999 eine Ausstellung mit dem Titel: »Zoran Mušič: Eremit – Zeitzeuge – Philosoph«. Wir schätzen Mušič als einen der bedeutendsten Künstler des 20. Jahrhunderts. Er blieb zeit seines Lebens der figurativen Darstellung treu und verschloss sich gängigen Modetrends. Zoran Mušič, der 1909 in der damals noch österreichischen Stadt Görz geboren wurde, hatte ein bewegtes Leben, das ihn unter anderem nach Maribor, Wien, Prag, Madrid, Dalmatien und Venedig führte, wo er sich schließlich niederließ. Wegen seiner Kontakte zum antideutschen und antifaschistischen Widerstand wurde er im Zweiten Weltkrieg verhaftet und in das Konzentrationslager Dachau deportiert. In den letzten Wochen vor der Befreiung zeichnete Mušič heimlich seine KZ-Erlebnisse auf kleine Zettelchen. »Ein innerer Zwang drängte mich,

Im Palazzo von Zoran Mušič in Venedig, 1998

alles, aber auch jedes kleinste Detail zu zeichnen«, sagte er später. In den 1970er-Jahren entstand seine Bildserie »Wir sind nicht die letzten«, in der er seine KZ-Erfahrungen noch einmal thematisierte. Teile dieser Arbeiten wurden für ein Museum in Jerusalem angekauft, einige andere befinden sich in unserer Sammlung.

Wir hatten das große Glück, Zoran Mušič, der 2005 im hohen Alter starb, kennenzulernen. Es kam zu einigen beeindruckenden Begegnungen in seinem Atelier in Venedig, zuletzt im November 1998 zur Vorbereitung der Ausstellung im Schömer-Haus. Das mit ihm geführte Interview haben wir im Katalog abgedruckt und darin drei Schwerpunkte unserer Mušič-Sammlung dokumentiert: das Frühwerk mit den Pferdebildern und den kargen dalmatinischen Landschaftsdarstellungen, seine ergreifende Werkserie, in der er sich an seine Zeit im Konzentrationslager Dachau erinnert, und das von der menschlichen Figur bestimmte Spätwerk. Es war uns ein wichtiges Anliegen, dass diesem großen europäischen Künstler auch in unserem Lande eine gebührende Beachtung zuteilwurde.

Gäste im Schömer-Haus, Tante Hedy in der Mitte und
Traute Siedhoff links sitzend

Nur wenige Kilometer von uns entfernt steht das *Haus der Künstler* in Gugging, das von Leo Navratil, einem Psychiater und Neurologen, gegründet wurde. Die dort lebenden und geistig beeinträchtigten Künstler wurden von ihm gefördert und bis zu seiner Pensionierung betreut. Eine ganze Reihe von Patienten des damaligen Niederösterreichischen Landeskrankenhauses für Psychiatrie und Neurologie hatte Navratil ausgewählt, um in intensiven Gesprächen herauszufinden, welche Ausdrucksformen sie entwickeln können. Im Zuge dessen entstanden interessante Zeichnungen und Wortdarstellungen.

Es waren für uns beeindruckende Erlebnisse, Navratil und seine Gugginger Künstler in ihrem Haus zu besuchen. An den Wänden hingen ihre Bilder. Die Künstler selbst erlebten wir im Speisesaal teilweise interessiert, teils abwesend und ganz in sich versunken. Jeder dieser Männer hatte eine für uns geheimnisvolle Geschichte hinter sich, die in ihren Bildern zum Ausdruck kam. August Walla zum Beispiel, der seine Mutter abgöttisch liebte und mit ihr lange Jahre in einer Hütte nahe den Klosterneuburger Donau-Auen gelebt hatte. Er lud uns ein, in sein Zimmer im *Haus der Künstler* zu kommen. Wir hatten das Empfinden in ein dreidimensionales Bild einzutreten. Nicht nur die Decke und Wände waren bemalt, sondern auch der Kasten und die Eingangstür. Auf dem Bett lagen ein dickes Federbett und aufgetürmte Polster. Ein Tisch, zwei Sessel und ein Schrank bildeten die übrige Einrichtung, die mit farbigen Zeichen versehen waren. Bei ihm treten viele Chiffren und fremdartige Sprachen nebeneinander auf, und immer ist von Adolf Hitler, dem Teufel oder Gott sowie vom Kommunismus die Rede, was er in plakativen Buchstaben ins Bild setzt oder auf Gegenstände malt.

Dagegen war der Raum, den uns Johann Hauser zeigte und den er gemeinsam mit einem anderen Patienten bewohnte, geradezu penibel aufgeräumt. Auf einem Regal standen Flugzeuge, Panzer und anderes Spielzeug sorgfältig nebeneinander gereiht . Er liebte die Ordnung und lächelte stolz.

Johann Korec wiederum beschreibt seine Gefühle und Gedankengänge in schonungsloser Offenheit, indem er seine Sexualität zeichnet und in allen Details beschreibt. Ein beeindruckendes Phänomen ist auch Franz Kamlander, der mit seinen Kuhbildern eine Ikonografie schuf, die zum Symbol der Art Brut der Gugginger Künstler wurde.

Wir wurden zum Kaffee in den großen Gemeinschaftsraum gebeten. Eine Schar von Künstlern gesellte sich zu uns. Die Gugginger Dichter Ernst Herbeck und Edmund Mach lasen aus ihren Werken vor, und wir plauderten angeregt mit ihnen. Schließlich bekamen wir ein Buch geschenkt, das von den anwesenden Künstlern signiert wurde. Walla ließ es sich nicht nehmen, uns einen Engel mit Lockenpracht zu zeichnen. Uns wurde auch Johann Feilacher als Nachfolger von Leo Navratil vorgestellt. Mehr als alles andere beeindruckte mich an diesem Tag, wie Navratil mit den Künstlern kommunizierte. Wir durften ihn in sein Büro begleiten, wo Oswald Tschirtner von ihm aufgefordert wurde, auf kleinen Kärtchen etwas zu zeichnen. Lange Zeit geschah überhaupt nichts, dann fragte ihn der Arzt: »Hast du heute die Sonne gesehen?«

Plötzlich begann sein Gesicht zu leuchten, und er begann mit raschen Bewegungen eine Menschenreihe zu zeichnen, die sich vor der Sonne verbeugt.

Unsere Besuche im *Haus der Künstler* in Gugging, aber auch die inzwischen angewachsene Sammlung ihrer Werke bewogen uns, eine von einem Katalog begleitete Ausstellung im Schömer-Haus zu gestalten. Im Juni 1999 wurde sie eröffnet. Es war unser ausdrücklicher Wunsch, alle Künstler zur Vernissage einzuladen. Weil ich von dem gespannten Verhältnis zwischen Navratil und seinem Nachfolger Feilacher wusste, wollte ich auch beide Ärzte bei der Eröffnung dabei haben. Es war ein Glücksmoment für mich, als sich die beiden auf meine Bitte hin versöhnlich die Hände reichten.

Hermann Nitsch – über diesen Künstler ist in den Medien sehr oft geschrieben worden. Von den einen wird er angefeindet, von anderen mit euphorischen Jubelhymnen bedacht. Ich muss gestehen, Karl-

Johann Feilacher und Leo Navratil bei der Eröffnung der Ausstellung »Carom.!« der Gugginger Künstler, 1999

heinz hat viel früher als ich einen Zugang zu den Arbeiten von Nitsch gefunden, weil er alles Wissenswerte über ihn gelesen hat. Er hatte schon 1987 still und heimlich die ersten Werke von Nitsch gekauft. Im selben Jahr besuchte ich zweimal seine Malaktionen in der *Wiener Secession*, und gemeinsam mit Karlheinz besichtigte ich 1989 im *Museum des 20. Jahrhunderts* in Wien eine Nitsch-Retrospektive. Ich empfand Abscheu und Ekel gegenüber den mit Blut und Farbe übergossenen Bildern. Das sollte Kunst sein? Als ich dann in einer Ausstellungsvitrine Menstruationsrelikte liegen sah, verließ ich demonstrativ das Museum.

Ein Jahr später lud uns der Künstler in sein Schloss ins niederösterreichische Prinzendorf ein. Ich suchte und fand eine Ausrede. An meiner Stelle begleitete unsere jüngste Tochter Elisabeth meinen Mann. Nachher erzählten sie mir total begeistert von dem Besuch. Bei der nächsten Einladung bat ich unseren ältesten Sohn mit meinem Mann nach Prinzendorf zu fahren. Erst 1993 war ich für einen Besuch bereit. Hermann Nitsch und seine Frau Rita begrüßten uns freundlich. Ich erlebte eine Gastfreundschaft, die ich nicht erwartet hatte. Rita hatte in dem wunderbaren Ambiente des Schlosses ein köstliches Mittagessen vorbereitet. Der Tisch war mit Rosen aus dem Garten dekoriert; serviert wurde auf altem Porzellan, das ich besonders schätze. Nitsch selbst war so natürlich, freundlich, ja, liebevoll mir gegenüber, obwohl er wusste, dass ich seiner Kunst skeptisch gegenüberstand. Ich empfand es als ein gewaltiges Wagnis, mich ihm gegenüber zu öffnen. Aber diese Begegnung wurde zum Ausgangspunkt weiterer Zusammenkünfte mit tiefgründigen Gesprächen und Diskussionen. Immer mehr wurden mir für sein Gesamtkunstwerk Augen und Ohren geöffnet; auch die Geruchsnerven und der Geschmackssinn wurden angesprochen – alles im Leben wie auch in seiner Kunst hänge zusammen, meinte Nitsch. Ich bekam Lust, mich auf das Abenteuer einzulassen.

Drei Jahre später, am 26. Oktober 1996, kam es zu einer Malaktion von Hermann Nitsch im Schömer-Haus. Es war das aufregendste Ereignis, das je in diesem Haus stattgefunden hat. Die Vorbereitungen dazu hatten schon Wochen vorher begonnen. Es musste auch überlegt werden, wie ein reibungsloser Arbeitsbetrieb aufrechtzuerhalten und wie Wände und Böden zu schützen wären. Nitsch hatte damit Erfahrung und nannte uns eine Firma, die die Garantie für den absoluten Schutz des Gebäudes übernahm.

Unter dem Titel »Nitsch aus der Vogelperspektive: Schaumalen im Schömer-Haus« berichtete Brigitte Huck für die Tageszeitung »Der Standard« über die Malaktion. Ich könnte sie nicht besser beschreiben:

Ein sichtlich gut gelaunter Hermann Nitsch war am Nationalfeiertag im Schömer-Haus in Klosterneuburg an der Arbeit. Zur Durchführung gelangte die 38. Malaktion mit Musik des Meisters für sieben Bläser und Orgel, im Verhältnis also ein kleines Kammerorchester mit selbstgebautem Stierhorn – ein archaisch aussehendes Instrument, dem Eingeweihte Brülltöne entlockten. Das Prinzip ist seit der ersten Malaktion von 1960 unverändert. Malerei als Keimzelle der großen Aktionen des Orgien-Mysterien-Theaters, die »visuelle Grammatik der Aktion auf einer Bildfläche«, wie Nitsch selbst betont. Dies ist der Raum selbst – Boden und Wände sind mit Tüchern und Leinwänden bedeckt, die Methode ein Gießen und Schütten, ein Verstreichen mit Besen, ein Ausdrücken farbgetränkter Schwämme. Den ersten (immer blutigen) Maldurchgang führte Nitsch ohne Zuschauer durch, die Öffentlichkeit stieg erst beim roten Farbpigment ein. Der Innenraum war vorsorglich mit einer Papierlage, darüber mit Plastik verpackt, und vor Garderobe-Kolorierung warnten Flugblätter.

Nitsch geht immer mit mehreren Akteuren ans Werk, die ihm assistieren, Becher mit Farbe reichen oder barfuß über die nassen Farbflächen gehen und so die charakteristischen Detailstrukturen der Bilder erzeugen. Die Assoziation mit living sculptures, die in weißen Malerkitteln einer Choreographie folgen, war in Karlheinz Essls Hauptquartier besonders deutlich. Von den Rängen der Tesar-Rotunde konnte das Publikum dem Geschehen aus einer Overhead-Perspektive folgen und die außergewöhnliche rituelle Formalität des Schaumalens einmal von oben beobachten. Das Prozeßhafte und die Bewegung der Personen bleiben grundsätzlich der Methode des Theaters verpflichtet, die Ausgewogenheit zwischen Kontrolle und Zufall, das Fließen der Farbe, die eruptive Geste des Ausschüttens hingegen bestätigen Nitsch als großen informellen Maler. Was er nur ungern hört, geht es ihm doch nicht um Tachismus, sondern um sein Gesamtkunstwerk (...). Die Orchestrierung der Sinne, zu der neben Farbklang (die Einstudierung und den Orgelpart hatte Karlheinz Essl jun. übernommen) auch der Geruch (Terpentindämpfe bis unters Dach) gehört, wäre ohne den Genuss des Prinzendorfer Naturweins nicht vollkommen gewesen (...).

Im »Standard« nicht erwähnt wurde der riesige Vorhang, der das gesamte Stiegenhaus verdeckt hatte. Am Schluss der Aktion wurde vom höchsten Punkt erst Blut, dann die rote Farbe und zu guter Letzt ein Gemisch aus Rot mit Schwarz ganz langsam über das Leinen rinnen gelassen. Es war aufregend, dieses Geschehen zu beobachten. Ich war fasziniert von der Konzentration des Ereignisses. Unten in der Halle stand breitbeinig der Künstler selbst und dirigierte die Assistenten, die sich über die verhängte Brüstung beugten und die Farbe, die sie in Plastikkannen gefüllt hatten, bedächtig heruntertropfen ließen.

Tage danach hatte das Haus ein ganz eigenes Ambiente. Ich war begeistert. Nitsch hatte die geschütteten Leinwände teilweise an den Wänden über das ganze Haus verteilt und in der Eingangshalle auf den Boden gelegt. Darauf hatte er Holzschreine platziert, die mit Messgewändern behängt waren. Beim Stiegenaufgang und im gesamten Rund der Halle standen Metallkübel, die reichlich mit Chrysanthemen in Gelb und Weiß bestückt waren. Zum Schluss hatte man in der Mitte des Vorhangs eine Öffnung geschnitten, sodass die Stiege für alle, die im Gebäude zu arbeiten hatten, wieder zu benutzen war.

Aber eine Malaktion in einem lebendigen Bürohaus zuzulassen und deren Ergebnisse einige Monate zu präsentieren, war trotz der Schönheit, die ich jetzt empfand, eine Herausforderung. Anfangs hatte ich zu Nitsch gemeint, dass der Geruch des Blutes vielleicht störend sein

Hermann Nitsch bei seiner 38. Malaktion im Schömer-Haus, 1996

könnte. Daraufhin hatte er gelächelt: Ich müsse mir deshalb keine Sorgen machen. Da hatte er recht. Aber stattdessen war der Geruch des Terpentins intensiver und langanhaltender. Am ersten Arbeitstag nach der Aktion kam es zum Eklat. Kurz vor der Mittagspause verließ die gesamte Belegschaft das Gebäude. Wir ließen ordentlich durchlüften, aber es nützte nicht viel. Zwar kamen unsere Angestellten am nächsten Tag wieder zur Arbeit, aber sie suchten ein offenes Gespräch mit mir. Ich musste versprechen, eine solche Aktion hier nicht mehr zuzulassen.

Um unseren Mitarbeitern im Schömer-Haus die österreichische Gegenwartskunst näherzubringen, baten wir einmal den Kunsthistoriker Dieter Ronte, einen Vortrag zu halten. Gut die Hälfte unserer Angestellten nahm das Angebot an. Ich war angenehm überrascht. Ronte kam auf den Wiener Aktionismus zu sprechen. »Aber hatten diese Leute denn keine anderen Sorgen, als zu provozieren?«, fragte ein Zuhörer.

Der Kunsthistoriker hob daraufhin die gesellschaftlichen Umstände in den 1960er-Jahren hervor, in denen Vertreter einer damals jungen Generation sich gegenüber dem Establishment zur Wehr setzten. Unter Einsatz ihrer Person, ja ihrer Körper, hätten sie um neue Werte gekämpft. Hinter den Fassaden von Demokratie, vermeintlicher Unschuld und Sauberkeit tauchten plötzlich Blut, Sperma, Schmutz und andere wüste Dinge auf. Schon seinerzeit hatte das mehr als nur Unverständnis hervorgerufen. Die Boulevardpresse tobte geradezu und sprach angesichts einer aufsehenerregenden Aktion von Günter Brus und anderen Mitstreitern in einem Hörsaal der Universität Wien von der »Uni-Ferkelei« und einer »österreichischen Kulturrevolution«. Dieter Ronte kam ebenso auf andere Künstler zu sprechen, unter anderem auf Maria Lassnig. Ihr »Atlas« wurde von den Angestellten am ehesten verstanden – insbesondere, nachdem ich ihnen von meiner Beziehung zu diesem Bild erzählt hatte. Möglicherweise kann man mehr zum Verständnis für die Gegenwartskunst beitragen, wenn die Erklärungen persönlicher sind als akademische, kunsthistorische Ergüsse.

So irritierend das eine oder andere auf unsere Angestellten oder Besucher gewirkt haben mag – das Schömer-Haus war zu einem lebendigen Ort geworden. Der Disput gehört zum Leben dazu und fördert die Diskussion und das Hinterfragen von gewohnten Verhaltensmustern. Wenn ich nun in meinem Gästebuch lese und nach weiteren Highlights suche, so muss ich vieles überblättern, denn es hat eine große Anzahl von Events gegeben. Interessante Menschen haben das Haus besucht – unmöglich, hier alle und alles zu nennen. Auch nachdem wir 1999 das *Essl Museum* eröffnet hatten, blieb das Schömer-Haus ein Ort der Begegnung für Kunst, Künstler und Kunstinteressierte. Die jährlichen Ausstellungen im Schömer-Haus kuratiere ich seit einigen Jahren selbst. Ich wähle die Kunstwerke aus und bin beim Positionieren immer vor Ort. Dankbar bin ich den Mitarbeitern, die mich dabei unterstützen. Und weiterhin wollen wir für dieses Haus außergewöhnliche künstlerische Veranstaltungen konzipieren, für die wir übrigens nie Eintritt verlangen. Als Familie und Unternehmer empfinden wir es als unsere Aufgabe, die Kunst mit Menschen zu teilen, um sie zu motivieren, sich damit auseinanderzusetzen, gerade dann, wenn sie noch nicht in ihr Bewusstsein eingegangen ist. Schlussendlich sind im Schömer-Haus Wirtschaft und Kunst eine Symbiose eingegangen, die manchmal kontrovers ist, immer aber herausfordernd und inspirierend.

Neue Künstlerfreundschaften

Das Unternehmen bauMax expandierte – und auch unsere Sammlung wuchs und wuchs. Während Karlheinz durch die geschäftlichen Aktivitäten sehr beansprucht war, widmete ich mich intensiv den Kontakten mit jenen Künstlern, die schon in der Sammlung vertreten waren. Die Briefe (und inzwischen auch E-Mails), die wir miteinander ausgetauscht haben, sind so zahlreich, dass ich sie gar nicht zählen kann. So unvollständig das sein mag, über einige Künstlerpersönlichkeiten und meine Erlebnisse mit ihnen möchte ich hier doch noch berichten. Eine Vielzahl von Künstlerfreundschaften ist im Laufe der Jahre entstanden, die mir viel bedeuten. Es ist wunderbar, mit Künstlern bekannt oder sogar befreundet zu sein und in den Begegnungen mit ihnen über ihr Werk und ihre weiteren Pläne sprechen zu können. Ich empfinde es als ein Privileg und eine Ehre, Bewahrerin eines Teils ihres Lebenswerks zu sein.

Wenn Karlheinz sich Zeit nehmen konnte, waren wir gemeinsam bei Künstlern eingeladen. Bei diesen Treffen wurden wir wiederum auf Kunstschaffende aufmerksam gemacht, die noch nicht in unserer Sammlung vertreten waren und die wir kennenlernen wollten.

Schon über Kurt Moldovan hatten wir erstmals von Malern erfahren, die 1968 von Otto Breicha unter der Bezeichnung Gruppe der Wirklichkeiten in der *Wiener Secession* gemeinsam präsentiert worden waren und für Aufsehen gesorgt hatten. Sie galten als Vertreter eines gesellschafts- und sozialkritisch gefärbten Realismus – im Gegensatz zur damals international dominierenden unpolitischen, informellen Malerei. Die Gruppe der Wirklichkeiten hatte kein gemeinsames Konzept, stellte aber immer wieder gemeinsam aus. Otto Breicha meinte, es handle sich um eine Gruppe, die eigentlich keine sei. Wolfgang Herzig, Martha Jungwirth, Kurt Kocherscheidt, Peter Pongratz, Franz Ringel und Robert Zeppel-Sperl – mit ihnen standen und stehen wir, so weit sie noch am Leben sind, auch heute in engem Kontakt.

Schon Mitte der 1970er-Jahre erwarben wir erste Werke von Kurt Kocherscheidt und Franz Ringel. Es dauerte noch etwa zehn Jahre, bis wir die ersten Ankäufe von Kunstwerken der übrigen Künstler der Gruppe tätigten. Das Sammeln ging eben langsam, nur Schritt um Schritt voran, und es bedurfte Zeit und Muße, um sich neuen Künstlern zu nähern und ihr Werk verstehen zu lernen. Mitte der 1980er-Jahre sahen wir eine Ausstellung der Gruppe in Graz. Ich erinnere mich noch lebhaft daran, dass wir damals das erste Bild von Martha Jungwirth angekauft haben.

Während der Vernissage kam ich übrigens neben dem Bildhauer Alfred Hrdlicka zu sitzen, der eifrig dem Wein zusprach und unaufhörlich auf die Politiker schimpfte. Ich hatte damals noch keine Ahnung, dass ich einen Ausnahmekünstler neben mir hatte, der mit Gott und der Welt haderte und seinen ganzen Frust durch seine Kunst ausdrückte. Wie kaum einer seiner Zeitgenossen reflektierte er auf die politischen Verhältnisse des Landes.

Aber zurück zu Martha Jungwirth: Wir wollten nicht nur ein Gemälde von ihr mit nach Hause nehmen, sondern sie auch kennenlernen. Wir besuchten sie und ihren Ehemann Alfred Schmeller in ihrem Sommerhaus in Neumarkt an der Raab im Burgenland. Er war ein bekannter Kunsthistoriker und damals Direktor des *Museum des 20. Jahrhunderts* in Wien. Wir wurden von dem Paar in ihrem uralten Bauernhaus erwartet. Umgeben von dichtem Gebüsch, lugte nur das mit Stroh gedeckte Dach heraus; etwas Geheimnisvolles schien sich dahinter zu verbergen. Ein älterer Mann und eine damals relativ junge Frau hießen uns herzlich willkommen. Wir wurden in die Stube geführt, wo wir an einem großen Tisch Platz nahmen. Ich erinnere mich an etliche Flaschen Rotwein, die damals von ihnen geleert wurden, und an ein Gespräch über die österreichische Gegenwartskunst.

Später führte uns die Künstlerin in ihr Atelier, das sich als ergänzender Zubau an das alte Haus schmiegte. Dort sahen wir großformatige Aquarelle; teils lagen sie am Boden, manche waren eingerollt und an die Wand gelehnt, andere waren gerahmt und verglast. Ihr Anliegen ist es, offen und gestisch die Aquarellfarbe aufzutragen, wobei Farbflecke und Striche eine Beziehung miteinander eingehen. Jungwirth versteht es, Flecke gegen Linien auszuspielen und das Durchsichtige gegen das Dickflüssige zu setzen. Ihre Weltsicht äußert sich nicht im Fertigen, sondern im Bewegten und Instabilen – ein Gleichgewicht, welches sich durch eine höhere Ordnung ergibt. Sie ist eine Getriebene und sagte damals zu uns: »Wenn ich nicht malen kann, überwuchert mich die Realität.«

Jungwirth arbeitet stets an der Grenze zwischen abstrakter und gegenständlicher Malerei. Im Zentrum ihrer Malerei steht das Aquarell. Sie selbst meint dazu: »Viel Wasser soll auf großen Aquarellpapieren fließen! Es muss nicht kontrolliert gemalt werden. Ich muss mich vom Ergebnis überraschen lassen!«

Sie achtet nicht darauf, etwas im Bild zu verschönern, sondern lässt dem Zufall eine Chance. Ihre Ausdrucksweise der freien Malerei hat uns als Sammler bewegt, ja ergriffen, sodass wir im Laufe der Jahre eine stattliche Anzahl von Aquarellen, aber auch Ölgemälde in die Sammlung aufnahmen. Immer wieder wählten wir einzelne Arbeiten aus, die wir in Ausstellungen präsentierten. Über Jahre hinweg schenkte sie mir zur Weihnachtszeit Aquarelle, was etwas ganz Besonderes für mich bedeutete.

Wir waren betroffen, als wir im September 1990 vom Ableben Ihres Mannes hörten, den sie über alles geliebt hatte. Er war viele Jahre ihr treuer Begleiter und Förderer gewesen. Kurz darauf ließ sie ein neuer Schicksalsschlag verzweifeln, als ihr Hund starb. Untröstlich über diese beiden Ereignisse, bat sie mich, sie zu besuchen. Stille, traurige Stunden verbrachten wir in ihrer Wohnung in Wien und blätterten ihre Arbeiten durch. Ich versuchte, ihr nahe zu sein. Beim Abschied schenkte sie mir eine Federzeichnung ihres kleinen Hundes, den sie vor seinem Tod gemalt hatte. Aber auch fröhliche Stunden erlebten wir gemeinsam. Als ich sie im Jahre 1994 bat, mich nach meiner ersten Hüftoperation im Krankenhaus zu besuchen, zeigte ich ihr ein Hämatom, das sich von der Hüfte über mein ganzes Bein ausgebreitet hatte. So etwas kommt selten vor, aber ich war dieser Ausnahmefall. Ich sagte zu ihr: »Schau dir das an, das musst du malen, damit ich es nie vergesse! Außerdem sind das genau deine Farben!«

Sie lachte und brachte auch mich zum Schmunzeln. Nach Wochen, als ich wieder völlig gesund und springlebendig in ihr Atelier kam, zeigte sie mir etliche Arbeiten, die aus dieser Situation heraus entstanden waren. Eines dieser Aquarelle, immerhin 1,5 x 0,8 Meter groß, kaufte ich zur Erinnerung und ließ es rahmen. Eines Tages kam der damalige Präsident des Nationalrates und heutige Bundespräsident, Heinz Fischer, zu Besuch, um Werke unserer Sammlung für das Parlament auszuwählen. Karlheinz hatte einmal etwas vorlaut erklärt: »Wir leben am Ende des 20. Jahrhunderts und sollten uns mit der Gegenwartskunst auseinandersetzen. Werft die alten Schinken aus dem Parlament, wenn ihr moderne Politik betreiben wollt!«

Daraufhin hatte der Direktor des *Kunsthistorischen Museums* etwas pikiert gemeint: »Und ich bin derjenige, der sich mit diesen alten Schinken beschäftigt.«

Wie auch immer: Heinz Fischer wählte auch das Aquarell von Martha Jungwirth aus. Es wurde an prominenter Stelle aufgehängt. Meine Hüfte war also für einige Jahre im österreichischen Parlament präsent.

Ein anderes Mal halfen wir Martha Jungwirth beim Übersiedeln in das Atelier, das ihr an der Spittelauer Lände in Wien zur Verfügung gestellt wurde. Wir trugen Schachteln und Dosen mit Farben von einem Raum zum anderen. Von ihrem Fenster aus hatte sie einen wunderbaren Blick auf den Donaukanal und das von Hundertwasser gestaltete Fernwärmekraftwerk. Von hier aus malte sie eine Serie von Aquarellen, von denen wir sechs für die Sammlung aussuchten. Martha unternahm auch Reisen auf die indonesische Insel Bali. Das tropische Klima war für sie zwar schwer zu ertragen, aber die Flora und Fauna sowie die herrlichen Küstengebiete hatten sie immer wieder bewogen, ihre Künstlerfreunde, das Ehepaar Zeppel-Sperl, dort aufzusuchen. Sie reiste stets mit einer gewaltigen Rolle Aquarellpapier und kam mit Impressionen dieses Gebietes wieder nach Wien zurück. Sie erzählte uns nicht nur von einem Waran, der sie täglich besuchen gekommen war, sondern auch von den eigenartigen Schiffen, die sie von ihrer Hütte aus beobachten und malen hätte können. Eine Reihe von Blättern, die auf Reisen in diese Gegenden entstanden sind, ist ebenfalls bei uns gelandet.

Viele Jahre später baten wir den Künstler Albert Oehlen, einen Griff in den Fundus unserer Sammlung zu tun, um eine Ausstellung für das *Essl Museum* zusammenzustellen. Es sollte der Blick eines Künstlers auf unsere Sammlung sein. Obwohl eine Anzahl von wunderbaren Gemälden Oehlens in unserem Depot zu finden ist, verzichtete er auf seine eigenen wie auch auf die Werke seiner Malerfreunde. Er wollte vielmehr Bilder auswählen, die er einfach toll fand, um dabei Künstler und deren Malerei zu entdecken, die er noch nicht kannte und vorerst auch nicht definieren konnte. Dazu gehörte unter anderem Martha Jungwirth, deren expressive Bilder ihn überraschten, ja, begeisterten.

Martha Jungwirth und ich beim Übersiedeln ihres Ateliers, 1995

Franz Ringel lag mir seit einem persönlichen Treffen besonders am Herzen. Schon seit mehreren Jahren war er ein Favorit von Karlheinz gewesen. Ringel, der 2011 verstarb, war ein durch viele Tiefen seines Lebens Getriebener. Eine schwierige Kindheit und problematische Jugendjahre hatten dazu geführt, dass er revolutionären Ideen gegenüber aufgeschlossen war. Er löste sich von traditionellen Wertvorstellungen und stellte Autoritäten in Frage. Seine von sexuellen Freizügigkeiten strotzenden Bilder irritierten das Bürgertum in höchstem Maße. Ringels großformatige Tafelbilder wurden als obszön und anstößig empfunden. Auch bei mir waren sie lange Zeit auf Ablehnung gestoßen.

1976 hatte ich mit Karlheinz und den fünf Kindern das *20er Haus* in Wien besucht. Franz Ringel präsentierte seine erste große Einzelausstellung. Auch ein Film über sein Leben und seine Familie wurde gezeigt. Nicht nur, dass ich die provokanten Bilder Ringels nicht verstand – ich erlebte damals einen regelrechten Schock! Die unendlichen Nabelschnüre, die sich um den Körper schlangen, flößten mir entsetzliche Angst ein. Die Bilder spiegelten so viel Fremdes und möglicherweise Unbewusstes in mir. So etwas hatte ich zuvor weder gesehen noch hätte ich es mir in meiner Fantasie erdenken können. Mein Elternhaus, das mich so wohl behütet hatte, hätte so etwas nie zugelassen. Plötzlich aber stand da ein Mann mitsamt seinen Komplexen vor mir – ein Mann, der sich in seiner Arbeit entblößte und alle Schwierigkeiten, mit denen er zu kämpfen hatte, auf Papier brachte. Dabei überzeichnete er seine Probleme und zeigte sich schutzlos und nackt. Wiewohl die Arbeiten mich schockierten, faszinierten sie mich auch. Aber zunächst einmal verließ ich erschüttert die Ausstellung und verdrängte Ringel bis auf Weiteres aus meinen Gedanken.

Einige Zeit später brachte mir Karlheinz voll Stolz eine Pastellzeichnung von Franz Ringel, die er für unsere Sammlung erstanden hatte. Ich war damals so empört, dass ich Ringels Arbeit als »Scheidungsgrund« bezeichnete. Das Blatt verschwand in einer Mappe im Schreibtisch meines Mannes. Wieder einige Jahre später brachte mir Karlheinz erneut Aquarelle Ringels ins Haus, die er gemeinsam mit seinem Bruder erworben hatte. Ich verstand die Welt nicht mehr!

Schließlich aber lernte ich bei einer Ausstellungseröffnung im Schömer-Haus Franz Ringel persönlich kennen. Mir wurde ein kleiner unscheinbarer Mann vorgestellt, der mich traurig anblickte. In einer stillen Ecke des Hauses erzählte er mir von seinem komplizierten Leben, seiner Sehnsucht nach Mutterliebe und der fehlenden Geborgenheit, die er hatte erfahren müssen. Er erwähnte auch seine Pflegeeltern, die schon früh sein Talent zum Malen und Zeichnen erkannt und gefördert hatten. Sie hatten es möglich gemacht, dass er die Grazer Kunstgewerbeschule besuchen konnte und später in Wien an der Hochschule für angewandte Kunst bei Hans Knesl und an der Akademie für bildende Künste bei Albert Paris Gütersloh ausgebildet wurde. Seine weiteren Jahre waren durch zahlreiche Stipendien, Preise und Ausstellungstätigkeiten im In- und Ausland geprägt.

Mir fiel auf, dass der Künstler seine Signatur auf seinen Werken immer dann änderte, wenn eine neue Frau in sein Leben trat. Bis zum Jahr 1982 hatte er mit Franz Ringel signiert, später mit M. J. M. Ringel, und schließlich fügte er noch einen weiteren Buchstaben hinzu. Über den Selbstmord seiner Ehefrau Maria kam er nie hinweg, auch wenn ihn später andere Frauen begleiteten und sich seiner annahmen. Ringel selbst schrieb über sich: »Ich bin ein anständiger Maler. Mein Malvorgang ist nicht wüst. Ich male keine ungesund verknoteten Dickdärme, auch keine Zwitterwesen zwischen Zwerg und Astronaut. Ich stelle mich nicht selbst dar. Meine Bilder sind nicht unappetitlich. Meine Bilder sind keine Provokationen. Bei mir ist das Kunstwerk sichtlich das Produkt einer totalen Enthemmung.«

Franz Ringel zu Weihnachten bei uns zu Hause, 1993

Seit etwa dreißig Jahren werden wir von Wolfgang Herzig und seinen Gemälden begleitet. Von ihm hatten wir zunächst das Bild »Die Schaukel« gekauft. Dieses Gemälde erhielt bei unserer Eröffnungsausstellung im Schömer-Haus einen Ehrenplatz. Im Laufe der Zeit haben wir immer wieder außerordentliche Gemälde Herzigs unserer Sammlung hinzugefügt und in Ausstellungen gezeigt. Seine Malerei wirkt auf den Betrachter zuweilen sarkastisch und wurde anfangs oft als »entartet« diffamiert. Er thematisiert das bürgerliche Milieu und dessen Doppelmoral. Neben dem Inhaltlichen ist das Konzept der Malerei in Herzigs Bildern von Bedeutung, Figuren werden in eine komplizierte Linienkonstruktion eingespannt. Neben der harmonischen Farbgebung und dem raffinierten Wechsel zwischen Plastizität und Fläche entsteht ein Gleichklang. Seine Kompositionen sind meistens streng formal und ausgeklügelt konstruiert. Er überzeichnet Allegorien und ist in seinem Realismus sozialkritisch. Aktuelle Themen liegen ihm besonders am Herzen; er reißt sie nicht nur an, sondern behandelt sie gewissenhaft und ausfuhrlich. Um Figuren in die richtige Position zu bringen, erarbeitet er Vorstudien und nimmt sich Zeit bei der Entwicklung eines Bildes.

Peter Pongratz wiederum war überhaupt einer der Ersten, den wir in unsere Sammlung aufnahmen. Karlheinz hatte ihn schon 1975 kennengelernt. Meinen Mann faszinierte ein herausragendes Gemälde, in dem er einen Schnitt durch das Erdinnere zu erkennen glaubt. Kurioserweise betitelte Pongratz das Werk mit »Aus meinem Triebleben«.

Für Karlheinz und mich ist das Betrachten von Bildern ein spannender und intensiver Prozess, in dem wir lernen und uns bewegen lassen. Wir analysieren die Farbpalette und versuchen die oft rätselhaften Zeichen zu entschlüsseln. Doch das, was wir wahrnehmen, fühlen und denken, ist zuweilen unterschiedlich. Und für den Künstler kann die Bedeutung auch wieder eine andere sein als jene, die wir zu erkennen glauben.

Peter Pongratz hat übrigens stets Johann Hauser, den Art-Brut-Künstler aus Gugging, bewundert. Denn Hauser malte ohne Konvention. Pongratz war fasziniert davon, dass Menschen mit geistigen Beeinträchtigungen und ohne akademische Ausbildung so hervorragende Leistungen erbringen können. Pongratz wird auch von seinen Reisen inspiriert, die ihn gemeinsam mit seiner Frau unter anderem über Paris, Venedig, Neukaledonien bis zu den Fidschi-Inseln führten. Einen festen Platz hat er an der dalmatinischen Küste gefunden. Auch während des Jugoslawienkrieges kam Pongratz hierher. Damals entstand der Zyklus »Herz der Finsternis«, dessen Titel er der gleichnamigen Erzählung von Joseph Conrad entnahm. Die Schrecknisse des Balkankrieges inspirierten ihn zu dieser Serie von Gemälden. Politische Ereignisse waren und sind stets Themen seiner künstlerischen Auseinandersetzung. Wir begleiten den Künstler und sammeln seine Werke seit fast vierzig Jahren.

Insbesondere die Kunst von Peter Pongratz ließ uns erkennen, dass unsere Aufmerksamkeit, die bis dahin ausschließlich auf österreichische Künstler fokussiert war, zu kurz griff. Pongratz fühlte sich der CoBrA-Gruppe nahe. Sollten wir österreichische Kunst aus unserer Sammlung nicht in einen internationalen Kontext stellen? Wo gab und gibt es analoge Entwicklungen – oder auch nicht? So wandten wir uns ein wenig der CoBrA-Gruppe zu, die sich kurz nach dem Zweiten Weltkrieg um den dänischen Maler Asger Jorn zusammengefunden hatte. Wir konzentrierten uns auf die für uns Interessantesten: Neben Jorn waren das der Niederländer Karel Appel und der Belgier Pierre Alechinsky.

Eine verdichtete Malweise der expressionistischen Pinselführungen von Appel findet man ebenso bei Arnulf Rainers hektischen Malereien. In den Werken Alechinskys empfindet man eine impressionistische Lyrik wie in Max Weilers Gemälden. Aber zunächst blieb unser Fokus noch auf Künstler unseres Landes gerichtet.

Doch schon Dieter Ronte hatte uns am Ende seines Vortrags im Schömer-Haus mitgegeben: »Jetzt, wo die Berliner Mauer gefallen ist, sollten auch Sie über Ihre Mauer springen und sich mit internationaler Kunst auseinandersetzen!«

Die Sammlung überschreitet Grenzen

Mit der Eröffnung des Schömer-Hauses wurde immer bekannter, dass wir österreichische Gegenwartskunst, die von Museen vernachlässigt wurde, sammeln. Die Ausstellungen im Schömer-Haus machten unsere Sammlung einer breiteren Öffentlichkeit zugänglich. Eines Tages erschien der damalige Direktor des *Kunstforums* in Wien, Klaus Albrecht Schröder, mit seiner Kollegin Ingried Brugger in unserer Unternehmenszentrale. Sie sahen sich interessiert um und besichtigten mit uns das Depot. Dabei hatten sie die Idee für die Ausstellung »Das Jahrzehnt der Malerei. Österreich 1980 bis 1990« im *Kunstforum*. 1991 wurden damit erstmals Werke unserer Sammlung in Wien gezeigt, begleitet von einem repräsentativen Katalog.

Teile unserer Sammlung wurden nun zunehmend über die Grenzen des kleinen Klosterneuburgs hinaus präsentiert. Im Mai desselben Jahres fragte man bei mir an, ob ich Papierarbeiten von Rudolf Hradil für eine Ausstellung im Gymnasium Sacré Coeur in Pressbaum, westlich von Wien, zur Verfügung stellen wolle. Für unsere damaligen Verhältnisse – für die Sammlung hatten wir noch keine Angestellten – war das ein aufwendiges Unterfangen: Ein Mappenwerk mit vierzehn Radierungen, siebzehn Lithografien und neunundzwanzig Druckgrafiken musste gerahmt und im Schulgebäude aufgehängt werden. Ich sprach mit dem Direktor der Schule, kümmerte mich um die Produktion der Einladungskarten und legte selbst Hand an beim Hängen der Werke. Ein solches Projekt eigenständig durchzuziehen, war für mich neu, daher eine ungewöhnliche Herausforderung, die mir aber große Freude bereitete. Noch im selben Jahr folgten weitere Präsentationen. In der Benediktinerabtei Fiecht in Tirol beispielsweise zeigten wir eine Serie von Bildern der Künstler Arnulf Rainer, Günter Brus, Hermann Nitsch und Gottfried Helnwein – eine provokante Schau für ein Kloster, die auch Staub aufwirbelte.

Ein Jahr darauf, es war 1992, zeigten wir Exponate erstmals außerhalb Österreichs. Zunächst im *Museum der Schönen Künste* in Budapest. Dafür wurde auch ein eigener Katalog zusammengestellt. Für die Eröffnung der Schau, die auf der Ausstellung im Kunstforum basierte, ließen wir uns etwas Besonderes einfallen. Wir luden alle beteiligten Künstler ein, mit uns zu kommen. Ein Sonderzug, den wir organisiert hatten, brachte uns gemeinsam mit den Künstlerfreunden in die ungarische Hauptstadt. Für das Musikprogramm der Eröffnung war unser Sohn Heinz zuständig, der eigens Stücke dafür komponiert hatte. Das Fest endete mit einem großen ungarischen Abendessen. Alle österreichischen Künstler saßen an einem Tisch und verbrachten einen gemütlichen Abend miteinander; so manche Eifersucht zwischen ihnen war dabei vergessen.

Schließlich fand im selben Jahr in Manchester eine Ausstellung mit Gemälden unter dem Titel »Vienna: Expressionist Tendencies since 1945« statt, die der Maler Georg Eisler initiiert hatte. Wieso gerade

Rudolf Hradil bei der Ausstellungseröffnung in Pressbaum, 1992

Manchester? Als Sohn antifaschistischer Eltern beziehungsweise eines jüdischen Vaters – sein Vater war der berühmte Komponist Hanns Eisler, seine Mutter die Sängerin Charlotte Eisler – war Georg als achtjähriges Kind 1936 zunächst in die Sowjetunion und 1939 schließlich mit seiner Mutter nach England emigriert. In Manchester ging er zur Schule und studierte später an der Kunstakademie in Wien. In England machte er die Bekanntschaft mit Oskar Kokoschka und freundete sich mit ihm an. Wiewohl Georg Eisler bereits 1946 nach Wien zurückkehrte, hatten ihn die Jahre in Manchester stark geprägt. Seine Verbundenheit mit der Stadt, die seine Wahlheimat wurde, wollte er damit dokumentieren, dass er eine Österreich-Ausstellung mit Werken aus unserer Sammlung, ergänzt mit seinen eigenen Arbeiten, im *Salford Museum and Art Gallery* in Manchester zusammenstellte. Auf seine Einladung hin besuchten wir gemeinsam die Ausstellung in Manchester. Für ihn war es ein Blick zurück in seine Vergangenheit. Liebenswürdig, wie er war, führte er uns durch die Stadt, die als Wiege der Industrialisierung bezeichnet wird.

Unsere Sammlung fand immer mehr Beachtung und Anerkennung, was uns natürlich sehr freute. Wir empfanden uns schließlich als Botschafter der österreichischen Gegenwartskunst.

So wurden wir eingeladen, einen Teil unserer Sammlung in der *Fondation Vasarely Museum* in Aix-en-Provence zu zeigen. Anschließend ging diese Ausstellung auf Reisen. Länger als zwei Jahre mussten wir auf diese Werke verzichten. Die Stationen waren Laibach, Passau, Prag – und schließlich fünf Museen in den USA, die unsere Sammlung junger österreichischer Kunst präsentierten.

Die Freundschaft mit dem Kunsthistoriker, Kunstkritiker, Literaturwissenschaftler und Schriftsteller Wieland Schmied ist für uns von besonderer Bedeutung. Nicht nur, dass wir ihm und seiner Frau Erika menschlich nahestehen; er verstand es auch, uns noch tiefer in die österreichische und internationale Kunst einzuführen. Er war Präsident der Internationalen Sommerakademie Salzburg, und als solchen trafen wir ihn wiederholt bei den Salzburger Festspielen. Als wir uns in den 1980er-Jahren kennenlernten, war er Professor für Kunstgeschichte an der Akademie der bildenden Künste in München; dieser stand er auch fünf Jahre lang als Rektor vor. Als Direktor des Deutschen Akademischen Austauschdienstes organisierte er den Austausch von Studierenden und Wissenschaftlern und förderte junge Künstler. So war er ein vielbeschäftigter Mann, der eine Wohnung in Berlin, eine andere in München hatte. Schließlich hat er auch ein Bauernhaus im oberösterreichischen Vorchdorf als Familiensitz, in dem das Ehepaar seit seiner Pensionierung lebt!

Es vergeht kaum ein Sommer, in dem wir nicht beim Ehepaar Schmied in Oberösterreich vorbeisehen. An einem kleinen Fluss in einer idyllischen Landschaft liegt dieses alte Gehöft, das von Erika in ein Refugium verwandelt wurde. Als Highlight empfinde ich die ehemalige Scheune. Von außen sieht sie ganz ursprünglich aus und schmiegt sich wie eh und je an das Bauernhaus. Vor einigen Jahren ließ Erika eine Bibliothek hineinbauen, um die ich die beiden

Mit Wieland Schmied in seinem Garten, 2004

beneide. Hier ist genügend Platz für alle wissenschaftlichen Werke und Kataloge, die sich im Laufe von Wielands Leben angesammelt haben. Im zweistöckigen Vierkanthof, der über einen wunderschönen Innenhof verfügt, sind genügend Räume für die beiden Töchter und ihre Familien, die regelmäßig zu Besuch kommen. »Dann kann es recht dicht werden!«, meinte Erika einmal, worauf Wieland leise seufzend mit dem Kopf nickte.

Das spezielle Reich von Erika ist die große Küche – ganz so, wie ich es liebe. Neben der Küche steht ein großer Esstisch für die ganze Familie. Der gemütlichste Platz scheint mir aber der Garten zu sein. Unter einem großen Nussbaum, der Schatten spendet, steht fest verankert ein gewaltiger Tisch mit einer Steinplatte. Ich sehe, wie Erika Selbstgekochtes aus der Küche in den Garten bringt und strahlend vor uns steht. Ein Schluck Wein darf dabei nicht fehlen. Dieses Domizil ist eine kreative Oase. Der Sonnenschein und die blühenden Sträucher, die Blumen an der Wand des Hauses, die geheimen Plätzchen innerhalb des Gevierts bringen die Seele und den Geist zum Schwingen. Erika ist Fotografin; sie studierte Grafik und Kunstgeschichte in Hamburg und war mehr als dreißig Jahre Redakteurin und Artdirektorin der Reisezeitschrift »Merian«. Die Schmieds zählen zu den frühen Förderern des jungen Thomas Bernhard, mit dem sie eng befreundet waren. Nach dem Erwerb des Bauernhauses waren sie zu Nachbarn des Schriftstellers geworden, der in Ohlsdorf wohnte. Bernhard war bis zu seinem Tod im Jahre 1989 häufig zu Gast im Hause Schmied. Oft fotografierte ihn Erika. Eindrucksvolle Bildreportagen sind daraus entstanden, die in mehreren Ausstellungen gezeigt und in Kunstbüchern dokumentiert wurden.

Auf unsere enge Freundschaft mit Wieland Schmied ist zurückzuführen, dass wir mit ihm 1995 die Ausstellung »Malerei in Österreich 1945–1995« für das *Wiener Künstlerhaus* zusammenstellten. Er kannte und kennt unsere Sammlung sehr genau. Im Katalog zur Ausstellung im *Künstlerhaus* schrieb Wieland: »Wer die Kunstszene in den letzten vierzig Jahren beobachtet hat, konnte mitbekommen, wie die Malerei mindestens drei- oder viermal beerdigt wurde, ihren Tod aber stets in guter Kondition überlebt hat. In diesem Sinn möchte auch die Ausstellung der Essl Sammlung als ein kräftiges Lebenszeichen der Malerei verstanden werden!«

Mit dieser umfassenden Präsentation wurde erstmals das breite Spektrum österreichischer Malerei seit 1945 mit Werken aus den Beständen unserer Sammlung öffentlich gezeigt. Die unterschiedlichen Kunstrichtungen wurden in jeweils eigenen Sälen gruppiert. Maria Lassnig, Hermann Nitsch und Arnulf Rainer wurden spezielle Räume gewidmet. Für uns als Sammler war es einzigartig, diese Ausstellung an einem so bedeutenden Ort ausrichten zu können. Auch für die Künstler war es ein großartiges Ereignis, in einer so umfassenden Ausstellung der Öffentlichkeit präsentiert zu werden. So kamen die meisten in der Ausstellung vertretenen Künstler auch zur Eröffnung. In uns wurde der Wunsch, in Wien einen Ort zu finden, wo wir in Zukunft unsere Sammlung präsentieren könnten, immer größer.

Ja, wir überschritten zunehmend unsere gewohnten Grenzen. Immer mehr Werke aus unserer Sammlung wurden nun auch außerhalb Österreichs gezeigt. Zudem hatten wir uns endlich dazu durchgerungen, auch beim Sammeln von Kunstwerken über die Grenzen unseres Landes hinauszuschauen, um Werke internationaler Künstler den Österreichern gegenüberzustellen. Unser Verlangen, Neues zu erfahren und neue Künstler kennenzulernen, war groß. So besuchten Karlheinz und ich 1992 die »documenta IX« in Kassel – ein absoluter Höhepunkt und geradezu eine Offenbarung für mich. Deutlich in Erinnerung sind mir Bilder von Roy Lichtenstein, Tom Wesselmann, Max Beckmann, Andy Warhol, Yves Klein, Jean Dubuffet, Jan Fabre und Francis Bacon sowie ein Zyklus mit fünfzehn Arbeiten von Gerhard Richter. Erstmals stieß ich auf eine Videoarbeit von Bill Viola. Installationen von Franz West, Mario Merz, Thomas Schütte, Bruce Nauman und Claes Oldenburg waren ebenso zu sehen; auch eine Steinskulptur von Ulrich Rückriem ist mir noch deutlich in Erinnerung. Aber was für ein Erlebnis war es für mich, das größte Öko-Kunstwerk zu sehen, das Joseph Beuys hier hatte entstehen lassen. Auf der »documenta 1982« hatte Beuys, der 1986 starb, 7000 Eichen vor dem Fridericianum gepflanzt. Jedem Baum wurde eine Basaltsäule als

Schutz zur Seite gestellt. Mit seiner Kunst hatte Beuys versucht, den städtischen Raum nachhaltig lebenswerter zu machen.

Ein Jahr später, im Sommer 1993, schlenderten mein Mann und ich durch Venedig. In einem Museum sahen wir eine Präsentation Francis Bacons mit einigen seiner beeindruckenden Werke. Sie berührten uns seltsam. Wir fühlten, dass dieser Mann mit seinen Bildern etwas Außerordentliches sagen wollte. Im Moment war seine Kunst für uns noch ein schwer verständliches Rätsel. Er beschäftigte sich vorwiegend mit dem menschlichen Körper und zeigte seine Figuren in merkwürdigen Deformationen. Wir waren einerseits überfordert, andererseits erweckte diese Kunst in uns ein besonderes Interesse. Um uns dem Werk eines Francis Bacon anzunähern, mussten wir hinter seine Fassade sehen. Leider konnten wir keinen persönlichen Kontakt mehr mit ihm knüpfen, denn der 1909 in Dublin geborene Maler war bereits 1992 verstorben – also ein Jahr, bevor wir uns intensiv mit ihm zu beschäftigen begannen. Ich habe auch keine Ahnung, ob wir zu seinen Lebzeiten die Gelegenheit bekommen hätten, mit ihm in Kontakt zu treten und zu diskutieren. Wir hätten uns damals wahrscheinlich kaum in die Etablissements gewagt, die er besucht hatte. Bacon war für uns und viele andere ein Außenseiter.

Wie die Lebensgeschichte so vieler Künstler geht mir auch jene Bacons sehr nahe. Mit sechzehn Jahren wurde er sich seiner Homosexualität bewusst. Als sein strenger Vater dahinterkam, warf er ihn aus dem Haus. Unter der Obhut seines Onkels, der selbst in fragwürdig bezeichneten Kreisen verkehrte, lebte er eine Zeitlang in Berlin, übersiedelte dann nach Paris, wo er neben seiner Arbeit als Designer am künstlerischen Leben teilnahm. Als Autodidakt begann er Ölbilder zu malen. Immer wieder gab er sich seiner Spielleidenschaft und dem Alkohol hin. Zudem blieb eine Krankheit, an der viele Künstler leiden, auch ihm nicht erspart. Das intensive Arbeiten mit dem Verdünnungsmittel Terpentin schlug sich auf seine Lunge.

Die Bilder Francis Bacons erzählen keine Geschichte, sie ergeben keinen eindeutigen Sinn, weil die Elemente einer Erzählung fehlen. Seine dargestellten Figuren bewegen sich und bleiben gleichwohl auf der Stelle. Bacons Arbeiten sind Bewegungsstudien mit einer Abfolge von Körperstellungen, die übereinander geblendet werden. Oft sind seine Figuren in Käfige aus Stahlrohren eingepresst. Es gelang uns in der Folge, eine bedeutende Serie von drei großformatigen Radierungen für unsere Sammlung zu erwerben. Ein Jahr danach kauften wir noch ein kleines Selbstportrait. Aber dabei blieb es, denn die Werke Bacons, dem lange Zeit eine öffentliche Anerkennung verwehrt worden war, erreichten mittlerweile horrende Summen.

Damals war uns bereits klar, dass man Kunst kaufen soll, wenn sie entsteht. Wir haben uns daher entschieden, Künstler und ihre Werke zunächst eine Zeitlang zu beobachten und sie erst dann in unsere Sammlung aufzunehmen, wenn wir von der nachhaltigen Qualität überzeugt sind. Es ergibt sich gewöhnlich von selbst, dass uns später auch Frühwerke angeboten werden. Wir sammeln Arbeiten aus wichtigen Werkphasen, um Künstler unserer Sammlung möglichst umfassend darstellen zu können. Mit anderen Worten, unser Ziel ist es, in die Tiefe zu sammeln. Aber wie immer, so gibt es auch hier eine Ausnahme. Seit der Errichtung des *Essl Museums* zeigen wir in der Serie »Emerging Artists« Positionen junger Kunst. Hier bietet sich die Gelegenheit, einerseits Kunstwerke zu erwerben und andererseits junge Künstler zu fördern.

Doch wieder zurück in der Geschichte: Wir hatten nun also endgültig damit begonnen, internationale Kunst gezielt zu erwerben. Galeristen spielen beim Werden und Wachsen einer Sammlung eine wichtige Rolle. So hatte uns der Schweizer Kunstsammler und -händler Jan Krugier eingeladen, ihn in Genf zu besuchen. Krugier hatte uns nach der Besichtigung unserer Eröffnungsausstellung im Schömer-Haus empfohlen, uns verstärkt der internationalen Kunst zuzuwenden. Es war seine Galerie, in der wir erstmals mit den Werken von Zoran Mušič in Kontakt kamen. Krugier bereitete damals eine Retrospektive des Künstlers in Valencia vor. Aufgereiht und an die Wände gelehnt, standen bewegende Werke vor uns. Wir reservierten für die Sammlung einige der Hauptwerke, die Mušič seit den 1970er-Jahren geschaffen hatte. Gleich nach der Ausstellung in Spanien konnten wir sie erwerben.

In der Genfer Wohnung des Ehepaars Krugier lernten wir auch die aparte Madame Krugier mit ihrem Schoßhündchen kennen.

Jan Krugier war in erster Linie Sammler und erst dann Galerist. Persönlich hatte er eine bemerkenswerte Sammlung von Zeichnungen des 15. Jahrhunderts bis zur Gegenwart. Dabei handelte es sich um wahre Kostbarkeiten. Voll berechtigtem Stolz zeigte er uns ein Gemälde von Francis Bacon, nämlich eines aus seiner berühmten Papstserie, und einige Hauptwerke von Pablo Picasso und Alberto Giacometti.

Ein für uns wichtiger Galerist ist Thaddaeus Ropac. Ropac betreibt eine Galerie in Paris und eine in Salzburg. Er hatte uns vorgeschlagen, großformatige Kreuze in den Farben Rot, Gold, Blau und Schwarz von Robert Longo zu erwerben, die dieser für ein Projekt der Salzburger Festspiele angefertigt hatte. Diese befinden sich seither als Dauerleihgaben in der Eingangshalle des Großen Festspielhauses in Salzburg. Es war keine leichte Kaufentscheidung, denn der Preis war ziemlich hoch. Karlheinz hatte nicht im Entferntesten mit einer solchen Ausgabe gerechnet. Aber wir freuen uns jedes Mal, wenn wir im Sommer das Festspielhaus betreten. Es ist uns ein Bedürfnis, dem musikbegeisterten Publikum diese kraftvollen Kunstwerke näherzubringen. So sind diese Arbeiten Salzburg erhalten geblieben, sonst wären sie wahrscheinlich als Einzelstücke verkauft worden.

Zahlreiche international anerkannte Künstlerpersönlichkeiten werden durch Ropac vertreten. Während der Salzburger Festspielzeit lädt Ropac viele seiner Künstler und Kunstinteressierte aus aller Welt zu außerordentlichen, ja, traumhaft schönen Festen ein. Auch wir sind jährlich bei ihm zu Gast. Wie viele Künstler wir hier schon getroffen haben, kann ich gar nicht aufzählen: Georg Baselitz war darunter, auch Philip Taaffe, Jim Dine, Donald Baechler, Bettina Rheims, Peter Halley, Anne und Patrick Poirier, Anselm Kiefer, Jörg Immendorff und viele andere. Mit so manchen ist eine dauerhafte Freundschaft entstanden. Ropac versteht es, die richtigen Menschen zusammenzuführen und für sie eine angenehme und anregende Atmosphäre herbeizuzaubern. Für Sammler wie uns ist es ein unschätzbarer Dienst,

Karlheinz mit Thaddaeus Ropac in der Wiener Albertina, 2010

Künstler, Sammler und Museumsleute in einem solchen Ambiente zu treffen. Ropacs außergewöhnliche Events während der Festspielzeit in Salzburg finden in seinem Schloss Emslieb und dem dazugehörigen weitläufigen Park statt. Zu einem seiner Dinner eingeladen zu sein, im Schlosspark zu lustwandeln und sich mit Künstlern auszutauschen, gehört wohl zu meinen schönsten Erlebnissen in Salzburg. Vorher oder im Anschluss kann man sich nach Lust und Laune der jeweiligen Ausstellung in den Räumlichkeiten des Schlosses widmen und natürlich Kontakte knüpfen. Das ist wohl der eigentliche Hintergrund solcher Events. So mancher Sammler wird dabei zum Kauf motiviert. Ropac, der immer Zeit für seine Kunden findet, ist ein kunstbesessener Junggeselle mit Charme und Format.

Michael Werner ist ein weiterer Galerist, der für die Internationalisierung unserer Sammlung wichtig ist. Werners Galerie in Köln sieht von außen relativ bescheiden aus. Das Patrizierhaus mit der verschlossenen Tür wirkt wie ein Wohnhaus. Auch als Sammler muss man stets angemeldet sein. Nach dem Läuten meldet sich eine freundliche Dame an der Gegensprechanlage; erst dann öffnet sich das Tor. Von Werner werden Künstler vertreten, die in den 1960er-Jahren die deutsche Kunstszene geprägt haben. Wir haben von ihm im Laufe der Jahre wichtige Werke von Georg Baselitz, Jörg Immendorff, Markus Lüpertz, A. R. Penck und Sigmar Polke, aber auch von dem Dänen Per Kirkbey erworben.

Auch bei Michael Werner waren wir ofters zu Festen eingeladen. Eine Einladung ist mir noch deutlich in Erinnerung. Sie fand etwas außerhalb des Zentrums von Köln in einem Gebäude statt, wo der Galerist seine Kunstschätze lagert. Vieles scheint sich hier im Verborgenen abzuspielen. Im Erdgeschoss sind alle Gemälde fein säuberlich verpackt und werden in verschiedenen Abteilungen aufbewahrt. Daneben sind Kisten gestapelt, in denen Skulpturen verstaut werden. Leider konnte ich sie nicht sehen, denn nur kleine Abbildungen wiesen darauf hin, was sich in den Holzkisten befand. Ich wäre so neugierig gewesen, die Skulpturen in voller Größe vor mir zu sehen. Besagtes Fest fand um die Jahrtausendwende statt. Eine ansehnliche Schar von Sammlern war im Obergeschoss zusammengekommen. Präsentiert wurden Werke von Markus Lüpertz, der schon seit einiger Zeit in unserer Sammlung vertreten war. Gleich einem Fries waren fünfzehn Gemälde mit dem Titel »Monte Santo – Kreuzwegstationen« an den Wänden des Saals platziert. Wir waren sofort fasziniert von der Serie. Karlheinz konnte den köstlichen Gerichten, die mit so viel Liebe aufgetischt wurden, kaum zusprechen. Er war viel zu aufgeregt und überlegte den ganzen Abend. Das war für mich ungewöhnlich: Karlheinz sitzt still da und unterhält sich kaum! Schließlich verschwand er mit dem Galeristen und verhandelte über den Ankauf der gesamten Serie. In Gedanken hatte er schon einen Plan, wann und wo er die Kunstwerke zeigen wollte. An diesem Abend kauften wir auch ein großformatiges Hauptwerk von Georg Baselitz mit dem Titel »Melancholie«.

In unserem wachsenden Interesse für internationale Gegenwartskunst war Baselitz schon lange vorher einer jener Künstler gewesen, dem unser besonderes Interesse gegolten hatte. In seiner expressiven Malweise konnten wir Parallelen zu Schiele und Kokoschka erkennen.

Für uns war und ist seine künstlerische Ausdrucksweise Malerei pur – mit kräftigen Pinselstrichen aufgetragen, vielschichtig und rätselhaft zugleich. Er verlässt gesichertes Terrain, es interessieren ihn Grenzfälle der Kunst. Seine Idee, die Motive seiner Bilder auf den Kopf zu stellen, verwirrte uns vorerst. Es dauerte eine Weile, bis wir begriffen, was er damit erreichen wollte: gewohnte Sehweisen in Frage stellen und dem gemalten Gegenstand eine neue Bedeutung beimessen. Die Arbeiten befinden sich in einem Zwischenbereich von Figuration und Abstraktion.

Nachdem wir bereits einige Bilder von ihm erworben hatten, war es unser Wunsch, den Maler persönlich kennenzulernen. Das erste Zusammentreffen fand Mitte der 1990er-Jahre in Salzburg statt. Im Laufe der Jahre und weiterer Begegnungen entwickelte sich eine Freundschaft, die uns tiefe Einblicke in sein Werk ermöglichen. Einen bleibenden Eindruck haben die Besuche in seinem damaligen Domizil – im Schloss Derneburg bei Hannover – hinterlassen. Hier lebte er viele Jahre gemeinsam mit seiner Frau Elke, die ihm seit seinen frühen Künstlerjahren als treue Weggefährtin zur Seite steht. Sie war die Seele des Schlosses, das in weitläufigen Fluchten und Raumfolgen nicht nur als Wohnung, sondern auch als Ort für Baselitz' bedeutende Sammlung diente, die er über Jahrzehnte zusammengetragen hatte. Sie beinhaltet Werke von Künstlerkollegen, die er schätzt und verehrt, beispielsweise Andy Warhol. Im weitläufigen Schlosspark ließ Baselitz ein modernes zweigeschoßiges Atelierhaus errichten. Hier habe ich gemeinsam mit meinem Mann die Entstehung seiner großen Holzskulptur »Meine neue Mütze« mitverfolgen können.

Wir schätzen Baselitz und seine Werke so sehr, dass wir ihm später in unserem neuen Museum eine eigene Ausstellung widmeten.

Mein Tischnachbar an besagtem Abend in Köln war Jörg Immendorff. Ich freute mich, ihn wiederzusehen. Aber er kam mir sehr still vor, was sonst bei ihm nie der Fall. Plötzlich brach er sein Schweigen und erzählte mir erstmals von seiner sich anbahnenden schweren Krankheit, die ihn jahrelang schwer belasten und schließlich zu seinem viel zu frühen Tod führen sollte. In den späten Bildern machte er seine Krankheit zum Thema. Es entstanden herzergreifende Werke, die die gesamte Not und Traurigkeit, bis hin zur Todesangst dokumentieren. Damals jedoch nahm ich seine Aussage nicht so ernst und versuchte ihn aufzumuntern. Er solle doch daran glauben, dass die Medizin ihm helfen würde. Jetzt weiß ich, dass er damals bereits sehr genau um den unheilbaren Verlauf seiner Krankheit wusste.

Ich muss weit ausholen, denn Jörg Immendorff, diese bedeutende Künstlerpersönlichkeit, hätte mir nie sein Herz ausgeschüttet, wenn wir nicht Freunde gewesen wären. Seit 1993 hatten wir seine Werke gesammelt. Anfang der 1990er-Jahre waren wir Immendorff zum ersten Mal begegnet. In der legendären Wiener *Galerie Kurt Kalb* war eine Ausstellung arrangiert und ein Abendessen zu Ehren des Künstlers ausgerichtet worden. Dieses Treffen war der Beginn einer wunderbaren langen Freundschaft. Bei dem Abendessen waren Karlheinz und ich unmittelbare Tischnachbarn von Immendorff. Über seine Biografie war ich einigermaßen informiert; vor allem wusste ich um seine intensive Beziehung zu seinem Lehrer Joseph Beuys. Auch wenn sie sich später entfremdeten – es war vor allem Beuys, der Immendorff zu einem politischen Künstler gemacht hatte. Jörg Immendorff war von der Idee beseelt, dass Künstler die Gesellschaft nachhaltig verändern könnten und sogar die Verpflichtung hätten – und zwar in Richtung einer kommunistischen Gesellschaftsordnung. Immendorff verstand sich auch als Maoist, der Mao Zedong als Intellektuellen und Literaten sehr schätzte.

Unser erstes Zusammentreffen in der Wiener Galerie fand kurz nach dem Fall der Berliner Mauer und dem Zusammenbruch des Kommunismus in Osteuropa statt. Nachdem Immendorff stets sehr offensiv, ja, radikal seine Meinungen vertreten hatte, hielt es Karlheinz nun für angebracht, ihm ebenso direkt jene Fragen zu stellen, die unter seinen Nägeln brannten: Wie er sich denn nach dem Zusammenbruch seines Weltbildes fühle und damit zurande komme? Daraus entspann sich ein offener, tiefgreifender Dialog zwischen den beiden, der sich über den gesamten Abend hinzog. Ich selbst war an dem Gespräch interessiert und lauschte aufmerksam, während sich die übrige Tischgesellschaft mit Smalltalk amüsierte. Auf Immendorffs

Jörg Immendorff und ich in seinem Düsseldorfer Atelier vor dem noch unfertigen Gemälde »In meinem Salon ist Österreich«, 1996

Frage nach unserem Weltbild erläuterten wir unser protestantisches Selbstverständnis – mit all seinen praktischen Auswirkungen auf die Gestaltung unseres privaten, gesellschaftlichen und wirtschaftlichen Lebens. Immendorff war über unser offenes Bekenntnis überrascht, nicht zuletzt wohl deshalb, weil tiefgreifende religiös-philosophische Diskussionen in solchem Rahmen eher ungewöhnlich sind.

Mitte der 1990er-Jahre sahen wir Immendorff in Salzburg während der Festspielzeit wieder. Karlheinz und ich hatten einige Freunde und Bekannte zum Schlosswirt in Anif zum Dinner eingeladen – darunter auch Betty Freeman, die Grande Dame der jungen Musikszene in Los Angeles, die ich schon einige Jahre vorher in Wien kennengelernt hatte, weil sie sich für unsere Kunstaktivitäten interessierte. Wir verbrachten gemeinsam einen vergnüglichen Sommerabend. Als eine lautstarke Männerrunde neben uns Platz nahm, konnten wir kein Wort mehr voneinander verstehen. Und wie es die Art meines Mannes ist, wurde nicht lange überlegt. Er forderte Immendorff auf anzupacken, um den Tisch gemeinsam mit ihm in den Gastgarten zu tragen. Fürs Erste war der Künstler etwas konsterniert. Noch nie hatte man ein solches Ansinnen an ihn gestellt. Aber schließlich amüsierte er sich darüber so sehr, dass er diese Szene später in einer Bildserie integrierte, die er für uns malte. Der Gesprächsstoff an diesem Abend ging uns nicht aus. Wir erzählten auch von unserer inzwischen entstandenen Idee, Teile unserer Sammlung in das in Planung befindliche Wiener *MuseumsQuartier* zu integrieren. Wir sprachen über die unerquicklichen und teilweise frustrierenden Diskussionen, die es in diesem Zusammenhang gab. Immendorff ermutigte uns, konsequent und unerschrocken unseren eigenen Weg zu gehen und uns nicht politisch korrumpieren zu lassen.

Seine jahrelangen Beziehungen zu österreichischen Künstlern, und letztlich auch zu uns, brachten ihn auch auf die Idee, ein Gemälde analog seiner Bildserie »Café Deutschland« für uns zu malen. Es sollte den Titel »Österreichbild« tragen. Immendorff fragte mich aber an diesem Abend: »Was lesen Sie gerade?« Ich antwortete: »›In meinem Salon ist Österreich‹. Es ist die Lebensgeschichte der Berta Zuckerkandl-Szeps, die eine bemerkenswerte Persönlichkeit der Wiener

Gesellschaft aus dem 19. Jahrhundert war und die mich fasziniert.« Plötzlich erhellte sich sein Gesicht freudig. »Das ist ja ein idealer Titel!«, rief er aus.

Nach einer sehr intensiven Zusammenarbeit zwischen dem Künstler und uns als Sammler legte Immendorff eine Serie von Skizzen vor, in deren Zentrum ein großes Gemälde, das als Triptychon konzipiert wurde, mit dem Titel »In meinem Salon ist Österreich« stehen sollte. Dargestellt ist das Sammlerehepaar Essl als Gastgeber einer Künstlerrunde im Stil des Salons von Berta Zuckerkandl-Szeps. Zu sehen sind neben einigen Mitgliedern unserer Familie auch österreichische Künstler wie Maria Lassnig, Josef Mikl, Arnulf Rainer, Otto Mühl, Günter Brus, Hermann Nitsch, Franz Ringel, der Schriftsteller H. C. Artmann und der Museumsdirektor Lóránd Hegyi sowie Martin Luther King als Symbol für die protestantische Tradition unserer Familie. Immendorff selbst hat sich oftmals als Affe dargestellt, der auf der Rückenlehne meines Stuhles wie ein lachender Dämon sitzt. Eine Serie kleiner Gemälde widmet sich der Beziehung des Künstlers zu meinem Mann und mir und dem damals noch utopisch erscheinenden Projekt eines eigenen privaten Museums. Es entstand eine Reihe von Vorzeichnungen und Studien, die er uns nach der Einweihung des *Essl Museums* und der Präsentation des Werkes anlässlich der Eröffnungsausstellung »The First View« übergab.

Der Bilderzyklus »In meinem Salon ist Österreich« samt Vorzeichnungen und Studien war 2008, ein Jahr nach dem Tod Immendorffs, das Herzstück einer Ausstellung im *Essl Museum*. Wir widmeten sie dem Künstler mit inniger Verbundenheit und Dankbarkeit »in memoriam«. Doch jetzt bin ich der Zeit voraus. Noch war eine Präsentation unserer Sammlung in einem eigenen Haus mehr Vision als Realität.

Besondere Reisen in Sachen Kunst

Unsere Kinder waren inzwischen nicht nur größer geworden, sondern hatten zunehmend das heimatliche und familiäre Nest verlassen. Damit begann für mich eine Zeit, in der ich einer meiner großen Leidenschaften wieder nachgehen konnte: dem Reisen. Bis zum heutigen Tag reise ich geradezu enthusiastisch und ausgiebig. Die Begegnungen mit der Geschichte und Kultur von Ländern und Landstrichen, die Erfahrungen mit Menschen und Kunst, die ich auf den Reisen gemacht habe, sind aus meinem Leben nicht mehr wegzudenken. Eigentlich könnte ich ein eigenes Reisebuch schreiben. Hier kann ich aber nur über einige jener Reisen in den 1990er-Jahren berichten, die für mich ganz besonders waren, weil sie für mich neue Kunst- und Kulturwelten eröffneten.

Israel

Am 9. Juni 1993 hielt der damalige österreichische Bundeskanzler Franz Vranitzky in der Hebräischen Universität in Jerusalem eine historische Rede: »Ja, es gab in der Zeit des Nationalsozialismus unter den Österreichern zahlreiche Opfer, aber auch Widerstandskämpfer. Die Opfer waren zum überwiegenden Teil jüdische Mitbürger. Doch viele Österreicher gliederten sich in die Nazi-Maschinerie ein, stiegen in ihr auf und gehörten zu den brutalsten und scheußlichsten Übeltätern.«

Dieses Eingestehen der Mitschuld des österreichischen Volkes an der Shoah war längst fällig gewesen. Karlheinz und ich hatten die Ehre, den Bundeskanzler nach Israel zu begleiten. Wir wurden zu Zeugen dieser historischen Rede. Es war unser erster und zugleich ein unvergesslicher Aufenthalt in diesem facettenreichen Land.

Ein wichtiger Eindruck war zum Beispiel unser Besuch von Yad Vashem. Diese nationale Gedenkstätte auf dem »Berg der Erinnerungen« im Westen Jerusalems erinnert an die nationalsozialistische Verfolgung und Ermordung der Juden. Bäume säumen den Zugang zum Memorial – gepflanzt zu Ehren jener Menschen, die unter Gefährdung ihres eigenen Lebens versucht haben, Juden zu retten. Im zentralen Gebäude der Gedenkstätte befindet sich die Halle der Erinnerungen: ein schlichter Bau aus Betonmauern, innen und außen mit Steinen verkleidet und mit einer zeltartigen Dachkonstruktion versehen. Im unterirdischen Gewölbe flackert eine Vielzahl von Gedenkkerzen, die Besucher entzündet haben. Auf dem Fußboden aus schwarzem Basalt sind die Namen der nationalsozialistischen Vernichtungslager eingemeißelt. In der Mitte der Halle, auf einem Sockel platziert, ruht eine Schale mit der Ewigen Flamme, die jeden der Eintretenden andächtig verharren lässt. In der »Halle der Namen« finden sich an den Wänden, von der Decke bis zum Boden, die unzähligen Namen der Ermordeten. Karlheinz und ich suchten und fanden so manche Persönlichkeit. Wir, die wir nur aus Erzählungen von den Grausamkeiten der Nazizeit wussten, fühlten uns beklommen. Nach dem Besuch von Yad Vashem brauchte es eine Weile, bis unsere Betroffenheit ein wenig nachließ und wir wieder in den Alltag zurückfinden konnten.

Eindringliche Erlebnisse auf dieser Israelreise gab es für mich viele. So waren wir Gäste bei offiziellen Empfängen. Ich erinnere mich an die persönlichen Gespräche mit dem legendären Jerusalemer Bürgermeister Teddy Kollek, der in Wien aufgewachsen war, und an die zu Herzen gehenden Ausführungen von Shimon Peres. Sehr beeindruckend war unsere Begegnung mit dem damaligen israelischen Ministerpräsident Jitzchak Rabin. Bei einem privaten Abendessen im kleinen Kreis, zu dem uns das Ehepaar Helen und Peter Landesmann eingeladen hatte, saßen Karlheinz und ich Rabin gegenüber. Mein Mann stellte ihm viele Fragen, die er geduldig beantwortete. Rabin war eine außerordentliche Persönlichkeit. Er strebte eine von gegenseitigem Respekt getragene Entwicklung zwischen Palästinensern und Israelis an. Rabins visionären Plänen wurde zwei Jahre später bei einem Mordanschlag durch einen israelischen Fundamentalisten ein jähes Ende gesetzt.

Karlheinz im Gespräch mit dem israelischen Ministerpräsidenten Jitzchak Rabin, 1993

Seit diesem Attentat ist diese Region nie mehr zur Ruhe gekommen und momentan vom Frieden wohl weiter entfernt als je zuvor. Dieses Thema beschäftigte uns über lange Zeit so sehr, dass wir uns Jahre später dazu entschlossen, das Thema in einer Ausstellung im *Essl Museum* aufzuarbeiten. Ein Angebot der Kuratoren Friedemann Derschmidt und Karin Schneider war dafür der entscheidende Auslöser gewesen. Über weite Strecken sah es so aus, als ob dieses Projekt nicht zustande kommen würde, denn wir wollten israelische und palästinensische Künstler gleichwertig in der Ausstellung präsentieren. Politische Interventionen von beiden Seiten ließen ein behutsames Vorgehen ratsam erscheinen. 2008 war es endlich so weit; und der Zufall wollte es, dass die Ausstellung mit dem Titel »Overlapping Voices« genau mit dem 60. Jahrestag der Staatsgründung Israels zusammenfiel. Unsere Hoffnung war es, mit der Ausstellung tiefgehende Einblicke in die künstlerische, politische und ethnische Situation dieser Region zu ermöglichen.

Dass Kunst und Kultur verbindende Elemente von politischen,

ethnischen und religiösen Gegensätzen sein können, hatten wir bereits auf unserer Israelreise im Österreichischen Hospiz erlebt, das sich mitten in der Altstadt von Jerusalem befindet. Konzerte, Ausstellungen und Vorträge finden hier als Dialog zwischen Kulturen und Religionen statt. Israelische wie palästinensische, jüdische, muslimische wie christliche Künstler präsentieren hier ihre Werke.

Nachdem die Mitglieder der österreichischen Regierung zurück nach Wien gefahren waren, blieben wir noch einige Tage im Land, um es besser kennenzulernen. Einerseits ist Israel ein sehr modernes Land mit einer aufgeschlossenen Gesellschaft. Andererseits kann man, so finde ich, nirgendwo in der Welt Spiritualität so intensiv erleben wie in Israel. Zwei Weltreligionen, das Judentum und das Christentum, sind in diesem Lande entstanden, und für den Islam ist die al-Aqsa-Moschee in Jerusalem eines der drei wichtigsten Heiligtümer. Und all diese Religionen sind in sich wiederum vielfältig. So war unsere Synagogentour am Sabbat in Mea Shearim, dem orthodoxen Stadtviertel von Jerusalem, gerade deshalb ein so besonderes Erlebnis, weil wir unterschiedliche jüdische Traditionen kennenlernten – allein in einer Straße stehen vier verschiedene Synagogen. In jedem dieser jüdischen Gotteshäuser wird ein eigenes Ritual gepflegt und gelebt. Als private Gäste des österreichischen Generalkonsuls Isaac Molho durften wir auch die Sabbatfeier in einer orthodoxen jüdischen Familie miterleben.

Natürlich besuchten wir auch die Klagemauer, den heiligsten Ort der Juden, den Tempelberg mit Felsendom und die al-Aqsa-Moschee wie auch die Grabeskirche, vor der wir mit unzähligen anderen Christen auf Einlass warteten. Beim Eingang zur Grabeskirche saß ein alter Mann. Sein Gesicht war braungebrannt und sein Kopf war mit einem Tuch beinahe gänzlich verhüllt. Er sah allen Eintretenden nach. Mir schien es, als ob er hier kontrollieren würde, andererseits wirkte er wie ein Bettler, der sich neben dem Eingang hingekauert hatte. Schließlich erzählte uns ein deutschsprechender Pilger die Geschichte dieses Mannes: Es handelte sich um den sogenannten Schlüsselwächter, dessen Aufgabe es sei, das Kirchentor pünktlich zu öffnen und zu schließen und auch für Ruhe und Ordnung zu sorgen. Gerade in diesem Gotteshaus dürfe es zwischen den verschiedenen christlichen Glaubensrichtungen nicht zu Unstimmigkeiten kommen. Dieser Dienst werde innerhalb einer Familie über viele Generationen hinweg vom Vater zum Sohn weitervererbt. Freilich waren wir sehr erstaunt, dass die Protestanten hier nicht zu den christlichen Kirchen gezählt werden. Sie müssen ihre Gottesdienste in einer eigenen Kirche, der sogenannten Erlöserkirche, abhalten.

Wir verließen Jerusalem und fuhren an militärischen Checkpoints, an denen wir genauen Kontrollen unterworfen wurden, ebenso vorbei wie an biblischen und religiösen Stätten. Wir besuchten unter anderem die Ausgrabungen von Qumran. Dort hatte man vor noch nicht allzu langer Zeit die ältesten Handschriften des Alten Testaments gefunden. Auch der uralten Festung Masada, die sich auf einem Felsenplateau befindet, statteten wir einen Besuch ab. Von hier aus ließen wir unseren Blick in die Weite schweifen. Tief unten lagen das Tote Meer und die endlose Wüste. Die Temperatur erreichte vierzig Grad, und wir lechzten nach Wasser.

Schließlich trafen wir auch bekannte Gesichter. Arik Brauer und

Karlheinz und Helen Landesmann mit Arik Brauer in Ein Hod, 1993

seine Ehefrau Naomi hatten Karlheinz und mich in ihr Haus im Künstlerdorf Ein Hod eingeladen. Sofort wurde uns ein köstlich kühler Trunk angeboten und ein typisch israelischer Snack serviert. Wie schon so oft in Wien durften wir auch hier ihre sprichwörtliche Gastfreundschaft erleben. Arik nahm seine Gitarre zur Hand und sang uns einige seiner Lieder vor. Nachdem wir uns erfrischt und gestärkt hatten, führte uns Naomi durchs Haus, das mit kostbarem orientalischem Nippes, Ariks Bildern sowie Möbelstücken des Wiener Jugendstiles ausgestattet war. Fast meinte ich, in ihrem Wiener Haus zu sein. Beim Abschied brach mir Naomi von ihrem Lorbeerbaum einen Zweig ab.

Die Begeisterung für die Gegenwartskunst ließ Karlheinz und mich auch in Israel nicht los. Wir hatten uns vorher erkundigt, wo wir entsprechende Sammlungen finden könnten. So besuchten wir das *Israel Museum* in Jerusalem und die private Kollektion der *Israel Phoenix Assurance* in Tel Aviv, die mit Gemälden israelischer Künstler ausgestattet ist. So wie im Schömer-Haus lebten und arbeiteten auch hier die Angestellten mit inspirierenden Bildern an den Wänden.

Ein ganz besonderes Erlebnis war es, den Kibbuz Ein Harod Ihud im Norden des Landes zu besuchen. Dieser Landstrich war jahrhundertelang vernachlässigt worden, bevor die ersten jüdischen Einwanderer im Jahre 1921 kamen. Die Siedler machten das Land urbar. Heute finden sich hier Haine für Zitrusfrüchte, Obstplantagen und andere fruchtbare Felder. Im Kibbuz entstanden auch eine Schule, eine Kunstakademie und das Kunstmuseum *Mishkan Le'Omanut*, das israelische Gegenwartskunst beherbergt. Von der Direktorin Galia Bar-Or wurden wir durch die vielfältige Sammlung geführt. Auch die Depoträume nahmen wir in Augenschein. Die Arbeiten, die wir hier sahen, bewegten mich. Wohl nur in Israel konnten Kunstwerke mit einer solchen Ausdrucksweise und Intensität entstehen. Die Kulturgeschichte des Landes stand als Pate hinter jedem dieser Werke. Die früh gesammelten Bilder beschäftigten sich hauptsächlich mit religiösen Themen, später reihten sich abstrakte Gemälde hinzu. Schließlich wurden auch Skulpturen, Fotografien und Installationen gesammelt.

Im großen Speisesaal des Kibbuz, wo wir bewirtet wurden, erfuhren wir von dessen Besonderheit: Die Bewohner vieler Kibbuzim wohnen in familiengerechten Häusern, gekocht wird aber in einer Großküche, und jeder kommt zum Essen in das Speisehaus. Da bei unserem Besuch die Mittagszeit längst vorüber war, saßen wir ziemlich alleine an einem der langen Tische. Schließlich hörten wir lautes Kichern und Lachen. Einige Mädchen waren aus der Schule gekommen. Sie deponierten in unserer unmittelbaren Nähe ihre Schultaschen und holten sich von der Theke ihre Mahlzeit.

Wieder daheim in Klosterneuburg hängte ich den Lorbeerzweig von Naomi Brauer an mein Küchenfenster. Er sollte mich noch viele Jahre an unsere erste Israelreise erinnern, während der ich eine große Verbundenheit zu Land und Menschen entwickelt hatte.

Kunstreise in die USA

Mitte der 1990er-Jahre entschloss ich mich, zum ersten Mal seit unserer Heirat eine große Reise ohne Karlheinz zu unternehmen, der wegen dringender geschäftlicher Termine verhindert war. Die Gesellschaft der Freunde der bildenden Künste in Wien, deren Mitglieder wir sind, hatte zu einer Reise zu Museen und Sammlern in die USA eingeladen.

Einige Wochen nach der Malaktion von Hermann Nitsch im Schömer-Haus saß ich im Flugzeug über dem Atlantik und stieß mit den Fotos, die während der Aktion von Heinz Cibulka gemacht worden waren, bei den anderen Mitreisenden auf große Resonanz. Lóránd Hegyi, damals Direktor des Wiener *Museums für Moderne Kunst*, war der wissenschaftliche Leiter der Kunstreise. Für die Betreuung der Reisegruppe war, wie immer, Sylvia Eisenburger zuständig, die mit ihrem Charme und ihrer Energie für unser aller Wohlbefinden sorgte. In den kommenden Tagen sollte ich die amerikanische Gegenwartskunst in einer schier unglaublichen Dichte kennenlernen.

Unsere Besichtigungstour begann in Washington. Schon auf unserer ersten Station – in der *National Gallery of Art* – wurde ich mit grundsätzlichen Fragen konfrontiert. Hegyi erklärte die Zusammenhänge zwischen alter und moderner Kunst. Wir standen oft lange Zeit vor einem einzigen Gemälde, betrachteten den Aufbau eines Bildes, die Malweise und diskutierten über die Intentionen und Aussagen des Künstlers. Unser Kunstexperte verstand es, einen roten Faden vom Mittelalter bis zur Gegenwartskunst zu ziehen. Je weiter wir in die Moderne überwechselten, desto aufmerksamer wurde ich. Die verschiedenen Kunstrichtungen hatten sich sternförmig auseinanderentwickelt und sich in immer kürzeren Abständen verästelt. Einige Künstler schlossen sich zu Gruppen zusammen, die sich wechselseitig befruchteten oder aber einander feindlich begegneten. Mich faszinierte es, wie hier mit Gegenüberstellungen gearbeitet wurde. Es war lehrreich für mich, zu sehen, wie Ausstellungen konzipiert werden. Man kann entweder die Retrospektive eines einzigen Künstlers, vom Beginn seiner künstlerischen Laufbahn bis zu seinem Ende beziehungsweise bis zur Gegenwart, gestalten. Dabei kommt seine spezielle Handschrift und Ausdruckskraft deutlich zum Vorschein. Oder eine Schau wird unter ein Thema gestellt und einzelne Arbeiten von Künstlern werden einander gegenübergestellt. Gerade durch das Vergleichen der Werke lernte ich genauer hinzusehen, Unterschiede wahrzunehmen und auf Wesentliches zu achten.

Mit faszinierenden Gegenüberstellungen wurde ich insbesondere in der Gemäldegalerie des *Hirshhorn Museum* konfrontiert. Highlights der europäischen Malerei, wie Pablo Picasso, Francis Bacon, Salvador Dalí, Piet Mondrian und viele andere, waren hier neben Werken amerikanischer Künstler präsent. Die Gegenüberstellung zu Georgia O'Keeffe, Jasper Johns, Hans Hofmann, Ellsworth Kelly, Mark Rothko, Jackson Pollock, Cy Twombly, Andy Warhol und Barnett Newman hinterließen bei mir einen tiefen Eindruck. Von vielen Künstlern hatte ich vorher noch nie etwas gesehen; nun berührten mich ihre Werke. Wie interessant müsste eine Gegenüberstellung mit österreichischen Künstlern sein, dachte ich damals! Ich wurde immer mehr darin bestärkt, dass wir in Zukunft österreichische Kunst gemeinsam mit internationaler in Verbindung bringen sollten.

Unser Programm war dicht gedrängt. In Washington statteten wir noch der *Phillips Collection* und dem *National Museum of American Art* einen Besuch ab. Zu meiner großen Freude entdeckte ich hier einen Künstler, dem wir in der New Yorker Galerie von Virginia Zabriskie vor unendlich langer Zeit, nämlich vor damals über dreißig Jahren, eine Einzelausstellung gewidmet hatten: Lester Johnson. Er war anno dazumal der erste Künstler gewesen, der mich, als ich ihn persönlich kennenlernen durfte, zur abstrakten Kunst geführt hatte.

Nach vier Tagen Washington flogen wir nach Houston, Texas. Als wir in der Abenddämmerung am Flughafen landeten, war die Neugierde groß, was uns hier alles erwarten würde. Bohrtürme in einer unendlichen Wüstenlandschaft? Nun, unser Autobusfahrer, der uns ins Hotel bringen sollte, erkannte offensichtlich unseren Wissensdurst. Statt uns auf dem schnellsten Weg die Möglichkeit einer frühen Nachtruhe zu verschaffen, fuhr er zweimal um die gesamte Stadt herum. Es war ein toller Eindruck, eine moderne amerikanische Hochburg der Finanzwelt zu umrunden, die im hellen Licht erstrahlte. Bald erkannten wir aber, dass der geschäftstüchtige Chauffeur nicht für uns den Umweg machte, sondern nur Meilen sammeln wollte.

Am nächsten Tag wurden wir zuallererst in die *Menil Collection* geführt, die sicher zu den großartigsten Sammlungen der USA gehört. Sie liegt etwas außerhalb der Stadt, in einer der typischen Villengegenden mit niedrigen Häusern inmitten von parkähnlichen Gartenanlagen. Das Ehepaar Dominique und John de Ménil sammelte damals bereits seit vierzig Jahren internationale Kunst und ließ in dem weitläufigen Areal etliche architektonisch interessante Gebäude bauen. Deutlich merkte ich die starke Beziehung der Kunstsammler zu den von ihnen erworbenen Kunstwerken. Und sie wussten sie zu präsentieren! Das Museum selbst war von Renzo Piano gebaut worden, dem international anerkannten Architekten, der bei der Planung des *Centre Pompidou* in Paris mitgewirkt hatte. Für ihn war es besonders wichtig, seine Gebäude mit natürlichem und künstlichem Licht gleichwertig auszustatten, sodass man kaum einen Unterschied bei der Beleuchtung der Kunstwerke feststellen kann. Wahrlich, er verstand es, die

Bilder ins rechte Licht zu rücken. Von Renzo Piano ließ das Ehepaar allein für die Werke des berühmten Künstlers Cy Twombly ein eigenes Museum errichten. Twomblys Arbeiten erinnern an Chiffren, die er über die gesamte Malfläche ohne Konzept anordnet. Wie Tagebuchaufzeichnungen muten seine wirren Zeichen an, die hingekritzelt eigentlich nichts bedeuten. Sie ähneln Zeichnungen und Notizen, die unbewusst beim Telefonieren aufs Papier gebracht werden. In der *Menil Collection* beeindruckten mich zum ersten Mal auch Werke des berühmten Willem de Kooning. Seine abstrakten Gemälde erinnerten mich in der Farbigkeit an Martha Jungwirths dünnlasierte Aquarellmalereien. De Kooning war Hauptvertreter des abstrakten Expressionismus und gilt neben Jackson Pollock als Wegbereiter des Action-Paintings.

In Houston befindet sich auch die berühmte *Rothko Chapel*, ein ungewöhnliches achteckiges Gotteshaus, das mit vierzehn Werken des Künstlers Mark Rothko ausgestattet ist. Vor dem Haupteingang der Kapelle wurde die Skulptur »Broken Obelisk« von Barnett Newman in einem Wasserbecken installiert. Man sieht die eigenartige Form dieser Säule gleich ein zweites Mal, durch die Spiegelung im Wasser. Ein unvergesslicher Anblick! Wir besuchten auch noch den Museumsbezirk: das *Museum of Fine Arts*, das *Contemporary Arts Museum* und den Skulpturengarten. Skulpturen sind in den USA ein großes Thema. Wenn ich an unsere beschränkten Platzverhältnisse denke, ist mir völlig klar, warum wir uns bisher vorwiegend auf Gemälde spezialisiert haben.

Bevor es nach Dallas weiterging, suchten wir an einem Abend noch ein typisch texanisches Restaurant auf. Der Busfahrer hatte uns das Trail Dust Steak House empfohlen. Gleich beim Eintritt schnitt man den männlichen Besuchern die Krawatten ab, womit die Holzwände des Restaurants geschmückt wurden. Hier wurden die besten Steaks serviert, die ich je gegessen habe. Sylvia Eisenburger ist eine recht fidele und unternehmungslustige Dame. Als sie hörte, dass in diesem Lokal zu Westernmusik getanzt werden kann, beschwor sie die Herren aus unserer Gruppe, mit ihr zu tanzen. Doch dazu hatte nach dem ziemlich anstrengenden Tag zunächst keiner Lust. Hinter meinem

Rücken saß ein älteres texanisches Ehepaar, das, sobald die Musik zu spielen anfing, mit großem Vergnügen auf die Tanzfläche trat und ausgelassen tanzte. Da ich auch Sylvia den Spaß gönnen wollte, fragte ich den Texaner ganz ungeniert, ob er ein Tänzchen mit ihr wagen würde. Im ersten Moment war seine Frau ob meines Ansinnens etwas konsterniert. Als ich aber erklärte, dass wir aus Wien kämen und uns hier so wohlfühlten, forderte der Cowboy die verblüffte Sylvia zum Tanz auf. Anschließend bekamen fast alle Mitreisenden Lust auf Bewegung – und der Abend endete im fröhlichen Durcheinander.

In Dallas erwartete uns eine junge, riesige Stadt mit unwahrscheinlich hohen Skyscrapern. Die weltbesten Architekten haben hier geplant und gebaut. Das imposante Opernhaus zum Beispiel geht auf die Pläne von I. M. Pei zurück. Mir ist dieses Gebäude auch durch die Lichteinfälle und die eigenwilligen Schattenwirkungen im Inneren in Erinnerung. In der Oper selbst war eigens für uns ein Musikprogramm mit Werken von Dvořák, Prokofiew und Mussorgski zusammengestellt worden. Hier wurden wir auch von der ehemaligen US-Botschafterin in Österreich, Swanee Hunt, erwartet, die über sehr gute Kontakte zu unserer Gesellschaft verfügte. Mrs. Hunt hatte freundlicherweise alle Einladungen in Dallas organisiert. Sie öffnete uns die Tore ihrer Heimatstadt.

Swanee Hunt ist übrigens eine bemerkenswerte Frau. Ihr Vater war ein strenger Patriarch und Ölmagnat, der nach dem Zweiten Weltkrieg als reichster Mann der Welt galt. Nach dem Tod des Vaters gründete sie mit dem geerbten Geld unter anderem die Organisation »Women Waging Peace« (»Frauen kämpfen für den Frieden«) und war später Direktorin des »Women and Public Policy Program« an der Kennedy School of Government in Harvard. In ihrer Zeit als US-Botschafterin in Wien engagierte sie sich insbesondere für die vielen bosnischen Frauen, die im Zuge der Jugoslawienkriege schrecklichen Machenschaften und Erniedrigungen ausgesetzt waren; sie holte auch viele bedrohte Frauen aus der Konfliktregion.

Das riesige Hochhaus der Hunt Oil Company liegt nur unweit vom Opernhaus entfernt. Es überragt weithin alle anderen Gebäude.

Zur Mittagszeit erwarteten uns im obersten Stockwerk ein herrlicher Blick über die ganze Stadt und ein reichhaltiges Buffet, das uns ein Kellner in Cowboykleidung kredenzte. Am Fuße des Hunt-Gebäudes liegt der berühmte Fountain Place, eine Wasserlandschaft, die sprudelnd über einen künstlichen Hügel fällt – ein Kunstwerk nach japanischem Vorbild. Auch hier war I. M. Pei der Schöpfer.

Wenige Schritte von der Hunt Oil Company entfernt liegt das *Dallas Museum of Art*. Wieder war ich verblüfft von der klaren Linienführung der Architektur des Bauwerks, das von Richard Meier geplant worden war. Die Großzügigkeit des Museums beeindruckte mich enorm. Teilweise liegen die Ausstellungssäle im Untergeschoss; man hat hier aber nie das Gefühl von Enge. Die Konstruktion des Hauses ist der Lage angepasst. Das Museum liegt in einer Hügellandschaft. Wenn man das Gebäude betritt, geht man etliche Stufen ins Untergeschoss und durch den unterirdischen breiten und langen Korridor, der einer Rampe gleicht, bis zum Ende des Gebäudes. Dort ist man auf Straßenniveau beim unteren Eingang angelangt. Die raffinierte Lösung, mit dem Niveau-Unterschied umzugehen, führte zu einem fulminanten Ergebnis. Der Korridor ist bestückt mit riesigen Plastiken und Skulpturen. Die prominenten Werke von Claes Oldenburg und Jean Arp kommen hier in dieser Weite wunderbar zur Geltung und sind mir noch lebhaft in Erinnerung.

Unsere nächste Station in Dallas war die Sammlung von Howard Rachofsky, der sich ebenfalls von Richard Meier ein Wohnhaus planen ließ, das zu einem Markenzeichen seiner Architektur wurde. Meier musste auf die persönlichen Wünsche eines alleinstehenden Herrn, der aber ein gesellschaftliches Leben führt und ein begeisterter Sammler von Gegenwartskunst ist, Rücksicht nehmen. Vorherrschend in der Villa sind klare Formen und Lichteinfälle, die die Kunstwerke, mit denen er sich umgibt, ins rechte Licht setzen. Wir durften das gerade erst fertiggestellte Haus betreten: Vom Eingangsbereich ging es über alle offiziellen Räume bis zur Küche und zu allen Nebenräumen. Uns wurde auch das Obergeschoss mit den Schlafräumen, den Badezimmern und der Garderobe gezeigt, nicht zu vergessen ein Gymnastikraum mit allen erdenklichen Geräten. Das Haus war vielleicht erst seit einer Woche bewohnt. Das erkannten wir, weil in der Garderobe etwa fünfzig frischgebügelte Hemden an Haken hingen, daneben Anzüge und Hosen; die Pullover waren sorgfältig gefaltet und lagen nach Farben geordnet bereit. Nicht einmal auf eine Auswahl von Krawatten war vergessen worden, und auch eine große Anzahl von Schuhen stand frischgeputzt in einem dafür vorgesehenen Raum. Einige hilfreiche Damen und Herren in schwarz-weißer Uniform begleiteten uns bei der Führung durch das Haus und gaben Antworten auf unsere neugierigen Fragen.

Frappierend für mich war, wie dominant die Kunst in allen Räumen vertreten war. Da gab es riesige Gemälde an den Wänden, daneben Skulpturen und Installationen, Fotos und auch kleine Zeichnungen, die wir in schmalen Gängen ohne natürliche Beleuchtung bewundern konnten. Im Gymnastikraum der Villa wurde uns eine Installation gezeigt, die eines der diffizilsten Kunstwerke enthielt, die es überhaupt gibt. Es handelte sich um die Skulptur eines Kopfes, die der Künstler Marc Quinn gestaltet hatte. Er hatte sich über längere Zeit sein eigenes Blut abzapfen lassen. Daraufhin fertigte er die Negativform seines Kopfes an und füllte sie mit seinem Blut. Dieser Kopf wurde tiefgekühlt in einem Glasbehälter präsentiert, der über einem speziellen Gefrierschrank montiert war und für eine konstante Kühlung sorgte. Lange standen wir vor diesem Kunstwerk mit dem Titel »Self« und waren beeindruckt. Jahre später erfuhr ich, dass eine Hausangestellte irrtümlich den Stecker des Kühlgerätes gezogen hatte. Das Blut taute auf, das Kunstwerk zerrann und war für alle Zeiten vernichtet.

Auch der Außenbereich der Rachofsky-Villa war beeindruckend; er glich einer großzügig angelegten Parklandschaft, die von Wasserläufen durchzogen war. Mit Sträuchern und Bäumen, denen noch die Möglichkeit zum Wachsen und Entwickeln gegeben war, hauchte man Leben in das Areal, in das Skulpturen hineingesetzt worden waren. Man meinte, sie wären schon immer hier gestanden; man hätte keinen idealeren Platz für sie finden können. Im hinteren Teil des Gartens, von außen nicht einsehbar, lag ein Schwimmbad mit einem Bade- und Umkleidehaus, das mit einer Partyküche und Abstellräumen kombiniert war. Hier wurden wir mit Getränken und einem Imbiss verwöhnt. Uns war es erlaubt, uns durch das private Baujuwel frei zu bewegen. Alles durften wir anschauen. Von der Großzügigkeit des Besitzers waren wir überrascht. Ich denke nicht, dass es in Österreich eine solche Offenheit fremden Gästen gegenüber gibt. Natürlich hätte ich Howard Rachofsky auch gerne persönlich kennengelernt. Aber nach diesem Besuch konnte ich erahnen, wie dieser Mann aussieht, wie er sich im Haus bewegt und welche Vorlieben er hat. Ich sah ihn quasi vor mir, wie er sich ein Buch aus seiner Bibliothek nimmt, um darin zu lesen, und an seinem Schreibtisch sitzt. Er muss Ähnlichkeiten mit Karlheinz haben, dachte ich.

In Fort Worth, der Nachbarstadt von Dallas, waren wir in der Residenz von Ray Nasher eingeladen. In einer parkähnlichen Umgebung liegt dieser Bungalow, der von innen nach außen gebaut wurde. Beinahe von jedem Raum aus ist es möglich, in den Garten zu treten, in dem sich zwischen Bäumen, Sträuchern und Blumenrabatten zahlreiche Skulpturen befinden. Man hat das Gefühl, im Freien zu wohnen. Wir wurden von einer Dame empfangen, die sich als die Kuratorin der Sammlung vorstellte und uns vom Sammlerehepaar und dessen Leidenschaft für die Kunst erzählte. Das Haus selbst war mit einer Unmenge von Kunstwerken ausgestattet. Auch hier hatten wir die Freiheit, in jedes Zimmer zu blicken, auch in die Schlafräume und Bäder.

Zusammen mit seiner Ehefrau Patsy hatte Ray Nasher vor allem eine beträchtliche Zahl an Skulpturen gesammelt; darunter waren Werke von Auguste Rodin, Pablo Picasso, Alexander Calder, Henri Matisse und Henry Moore. In den Gartenbereichen waren enorme Plastiken von Jean Dubuffet so aufgestellt, dass man sie umgehen konnte. Die Kuratorin erzählte uns, dass Mr. Nasher die Skulpturen täglich besuchte und aufs Genaueste betrachtete. Und jeden Tag würde er Neues an ihnen entdecken. Auch diesen Sammler hätte ich liebend gerne kennengelernt. Jahre später konnte ich ihn tatsächlich gemeinsam mit Karlheinz in der privaten Atmosphäre dieses Hauses zu einem persönlichen Gespräch treffen.

Nach mehreren unvergesslichen Tagen in Texas traten wir einen Flug an die Ostküste an. Endlich hatte mich mein geliebtes New York wieder! Wir logierten in einem Hotel in der Park Avenue, das nur einen Häuserblock von der Galerie von Virginia Zabriskie entfernt war. Ich hege ja geradezu heimatliche Gefühle für diese Metropole. Damals suchte ich die verschiedenen Orte meiner Erinnerung auf. Tante Emily war inzwischen verstorben und Tante Alice nach Kanada gezogen. Aber etliche Male ging ich an jenem Gebäude vorüber, in dem ich mehrere Monate in den Jahren 1958 und 1959 gewohnt hatte. Und dann kam der große Augenblick: Ich wagte es, bei Virginia Zabriskie anzurufen. Sie erkannte mich sofort an meiner Stimme und bat mich in die Galerie zu kommen. Es ist schon ein eigenes Gefühl, einen Menschen nach so vielen Jahren wiederzusehen. Zwar hatten Karlheinz und ich sie und ihre Galerie ungefähr zehn Jahre zuvor besucht. Doch zu dieser Zeit waren wir noch kleine Sammler. Damals war es Virginia Zabriskie gesundheitlich ziemlich schlecht gegangen. Ihre beiden Hände waren gelähmt und ihr Kehlkopf war verändert – eine ungewöhnliche Krankheit, mit der sie jahrelang zu kämpfen hatte. Die Lähmung besserte sich, jedoch ihre Stimme blieb so beeinträchtigt, dass sie sich nur schwer verständlich machen konnte. Ihre Vitalität und positive Ausstrahlung verlor sie aber nie.

Als ich die Galerie betrat, begrüßte mich zunächst ihr Direktor. Ich betrachtete die Werke von Man Ray, die sie momentan im Programm hatte. Man Ray: der Universalkünstler, der sich vor allem mit Fotografie beschäftigte. Hier sah ich aber Objekte, die eine andere Seite von ihm zeigten und Ähnlichkeiten mit den Arbeiten von Marcel Duchamp hatten. Die beiden waren eng befreundet gewesen. Und während der Direktor mir die komplizierten Gedankengänge Man Rays erklärte, stand plötzlich Mrs. Zabriskie vor mir. Es war mir, als ob wir uns erst vor einer Woche gesehen und gesprochen hätten.

Sie lud mich zu sich nach Hause zum Abendessen ein, das sie selbst für mich und weitere sechs Gäste aus der Kunstszene zubereitete. Ich musste erzählen, wie sich mein Leben entwickelt hatte. Ich zeigte auch die Mappe mit den Fotos der Nitsch-Aktion im Schömer-Haus. Den Künstler Nitsch kannte man natürlich in diesem Kreis, aber alle waren

Zu Hause bei der Galeristin Virginia Zabriskie (zweite von rechts), 1996

erstaunt über die Bilder, die so deutlich zeigten, was sich während der Aktion abgespielt hatte. Wir frischten auch alte Erinnerungen auf. Ich erinnerte mich noch genau an Abraham Walkowitz, der beinahe erblindet vor seinen Bildern gestanden und sie mir liebevoll erklärt hatte. Ich sprach über die Einladungen, die ich hatte versenden müssen, und wie schwer es mir gefallen war, die Kuverts zu beschriften, weil ich Mrs. Zabriskies Handschrift kaum hatte entziffern können. Und ihr ehemaliger Kompagnon, der mich immer mit der feinen Lindt-Schokolade verwöhnt hatte! Es war ein unterhaltsamer, sehr fröhlicher Abend.

Bevor ich die Heimreise nach Österreich antrat, besuchte ich noch unsere Tochter Gudrun in San Diego. Auch ihr Bruder Martin stieß von einer Geschäftsreise hinzu. Für mich als Mutter war es ein wunderbares Gefühl, mit zwei Erwachsenen, die aber doch meine Kinder sind, einige intensive Tage erleben zu können.

Kulturreisen auf die Iberische Halbinsel

1998 flatterte erneut eine Einladung der Gesellschaft der Freunde der bildenden Künste in unser Haus. Diesmal sollte es nach Nordspanien gehen: von Bilbao bis Santiago de Compostela. Mich reizte der Jakobsweg mit seinen mittelalterlichen Stationen. Freilich sollten wir die meiste Zeit nicht zu Fuß, sondern mit dem Bus unterwegs sein. Außerdem standen einige Museumsbesuche auf dem Programm. Wieder war Karlheinz wegen geschäftlicher Verpflichtungen unabkömmlich. So überlegte ich mir, wen ich noch auf diese Reise mitnehmen könnte. Sofort dachte ich an Gabriele Bösch, die mir seit einigen Jahren in der Sammlung zur Seite stand. Optisch hatte sie eine Ähnlichkeit mit unserer Tochter Gudrun. Beide zeichnete das gleiche Lächeln aus. Es freute mich, dass ich Gabriele Bösch schnell von der gemeinsamen Reise überzeugen konnte.

Unsere erste Station war Bilbao – ursprünglich eine mittelalterliche Stadt, die aber durch die Industrialisierung und den späteren wirtschaftlichen Niedergang an Attraktion verloren hatte. Im belebten Stadtkern zu schlendern und dabei die vielen Fremden zu beobachten, war für mich ein Erlebnis. Fröhlich musizierten viele Jugendliche, andere tanzten wild durcheinander. Das Leben hier schien mir unbeschwerter und freier zu sein als in Österreich – wohl die Folge eines neuen kulturellen Aufbruchs dieser Stadt.

Im *Museo de Bellas Artes* wurden wir mit der baskischen Malerei vertraut gemacht, die mir bis zu diesem Zeitpunkt völlig unbekannt gewesen war. Hier befindet sich aber auch eine der besten Sammlungen spanischer und internationaler Malerei. Einmal mehr war ich von einem Gemälde Francis Bacons fasziniert und gleichsam schockiert.

Ein besonderer Anziehungspunkt ist wohl das von Frank Gehry geplante *Guggenheim Museum*. Das Gebäude gleicht einer gewaltigen Skulptur: Wie ein Schlachtschiff lag es in der ehemaligen Werft vor uns. Schon von außen konnte ich mich nicht sattsehen an den verschiedensten Ecken und Rundungen, den Vorbauten, der breiten Treppe, den Türmen und Gewölben, die verwirrten und zugleich

Vor dem Guggenheim Museum in Bilbao, 1998

beeindruckten. Ich war fasziniert vom Formenspiel des gesamten Komplexes. Auch beim Betreten des Museums hielt ich ehrfurchtsvoll den Atem an, denn der Überraschungseffekt durch die Vielfältigkeit der Architektur bleibt auch im Inneren des Gebäudes nicht aus: die enorme Höhe der Eingangshalle, und wie sich von hier aus die unterschiedlichsten Raumkonstellationen gleich Tentakeln in die verschiedenen Stockwerke erstrecken! Es war einfach überwältigend, sich an den vielen Besuchern vorbei von Kunstwerk zu Kunstwerk, von Ausstellung zu Ausstellung zu bewegen.

Wir begegneten Skulpturen von Richard Serra neben vielen farbigen Portraits von Andy Warhol, einer riesigen Spinnenskulptur von Louise Bourgeois und verschiedenen Werken Helen Frankenthalers, einer der bedeutendsten Vertreterinnen des amerikanischen abstrakten Expressionismus. Ihre Arbeit war stark von Jackson Pollock beeinflusst worden, doch ihre Techniken unterschieden sich. Frankenthaler bevorzugte es, dünnflüssige Farbe auf die Leinwand oder das Papier zu schütten und dadurch das Gemälde entstehen zu lassen. Ich empfinde ihre Ausdrucksweise als sehr weiblich. Hier bekam ich erstmals Werke dieser Künstlerin zu Gesicht, und seither hege ich eine starke Sympathie für ihre Kunst.

Weiter ging es nach San Sebastián. Hier besuchten wir den Park von Eduardo Chillida, eines baskischen Bildhauers und Zeichners. Auf einem gewaltigen Grundstück, das sich Chillida für seine Werke gekauft hatte, stand ein mächtiges, altes Bauernhaus aus groben Steinklötzen, das zu einem Atelierhaus umgebaut worden war. In unmittelbarer Entfernung lag ein gemütliches Wohnhaus, umgeben von Rasenflächen und umrahmt von blühenden Sträuchern und alten Bäumen. Wir betraten das Atelier und bewunderten die Skulpturenausstellung des Künstlers. Die eigenwillige Formensprache Chillidas ist unverwechselbar. Im Park wanderten wir von einer Skulptur zur anderen. Viele waren aus massivem Stahl hergestellt. Bewusst hatte der Künstler sie der Witterung ausgesetzt. So haben sie jene rostrote Patina erhalten, die so typisch für seine Arbeiten ist. Das größte Werk hatte eine Höhe von mindestens acht Metern, sodass wir uns neben ihm wie Zwerge vor einem gewaltigen Ungeheuer vorkamen. Einer von Chillidas Kuratoren führte uns noch zum Wohnhaus. Es war uns nicht erlaubt, es zu betreten, aber da einige Fenster geöffnet waren, konnten wir uns wenigstens ein Bild vom Speisezimmer machen. Ein langer Tisch war mit einer groben Leinentischdecke bedeckt; vierzehn Stühle standen davor. Hatte der Meister eine größere Anzahl von Kindern? Ich verspürte den dringenden Wunsch, ihn in Zukunft persönlich kennenzulernen.

Spät abends erreichten wir Pamplona. Für den spanischen Jakobsweg ist diese Stadt von großer Bedeutung, weil hier mehrere Wege sternförmig zusammentreffen. Ich bewunderte die vielen historischen Gebäude und die architektonisch wertvollen Kirchen und Klöster dieser Stadt. Weniger begeistert – es war Anfang Juli – war ich von jenem Fest, das alljährlich zu dieser Jahreszeit in Pamplona gefeiert wird. Ich hatte schon vorher gehört, wie sich das Stierrennen »Los Sanfermines« abspielt. Stiere werden durch die Altstadt von Pamplona zur Stierkampfarena getrieben. Dabei schaut eine Menschenmenge dem Treiben zu oder nimmt selbst an dieser Hetzjagd teil. Jedes Jahr werden zahlreiche Besucher von den Stieren verletzt. Einige unserer jüngeren Reiseteilnehmer wollten am Abend einen Stierkampf in der Arena besuchen. Ich selbst verzichtete auf dieses schreckliche Vergnügen! Ich hörte durch das geöffnete Fenster meines Hotelzimmers lediglich die Musik und das Toben der Menge. Tags darauf erzählte mir Gabriele Bösch, die dem Treiben beigewohnt hatte, dass sie das Leiden der Tiere kaum ausgehalten hätte.

Nach vielen weiteren Stationen, unter anderem in Burgos, León und Villafranca del Bierzo, wo wir historische Bauten bestaunen konnten, stießen wir in A Coruña mit dem *Domus – Casa del Hombre* (Haus des Menschen), gebaut vom japanischen Architekten Arata Isozaki, und dem danebenliegenden *Museo de Belas Artes*, geplant von Manuel Gallego Jorreto, endlich auch wieder einmal auf moderne Architektur, die mich brennend interessierte. Bald erreichten wir Santiago de Compostela – das Endziel aller Pilger des Jakobswegs!

Unsere Reisegruppe in Santiago de Compostela, 1998

Wir wurden in dem klosterähnlichen Parador Reyes Catòlicos am Hauptplatz gleich neben der Kathedrale untergebracht. Ende des 15. Jahrhunderts war dieses königliche Hospiz mit vier Höfen errichtet worden, um die zahlreichen Pilger aufzunehmen, die hier auch heute noch eine Klostersuppe gereicht bekommen. Und natürlich statteten wir der Kathedrale einen Besuch ab. Eine unüberschaubare Menge von Pilgern bewegte sich mehr oder weniger ehrfurchtsvoll ins Innere der Kirche. Verschiedene Baustile wurden sichtbar: Von der Romanik über die Gotik, Barock bis zum Klassizismus ist hier alles vereint. Der Bau der Kathedrale war im 8. Jahrhundert begonnen worden und steht angeblich über der Grabstätte des Apostels Jakobus. Man will hier auch seine Gebeine gefunden haben, die nun in einem pompösen silbernen Reliquienschrein aufbewahrt werden. Mit Reliquien kann ich persönlich nichts anfangen. Für mich, als protestantische Christin, ist die persönliche Beziehung zu Gott von entscheidender Bedeutung. Ich suche diesen Zugang nicht über Heilige, sondern allein über Jesus Christus. In diesem Prachtbau konnte ich beim besten Willen Gottes Gegenwart nicht empfinden. Menschenmassen drängten durch den Kirchenraum. Das störte meine Suche nach Ruhe und Geborgenheit.

Zu meiner großen Freude befand sich in unmittelbarer Nähe der Kathedrale ein modernes Museum für galizische Kunst, das *Centro Galego de Arte Contemporánea*, erbaut von Álvaro Siza, einem zeitgenössischen portugiesischen Architekten. Anhand des Gesamtwerks Sizas lässt sich die Entwicklung der modernen Architektur bis zum 21. Jahrhundert ablesen. Von der Terrasse dieses Gebäudes aus hat man den besten Blick auf die Altstadt von Santiago de Compostela. Es wurde gleich neben dem Kloster von Santo Domingo de Bonaval und dem gleichnamigen Park gebaut und bildet ein harmonisches Ganzes, in dem Tradition und Moderne sich vereinen.

Die Reise ging dem Ende zu. Wenn ich heute daran zurückdenke, so ist mir vor allem auch noch eine Begebenheit in Erinnerung. In San Sebastián bestiegen Gabriele Bösch und ich den geschichtsträchtigen nahen Hügel Monte Igueldo. Von oben bot sich uns ein traumhafter

Gabriele Bösch auf dem Monte Igueldo in San Sebastián, 1998

Blick auf die Meeresbucht und die unzähligen Motorboote, die dem Hafen zusteuerten. Alte Mauerreste längst verfallener Gebäude waren dicht mit Efeu und Moos überwuchert. Umrahmt von grünen Schlingpflanzen stand plötzlich eine segnende Christusfigur vor uns. Auf der Steinmauer, aus gewaltigen Quadern erbaut, lagen Teile verfallener Kriegerskulpturen. Wir entdeckten eine Kanone, wie von Münchhausen für uns installiert. Genau an dieser Stelle fing ich mit meinem Fotoapparat das mir so bekannte Lächeln meiner Reisebegleiterin ein. Dieses Lächeln ist mir unvergessen. Sechs Jahre nach unserer gemeinsamen Reise ist Gabriele Bösch, der unsere Sammlung und unser Museum viel zu verdanken hat, an den Folgen einer Gehirnblutung plötzlich gestorben.

Aus Spanien zurückgekehrt, erzählte ich Karlheinz und unserem Freund Heinz Tesar ausführlich von meinen Reiseeindrücken. Daraufhin entstand die Idee, gemeinsam zu dritt die moderne Architektur Nordspaniens und auch Nordportugals zu erkunden. Dies geschah etwa ein Jahr später im Juli 1999. Das war schon die Zeit, wo wir uns letzte Anregungen für unser Museum, das sich kurz vor der Fertigstellung befand, holen konnten. Heinz Tesar war seit dem Bau des Schömer-Hauses nicht nur zu einem guten Freund geworden, sondern zu unserem bevorzugten Architekten. Er kennt unsere Ambitionen und Wünsche als Sammler, die er in eine architektonische Sprache zu übersetzen weiß. Das wechselseitige Vertrauen zwischen ihm und uns ist so groß, dass wir ihm noch weitere Aufträge übertragen haben. So hat er mein Elternhaus in Klosterneuburg, in dem ich seit meiner Geburt wohne, umgebaut und mit einem Zubau erweitert. Für unseren ältesten Sohn Heinz und seine Familie errichtete er auf dem Ölberg in Klosterneuburg ein Wohnhaus. Auf unsere Initiative hin war er auch der Architekt für die neue evangelische Kirche in Klosterneuburg. Und selbstverständlich ließen wir auch das *Essl Museum* von ihm planen.

So kehrte ich mit Karlheinz und Heinz Tesar auf die Iberische Halbinsel zurück. Die beiden Männer hatten die Reise sehr genau geplant,

Die evangelische Kirche in Klosterneuburg, erbaut von Heinz Tesar, 1995

um zahlreiche Orte in möglichst kurzer Zeit und effizient erkunden zu können. Wir begannen unsere Besichtigungstour in Porto, wo wir das von Álvaro Siza erbaute *Museu Serralves*, das Museum für Gegenwartskunst, besuchten. Wir hatten vorher Kontakt zum Direktor aufgenommen, der uns freundlich empfing. Er wusste von unserer Sammlung und der bevorstehenden Museumseröffnung. Bereitwillig beantwortete er unsere vielen Fragen und machte uns auf sinnvolle Aktivitäten vor der Eröffnung eines Museums aufmerksam. So empfahl er uns zum Beispiel, mit Touristenorganisationen zusammenzuarbeiten und auch Botschaften und Kulturzentren mit ins Boot zu holen. Schließlich wurden wir durch das Museum geführt. Die Architektur Álvaro Sizas zeigte sich in dem Gebäude in den klaren Linien der Minimal Art. Angetan waren wir von dem Platz, der für Installationen vorgesehen war. Alles in allem war der Auftakt unserer Reise schon ein Höhepunkt.

Wir gingen weiter auf den Spuren von Álvaro Siza. In Marco de Canaveses, östlich von Porto, hatte er eine neue Kirche errichtet: einen weißen, kubischen, himmelwärts strebenden Bau. Seine puristisch schlichte Art beeindruckte mich. Der Architekt hatte einfache Materialien wie Stein, Holz und Verputz verwendet. Mich begeisterte auch, wie er Licht als Gestaltungselement einsetzte, das wie Malerei, jedoch ohne Farbe, Leben ins Gebäude brachte. Wir traten durch

In der von Álvaro Siza erbauten Kirche in Marco de Canaveses, 1999

Mit Heinz Tesar in Portugal, 1999

einen extrem hohen Eingang in das Kirchenschiff, das sich ebenfalls durch schlichte Grundformen auszeichnete. Rechts der Apsis erinnerte uns eine gotische Madonna mit Kind daran, dass wir uns in einer katholischen Kirche befanden. Abseits davon das Kreuz, das hoch aufstrebend bis zur Decke reichte. Unweit der Kirche zeigte uns Heinz Tesar noch einen Kindergarten desselben Architekten. Doch der schlichte Bau war in einem sehr schlechten Zustand. Offensichtlich fehlten die nötigen finanziellen Mittel für eine Renovierung. Tesar zeigte uns auch das Gebäude der Fakultät für Architektur der Universität Porto, das ebenfalls die Handschrift Álvaro Sizas trägt.

Am späten Nachmittag bummelten wir durch die historische Altstadt Portos. Durch enge Gassen mit dicht aneinandergereihten Häusern, die terrassenförmig an den Hang gepresst sind, schritten wir zum Hafengebiet. Schade, dass so viele denkmalgeschützte Häuser leer standen. Wegen der hohen Mietkosten glich dieser Teil Portos eher einer Geisterstadt. Natürlich gibt es eine geradezu unübersehbare Anzahl historischer Kirchen mit reich ausgestatteten Altären. Aber dann doch auch wieder moderne Elemente und Gebäude: Rem Koolhaas und Ellen van Loon haben die ungewöhnliche Architektur des Konzerthauses entworfen. Beim Abendessen wurden wir wieder von Álvaro Siza begleitet. Das Restaurant befand sich in einem Gebäude, das zu den Frühwerken des Architekten zählt und mitten in die Felsformationen des Küstenstreifens hineingebaut ist. Wir kosteten den berühmten Portwein wie auch das typische Gericht der Stadt: Tripas à Moda do Porto – ein Eintopf aus Innereien oder Kutteln mit weißen Bohnen.

Am nächsten Tag ging unsere Reise weiter in Richtung Norden. Ich sah La Coruña wieder und die modernen Museumsbauten, die ich bereits im Jahr zuvor bewundert hatte. Aber mit unserem Freund Tesar war der Besuch hier natürlich anders gelagert. Er machte uns auf eigenwillige Einzelheiten der Bauten aufmerksam, die ich vorher nicht gesehen hatte. Wir beobachteten sehr genau und diskutierten über die Lage der Gebäude, ihre unmittelbare Nähe zum urbanen Raum und zum Meer. Mit unserem Leihwagen war es nun nicht mehr weit bis nach Santiago de Compostela. Wieder war es möglich, im wunderschönen Parador Reyes Catòlicos zu übernachten. Gerade angekommen, begann unsere Besichtigungstour beim *Centro Galego de Arte Contemporánea*. Die Lösung mit der Einbindung eines modernen Museums am Platz einer alten Klosteranlage schien Tesar ganz besonders zu interessieren. Auch hier machte er uns auf einzelne architektonische Besonderheiten aufmerksam. Nicht alles erschien ihm optimal zu sein. Durch die Zwischendecke im Gebäude fühlte man sich beengt; auch die Mischung von Natur- und Kunstlicht schien ihm hier problematisch.

Beim Abendessen in einem Restaurant trafen wir zufällig den englischen Stararchitekten David Chipperfield, der zu jener Zeit gemeinsam mit Tesar auf der Museumsinsel in Berlin plante. Chipperfield erzählte uns von seinen Plänen in Ohio und von dem Wettbewerb für ein Museum des spanischen Königs in Madrid. Es war ein illustres Dinner, das sich bis spätabends hinzog. Unsere Gespräche drehten sich ausnahmslos um Architektur und alle Planungen, die bevorstanden.

Beim Abendessen mit David Chipperfield in Santiago de Compostela, 1999

Bald ging es weiter nach Bilbao. Dort trafen wir Anne Blümel, Direktorin der Züricher *Galerie Lelong*, die uns in den folgenden zwei Tagen in Bilbao und San Sebastián begleitete. Im *Guggenheim Museum* konzentrierten sich Heinz Tesar und Karlheinz auch auf Einzelheiten, auf die ich im Jahr zuvor noch nicht geachtet hatte: auf die Bodenbeläge, die Farbe der Ausstellungsräume; ebenso erkundigten sie sich nach der Belastbarkeit der Decken, was bei Skulpturenaufstellungen und einem größeren Besucherandrang sehr wichtig ist.

Auf dem Weg nach San Sebastián führte uns Anne Blümel noch nach Guernica, das 1937 im Zuge des Spanischen Bürgerkriegs von der deutschen Legion Condor, die den faschistischen General und Diktator Franco unterstützt hatte, bombardiert und zerstört worden war. 1600 Menschen starben dabei. Picasso nahm dieses schreckliche Ereignis zum Anlass, sein beeindruckendes Bild »Guernica« zu malen, das inzwischen als baskisches Heiligtum gilt. Das Original befindet sich heute im *Museo Reina Sofía* in Madrid. In Form eines Wandbildes aus Kacheln ist eine Nachbildung aber auch in Guernica zu sehen. Es war mein ausdrücklicher Wunsch gewesen, diese Stadt zu besuchen, um die Atmosphäre zu spüren, die den Künstler zu diesem Mahnmal inspiriert hatte. Die durch das Luftbombardement zerstörten Häuser waren im Stadtbild noch gut zu erkennen, ebenso die damals stark in Mitleidenschaft gezogenen Kirchen. In unmittelbarer Nähe hatte Eduardo Chillida eine beeindruckende Skulptur aus Beton errichtet, die man betreten konnte. Im Inneren stand eine seiner Stahlplastiken, die mich sehr berührte.

Nach der Weiterfahrt durch das wunderbare Hügelland Nordspaniens erreichten wir San Sebastián, das wirklich das Schmuckstück des Baskenlandes ist. Und hier lebte und arbeitete der große baskische Bildhauer Eduardo Chillida. Im Jahr zuvor hatte ich mir so sehr gewünscht, diesen Künstler einmal kennenlernen zu dürfen. Mit der Unterstützung Anne Blümels wurde mir dieser Wunsch nun erfüllt.

Wir fuhren zu dem Park Chillidas, der in der Zwischenzeit noch reicher bestückt worden war. Eduardo Chillida selbst und sein Schwiegersohn führten uns durch das Areal. Der Künstler hatte sofort einen persönlichen Draht zu Heinz Tesar; er behauptete sogar, ihn zu kennen. In Wirklichkeit war es ihre erste Begegnung. Höhepunkt war eine Einladung zum Dinner ins Privathaus der Familie. Das Haus war unter anderem mit Werken von Joan Miró, Alberto Giacometti und Antoni Tàpies ausgestattet. Wir lernten Chillidas Frau Pili kennen und auch ein Teil der Familie war anwesend. Ich hatte im vergangenen Jahr beim Anblick der vielen Stühle im Speisezimmer schon richtig vermutet: Die Chillidas hatten acht Kinder und 28 Enkelkinder!

Vor allem während der Ferienzeit tummelten sie sich im Familienhaus. Auch an diesem Tag waren viele von ihnen zu Besuch gekommen. Wir alle nahmen an den gedeckten Tischen Platz. Man reichte eine kräftige Suppe, dann Thunfisch mit Tomaten und weiteres Gemüse. Zum Nachtisch wurden die köstlichsten Früchte des Landes mit dem berühmten baskischen Mandelkuchen serviert. Ein angeregtes Gespräch begleitete die Mahlzeit. Wir plauderten über Kunst und speziell über Architektur und die Werke des Künstlers, wobei er immer erwähnte, dass der Raum ein wichtiger Aspekt für seine Arbei-

Im Atelierhaus von Eduardo Chillida: Eduardo Chillida, Heinz Tesar, Pilar Belzunce (die Ehefrau Chillidas) und ich (von links nach rechts), 1999

ten ist. Wir hatten den Eindruck, dass der Künstler uns sehr mochte und eine Einladung unsererseits gerne annehmen wollte. Seine Frau bremste ihn allerdings ein wenig und meinte, er benötige Ruhe und solle nicht mehr so viel reisen. Wir verließen das gastliche Haus über eine Geheimtreppe, die durch den Garten zum Meer führte – in der Hoffnung, ihn mit seiner Frau in nächster Zukunft doch in Klosterneuburg begrüßen zu können. Aber unser Freund Eduardo Chillida ist drei Jahre nach unserem Treffen im Alter von 78 Jahren plötzlich verstorben. Traurig darüber, dass er unser Museum nicht mehr besuchen konnte, widmeten wir ihm sofort nach Bekanntwerden seines Todes eine kleine, aber sehr feine Ausstellung aus eigenen Beständen.

Nach diesem absoluten Höhepunkt unserer Reise war es an der Zeit, nach Hause zu fahren. Bis zur Eröffnung unseres Museums waren es nur etwas mehr als drei Monate, und bis dahin war noch jede Menge zu tun.

Vom Wiener *MuseumsQuartier* zum *Essl Museum* in Klosterneuburg

Verlockend wäre das *MuseumsQuartier* schon gewesen. So mitten in Wien österreichische Gegenwartskünstler zu zeigen, hätte sicher weltweit Aufsehen erregt. Vom damaligen österreichischen Vizekanzler Erhard Busek war Karlheinz gebeten worden, als Aufsichtsrat in der Errichtungsgesellschaft mitzuarbeiten. In der jahrelangen Planungsphase hatte sich niemand Gedanken darüber gemacht, österreichische lebende Künstler dort auszustellen. Und keiner der Verantwortlichen interessierte sich für den Inhalt jenes Turms, den die Architekten Ortner & Ortner als sichtbares Statement moderner Architektur geplant hatten. Man sprach vom Leseturm, aber welche Aufgabe sollte er übernehmen? Karlheinz machte den Vorschlag, österreichische bildende Künstler dort zu präsentieren. Dafür hätten wir eine ansehnliche repräsentative Sammlung zur Verfügung stellen können. Es wurden Pläne entwickelt, wie dieses Projekt realisiert werden sollte. Doch bald schon wurde Widerstand laut, von einer Boulevard-Zeitung inszeniert. In der Folge wurde der geplante Leseturm von den zuständigen Politikern zu Fall gebracht. Als Ersatz bot man uns Räumlichkeiten im alten Fischer-von-Erlach-Bau an, die sich aber nicht wirklich eigneten. 1995 erklärte Karlheinz auf einer Pressekonferenz unseren Rückzug aus dem Projekt *MuseumsQuartier*.

Der Präsident des *Wiener Künstlerhauses* unterbreitete uns den Vorschlag, unsere Sammlung dort unterzubringen. Als auch dies scheiterte, entschlossen wir uns, in unserem Heimatort Klosterneuburg nach einem geeigneten Grundstück zu suchen. Über die Standortfrage unseres Museums hatten wir uns schon oft Gedanken gemacht. Klosterneuburg liegt an der nordwestlichen Stadtgrenze von Wien und ist an den öffentlichen Verkehr gut angebunden. Vom Stadtzentrum Wiens erreicht man Klosterneuburg in einer knappen halben Stunde. Die Besonderheit des Ortes ist die reizvolle Landschaft, die historische

Anlage des Stiftes und die vielfältigen Sport- und Freizeitmöglichkeiten. An den südlichen Hängen wird seit Jahrhunderten Wein gepflanzt. Die Winzer laden die Bevölkerung zum »Heurigen« in ihre Häuser ein, schenken ihre eigenen Weine aus und die Heurigenbuffets lassen keine Wünsche offen. Dies ist ein Brauch, der zu einer Attraktion geworden ist. Kein Wienbesucher sollte sich diesen entgehen lassen. Hier also sollte unser Museum entstehen.

Vier Bauplätze wären in Frage gekommen, aber die aufgelassene Fabrik Metalona, zwischen dem urbanen Teil der Stadt und dem Augebiet, schien uns für unser Projekt geeignet zu sein. Wiederholt schritten wir mit unserem Architekten und Freund Heinz Tesar das Grundstück ab und überlegten, was das Haus leisten sollte. Dringend notwendig war es, ein Zentraldepot für unsere Kunstsammlung zu schaffen. Aber auch Räume, wo man verschiedene Ausstellungen gleichzeitig zeigen konnte, schwebten uns vor sowie weitere Büros und noch vieles mehr. Die Verbindung zwischen dem Depot und den Ausstellungshallen sollte dabei so effizient wie nur möglich sein.

Nach einem Briefing begann Tesar zu planen. Die Pläne wurden bei den Behörden eingereicht und genehmigt. Es ging alles nach unseren Wünschen und ohne Probleme, denn die Stadt Klosterneuburg stand hinter uns. Nun konnten wir an die Verwirklichung unseres Traums denken. Wir hatten die Ambition, noch vor der Jahrtausendwende das Museum zu eröffnen.

An meinem 61. Geburtstag hatte Heinz Tesar Karlheinz und mich in seine Wohnung gebeten, um uns das große Modell des *Essl Museums* zu zeigen. Es war ein erhebendes Gefühl für mich! Die beiden Männer hoben den schützenden Plexiglasdeckel ab – und dann sahen wir das gesamte Gebäude in allen Einzelheiten vor uns. Tesar lässt seine Modelle immer von einem speziellen Modellbauer aus hellem Holz fertigen, es sind quasi Studienobjekte für seine Architektur. Interessiert betrachteten wir Raum für Raum, und Tesar wurde nicht müde, uns alles genau zu erklären. Ich stellte mir vor, ich sei ein Zwerg und ginge von Stockwerk zu Stockwerk durch die einzelnen Räume. Den Abend beschlossen wir gemütlich in einem netten Restaurant.

Auf Reisen, die Karlheinz und ich unternahmen, holten wir uns Anregungen für den Museumsbau. Auch Heinz Tesar nahm an manchen unserer Erkundigungstouren teil. In Amsterdam erörterten wir mit dem uns schon bekannten Direktor des *Stedelijk Museum*, Rudi Fuchs, unseren Plan, einen Beirat zu nominieren, der aus erfahrenen Museumsdirektoren und Kunsthistorikern bestehen sollte. Bereits einen Monat später hatte sich der Beirat konstituiert. Wir freuten uns, Peter Baum, László Beke, Markus Brüderlin, Rudi Fuchs, Fabrice Hergott, Uwe Schneede, Wieland Schmied und Harald Szeemann dafür gewonnen zu haben. Mit diesen wurde das Museumsprojekt anhand des Modells in allen Einzelheiten erläutert. Eine lebhafte Diskussion schloss sich dieser Präsentation an.

Inzwischen hatte man mit der Baustelleneinrichtung begonnen. Wie schon bei der Errichtung des Schömer-Hauses war ich beinahe täglich auf dem Bauplatz. Mit meiner Kamera hielt ich die baulichen Fort-

Der Künstlerische Beirat vor dem Modell des Museums, 1997

schritte fest. Kaum zu glauben, dass hier einmal unser Museum stehen sollte! Noch fanden Erdbewegungen statt, und das ausgehobene Material wurde mit Lastwagen von der Baustelle weggeführt. Materialien und eine Unmenge von Baustahl wurden herbeigeschafft, und bereits aus der Ferne konnte man die riesigen Kräne erblicken. Fundamente aus Beton ließen bald eine Struktur des Hauses erkennen.

Vom Wohnhaus bis zur Baustelle war es nur eine kurze Strecke; der Weg dorthin führte mich entlang des Weidling-Baches. Der Frühling nahte, und die Natur war im Erwachen begriffen; die Bäume schmückten sich mit dem zarten Grün der Blätter und am Rande des Baches blühten die ersten Blumen. Radfahrer und Wanderer, die an der Baustelle vorüberzogen, lasen die Ankündigung, dass hier ein Kulturbau im Entstehen sei. Ich fragte mich, ob ich sie wohl als zukünftige Museumsbesucher gewinnen könnte.

Rasch ging der Bau voran. Nachdem die Wände des Erdgeschosses hochgezogen waren, bekam man einen ersten Eindruck von der Größe der Depots. Um die Bilder und Objekte in die für sie vorgesehenen Lagerplätze zu bringen, war es notwendig, einen Bereich zu schaffen, in dem die Kunsttransporte geschützt und sicher innerhalb des Hauses be- und entladen werden können. Es war bereits die großzügige Halle erkennbar, in der zukünftige Werke für Ausstellungen zusammengestellt und Transportkisten gelagert werden sollten. Von hier aus führt ein breiter Aufschließungsgang zu den sechs Depots, die jeweils als eigene Brandabschnitte geplant worden sind. Am Ende dieses Ganges sollte zukunftig ein Aufzug die Kunstwerke in die jeweiligen Geschosse transportieren. Dieser Lastenaufzug ist so groß dimensioniert, dass auch riesige Objekte mühelos von Etage zu Etage gebracht werden können. Schritt für Schritt nahm der Bau seine geplante Form an.

Die Bauleitung lag in den bewährten Händen der Architektin Susanne Veit. Sie war wie ein Zerberus dahinter, dass die Pläne optimal umgesetzt wurden. »Beton ist der Stein unserer Zeit!«, hörte ich Tesar immer wieder sagen, wenn wir ihn im Baubüro trafen, wo er nach dem Inspizieren mit seinen Mitarbeitern über den Plänen brütete. Im dunklen Anzug kam auch Karlheinz regelmäßig vom Büro herüber und stieg über Leitern von einer Ebene zur nächsten. Auch er wollte sich genau informieren. Täglich gab es etwas Neues zu entdecken.

Ende des Jahres 1998 stand der Bau in seiner rohen Form wie ein Schiff in der Landschaft. Ich träumte mehr und mehr davon, vom Schömer-Haus hierher übersiedeln zu können, und versuchte mir vorzustellen, wie ich das Haus beleben könnte. Das Gebäude erschien mir zunächst enorm. Ich musste lernen, mich darin zurechtzufinden.

Heinz Tesar auf der Baustelle, 1998

Sobald man als Besucher das Gebäude betritt, meint man in einer anderen Welt zu sein. Von der Rezeption wird man über ein sehr spezielles Stiegenhaus oder den Personenaufzug in die Ausstellungsräume der oberen Geschosse geführt. Sobald man das Foyer im ersten Stock betritt und den begrünten Innenhof mit einem herrlichen Ausblick auf das Stift Klosterneuburg wahrnimmt, hat man das Gefühl zu ebener Erde zu sein.

Unterhalb und verborgen befinden sich die Depots für die Kunstwerke. Uns ist es äußerst wichtig, das uns anvertraute Gut in Räumen zu lagern, wo sie vor Schäden und Katastrophen jeder Art geschützt sind. Ich nenne das Depot »das Herz der Sammlung«. Für Besucher ist es natürlich nicht zugänglich. Nur in Ausnahmefällen gestatten wir Gästen und Künstlern eine Besichtigung. Allen offen stehen natürlich unsere Präsentationsräume. Hier bietet sich die Möglichkeit, in unterschiedlichen Raumstrukturen drei Ausstellungen gleichzeitig zu zeigen.

Im ersten Obergeschoss befinden sich sieben Räume, die nach dem Prinzip klassischer Galerien konzipiert worden sind. Gemeinsam mit dem Architekten diskutierten wir lange über die Proportionen dieser

Auf der Museumsbaustelle: Charles Keller (Leuchtkünstler), Heinz Tesar, Susanne Veit und Karlheinz (von links nach rechts), 1998

Säle. Dabei ging es uns darum, die richtige Relation zwischen Höhe und Breite herauszufinden. Die Höhe wurde mit sechs Metern festgelegt, um auch großformatige Bilder angemessen präsentieren zu können. Über diesen Räumen sind drei Meter hohe verglaste Laternen angeordnet worden, von denen Tageslicht in die Galerien fließt, was für eine optimale Ausleuchtung sorgt.

Auf der gegenüberliegenden Seite des Gebäudes befindet sich die Ausstellungshalle. Im Gegensatz zu den abgeschlossenen Raumstrukturen der Galerien ist dies eine langgestreckte offene Halle, die mit Präsentationswänden unterteilt ist. Eine Raffinesse Heinz Tesars ist der Schnitt durch die Längsseite des Gebäudes – mit dem Effekt, dass dadurch der Blick in den darunterliegenden Aufschließungsgang des Depots freigegeben wird. Die gesamte Wandfläche zum Innenhof hin ist verglast. Damit wird erreicht, dass Tageslicht sowohl in die Ausstellungshalle wie auch in den Vorraum der Depots ins Untergeschoss gelangt. Ein weiteres Markenzeichen des Gebäudes sind die vielfältigen Durchblicke innerhalb der Museumsarchitektur sowie in die Naturlandschaft.

Die große Halle im zweiten Obergeschoss mit dem gewölbten Dach ist von Weitem erkennbar und ähnelt dem Himmelsgewölbe oder auch den hügeligen Bergen rund um die Stadt. Sie lässt auch einen Vergleich mit den Wellen der Donau zu. Mit ihrer speziellen Konstruktion kommt sie ohne Stützen und Säulen aus. Der Blick durch das schmale Fensterband lässt mein Herz höher schlagen, denn von hier aus sieht man auf einen der Donauarme und den Auwald. Ein Bookshop, ein Café-Restaurant mit Terrasse, eine Bibliothek mit Büchern zur Gegenwartskunst und ein Atelier, in dem sich Kinder und Erwachsene kreativ betätigen können, machen die öffentlichen Räume des Museums komplett.

An der nördlichen Ecke des Gebäudes residiert mein Mann, wenn er zu Besprechungen im Museum weilt. Für unseren Sohn Heinz ist ein zweigeschossiges Musikstudio geschaffen worden, das sich über dem Eingangsbereich befindet. In Richtung Osten liegen die Büros für die Sammlung. Vom Ende des Ganges gelangt man zu einem Stiegenhaus, das zur Bibliothek und schließlich zur Wohnung des Hausmeisters führt. Über diese Stiege kann ich auch mein Türmchen erreichen. Nach dem Betreten eines kleinen Vorraums öffnet sich der Raum. Hier befindet sich mein Büro mit dem herrlichsten Blick, von dem mir Tesar schon während der Planungsphase vorgeschwärmt hat. Ich schwebe förmlich über allem und genieße die schönste Aussicht. Von meinem Schreibtisch aus sehe ich auf das Stift Klosterneuburg, gegen Nordosten schweift mein Blick über eine begrünte Terrasse und die Auwälder hinweg bis zum Bisamberg. Wenn ich beim dritten Fenster stehe, kann ich bis nach Wien sehen. Ungefähr dreihundert Meter entfernt liegt das Schömer-Haus, und ich kann erkennen, ob

Karlheinz in seinem Büro sitzt oder ob im Besprechungszimmer noch gearbeitet wird. Hier ist der Ort, an dem ich mich zurückziehen und kreativ arbeiten kann. Mit Einfühlungsvermögen hat Tesar auch die Inneneinrichtung für mich gestaltet. Sie ist aus hellem Birnenholz. Entlang der Fensterfronten stehen niedrige Schränke mit genügend Stauraum für meine Ordner, und in einer Nische befindet sich meine kleine Handbibliothek. Mein Schreibtisch bietet genügend Platz für Computer und vieles andere. In einer Ecke des Raumes steht mein geliebter gelber Fauteuil – ein Sonnenstrahl, wenn sich einmal der Himmel verdüstert.

Doch eigentlich war es noch gar nicht so weit. Noch wurde gebaut. Vor der Eröffnung hatten wir immer wieder Menschen eingeladen, mit uns das Haus zu besichtigen. Die Stadtväter Klosterneuburgs besuchten die Baustelle ebenso wie unsere Kärntner Verwandtschaft. Ein anderes Mal hatten wir einige Künstler eingeladen. Bruno Gironcoli erklärte euphorisch, dass dies ja das ideale Gebäude für alle seinen Skulpturen sei, während Hermann Nitsch, mit einem unserer Enkelkinder an der Hand, meinte: »Nun, Karlheinz, da machen wir wieder eine Performance!«

Der Kunstbeirat diskutierte mit dem Architekten und uns. Professoren und Studenten der Wiener Kunstakademien und Universitäten waren auf der Baustelle und zeigten sich interessiert. Unsere Angestellten luden wir zu Besichtigungen ein; schließlich waren sie es, die mit ihrem Arbeitseinsatz einen wesentlichen Beitrag geleistet hatten. Im Sommer des Jahres 1999 war es aber noch schwer vorstellbar, dass das Haus nach einer Bauzeit von nur eineinhalb Jahren im Spätherbst eröffnet werden sollte.

Während noch intensiv an der endgültigen Fertigstellung des Hauses gearbeitet wurde, dachten wir mit Rudi Fuchs, dem Kurator der Eröffnungsausstellung, über die erste Präsentation unserer Sammlung im neuen Museum nach. Neben den Werken österreichischer Künstler sollte erstmals auch unsere internationale Sammlung gezeigt werden. Da niemand außerhalb unseres Museums eine Ahnung hatte, welche Werke wir inzwischen angekauft hatten, wollten wir die Besucher und die Kunstwelt damit überraschen. Fuchs schlug überdies vor, ab der Eröffnung des Museums nur mehr von der Kunst der Gegenwart zu sprechen. Kunst ist Kunst, egal, wo sie geschaffen wird. Schließlich begann Fuchs mit der Hängung der Kunstwerke für die Eröffnungsausstellung »The First View«. Er benötigte viele Tage, denn alle Säle im Haus sollten bespielt werden. Für das Foyer hatte Fuchs neben einigen Arbeiten von A. R. Penck Werke von Maria Lassnig vorgesehen. Er wollte damit sein Statement an den Beginn setzen: einen deutschen Künstler neben der Grande Dame der österreichi-

Hermann und Rita Nitsch mit unserer Tochter Elisabeth und den beiden Enkelkindern Agnes und Sophie sowie mit Karlheinz, 1999

Heinz Tesar (links) und Rudi Fuchs
bei der Eröffnung des Essl Museums, 1999

schen Kunst. »Wir reden nicht mehr von internationaler oder nationaler Kunst, sondern stellen Kunstwerke in einem spannenden Dialog einander gegenüber!« Sein Satz ist uns bis heute Credo.

Und so ging es weiter von Raum zu Raum. Für den Innenhof wählte Karlheinz übrigens nur ein einziges Objekt aus, ein Kunstwerk von Barry Flanagan: der Hase, der über eine Glocke springt.

Als Karlheinz und ich eines Abends in das Gebäude kamen und durch die Räume schlenderten, sahen wir Rudi Fuchs allein vor einem Gemälde sitzen. Er bemerkte uns nicht. Als wir nach unserer Besichtigungsrunde wieder an ihm vorbeikamen, saß er noch immer in Gedanken versunken vor demselben Kunstwerk. »Ich habe Zwiesprache gehalten mit diesem Bild!«, meinte er total verzaubert.

Mit der Eröffnung des *Essl Museums* begann ein neuer Abschnitt in unserem Leben. Am Morgen des 4. November 1999 fand die Pressekonferenz statt, bei der mein Mann, Heinz Tesar und Rudi Fuchs das neue Museum und die Sammlung vorstellten. Auch der künstlerische Beirat war erschienen. Zahlreiche Journalisten hatten sich für Interviews angemeldet und gingen mit uns im Stundentakt durch das neue Haus. Es war doch für Österreich etwas ungewöhnlich, ein ausschließlich privat finanziertes Kunstmuseum zu errichten und zu betreiben. Wir waren auch mit der Frage konfrontiert, ob wir uns als Mäzene sehen. »Kunstmäzen« – das klang uns doch zu abgegriffen, zu generös, zu gönnerhaft! Die Kunst braucht keine Brosamen und kein Gnadenbrot. Kunst bereichert unser Leben, erweitert den Horizont und ist ein wichtiges Fundament der Gesellschaft. Wir verstehen uns eher als Multiplikatoren. Das hatten wir bereits mit den Ausstellungen im Schömer-Haus versucht. Aber mit dem *Essl Museum* hat unser Anliegen eine neue Dimension bekommen.

Auch wurden wir gefragt, ob unsere Sammlung denn komplett sei. Aber was ist schon komplett? Natürlich, jeder, der sammelt, muss sich auf ein spezielles Gebiet fokussieren, doch wirklich vollständig sind Sammlungen nie. Es hat einen besonderen Reiz, ein Kunstwerk dem anderen hinzuzufügen. Dies ist wie ein Puzzle, das man im Laufe der Zeit zu vervollständigen sucht. Wie groß war nun die Freude, für all diese Künstlerpersönlichkeiten mit ihrem jeweiligen Œuvre einen geeigneten Ort der Präsentation geschaffen zu haben.

Zur Voreröffnung am späten Nachmittag des 4. November wurde wegen des enormen Andrangs das große Tor, das eigentlich für die Kunsttransporte vorgesehen ist, geöffnet. Unzählige festlich gekleidete Menschen strömten ins Museum. Die Zufahrtsstraßen waren völlig verstopft. Das hatten wir nicht erwartet. Karlheinz und ich standen in der großen Halle, wo wir unsere Gäste begrüßten. Ich hatte mir ein festliches Kostüm zugelegt, das meine Schneiderin in Anlehnung an das Gemälde Jörg Immendorffs »In meinem Salon ist Österreich« angefertigt hatte. Karlheinz trug einen schwarzen Anzug mit einer Immendorff-Krawatte. Neben uns standen Heinz Tesar und Rudi Fuchs, genauso aufgeregt wie wir. Wir versuchten es uns nicht anmerken zu lassen. Aber natürlich hatte auch ich mich vor der Eröffnung gefragt: Werden wir uns neben den großen Wiener Museen behaupten können? Wie würde die Kunstszene Wiens über uns denken? Aber das waren alles Fragen, die wir uns nach dem übermäßigen Besucher-

Prominenz bei der Eröffnung: Landeshauptmann Erwin Pröll, Bundespräsident Thomas Klestil mit Gattin (von rechts nach links), 1999

andrang nicht mehr zu stellen brauchten. Alle waren sie gekommen: das kunstinteressierte in- und ausländische Publikum, Sammler, Museumsdirektoren, Galeristen, Architekten, Journalisten und viele der Künstler, deren Werke sich in unserer Sammlung befinden. Die Zufriedenheit und Begeisterung, die insbesondere die Künstler zeigten, machten mich glücklich. Jörg Immendorff schloss mich in seine Arme und stellte mir seine junge Begleiterin vor, die später seine Frau werden sollte. Künstler, die sonst in Konkurrenz standen, gingen freudig aufeinander zu und genossen die Atmosphäre dieses Abends. Das ließ in mir das beglückende Gefühl aufkommen, gemeinsam mit meinem Mann ein Forum für die Kunst unserer Zeit geschaffen zu haben. Hier sollten Diskussionen stattfinden und Menschen für die Auseinandersetzung mit Kunst gewonnen werden.

Immer mehr Menschen drängten sich durch die Ausstellungsräume. Es war unmöglich, die Kunstwerke gebührend zu betrachten. Wie es so meine Art ist, suchte ich ein stilleres Plätzchen in einem der

Virginia Zabriskie zu Besuch in unserem Museum, 1999

Galerieräume. Aber auch hier war es mit der Beschaulichkeit bald vorbei. Wieder schwirrten Fotografen um uns herum. Für sie war es wichtig, die Prominenz ins Bild zu bekommen. Karlheinz und ich kümmerten uns vor allem auch um bedeutende Persönlichkeiten der Kunstwelt. Uns zur Seite standen das gesamte Museumsteam und viele unserer bauMax-Mitarbeiter. Es war ein glücklicher Tag, und ich wurde nicht müde, dieses Jahrhundertereignis zu genießen.

Der Feierlichkeiten nicht genug fand am späten Vormittag des kommenden Tages die offizielle Eröffnung statt. Bundespräsident Thomas Klestil, der Generalabt des Stiftes Klosterneuburg Bernhard Backovsky mit einer Abordnung seiner Chorherren, der niederösterreichische Landeshauptmann Erwin Pröll, der Bürgermeister Gottfried Schuh und der protestantische Pfarrer unserer Gemeinde, Julian Satorius, hielten Ansprachen. Ein rot-weiß-rotes Band wurde durchgeschnitten. Somit wurde das Museum offiziell seiner Bestimmung übergeben. Am Abend fanden sich wiederum unzählige Künstler und Kunstinteressierte ein. Unsere Kunstvermittler waren bereits in den

Sälen verteilt und gingen auf die Menschen zu, um sie mit der Kunst der Gegenwart vertraut zu machen.

Für den darauffolgenden Tag hatte sich zu meiner große Freude meine Lehrmeisterin Virginia Zabriskie aus New York angemeldet, in deren Galerie ich 1959 das erste Mal mit aktueller Gegenwartskunst in Berührung gekommen war. Ihr Besuch war ein besonderes Geschenk für mich. Gemeinsam mit ihrer Freundin, der Wiener Galeristin Grita Insam, hatten wir zunächst eine gemütliche Jause bei uns zu Hause. Wie überrascht war Virginia, als sie hier unter den vielen prominenten Künstlern auch amerikanische vertreten sah. Als ich ihr die englische Ausgabe des Eröffnungskataloges überreichte und sie darauf aufmerksam machte, dass auch sie darin erwähnt sei, strahlte sie mich an. Abends luden wir die beiden Galeristinnen in unser Lieblingsrestaurant ins Wiener Palais Schwarzenberg ein. Man hatte für uns einen besonders schönen Tisch an der Fensterfront reserviert. Gerade als wir den Nachtisch bestellt hatten, fand im Park vor unseren Augen ein prachtvolles Feuerwerk statt. Ich war ebenso überrascht wie unsere Gäste. Lächelnd meinte ich: »Virginia, das haben wir für dich arrangiert!«

In Wirklichkeit fand in den oberen Räumlichkeiten eine Hochzeit statt, für die das Feuerwerk ausgerichtet worden war. Ich wollte meine euphorische Aussage gleich korrigieren, aber ich konnte Virginia nicht umstimmen. Sie nahm das Ereignis als mein Geschenk an sie und war selig wie ein kleines Mädchen vor einem hell erleuchteten Weihnachtsbaum.

* * * * *

Meinem Mann und mir wurde spätestens jetzt, nachdem das Museum eröffnet war, bewusst, dass wir mit unserer Sammlung einen Schatz besitzen, der in weiten Teilen die Kunstgeschichte der letzten fünfzig Jahre zum Inhalt hat. Dies bedeutet für uns eine Verantwortung, der wir mit besten Kräften, Engagement und Begeisterung entsprechen wollen.

Mit unseren Kindern und dem Familienbeirat berieten wir, wie und in welcher Form wir diesem Auftrag gerecht werden können. Die Kunstwerke sollen langfristig der Allgemeinheit erhalten bleiben, darüber waren wir uns einig. Jedes unserer Kinder hat diese Entscheidung voll mitgetragen; sind sie es doch, die diese Aufgabe in Zukunft übernehmen und an die nächsten Generationen weiterreichen sollen. Dies entspricht unserem protestantischen Verständnis, dass die Früchte unserer Arbeit auch unseren Mitmenschen zugutekommen sollen. Die Kunst, der wir verpflichtet sind und die uns stets inspiriert und beflügelt hat, soll durch die vielfältigen Möglichkeiten und Aktivitäten, die das *Essl Museum* jetzt bietet, viele Menschen erreichen und ihr Leben bereichern.

Die adäquate Form, das wurde uns bald bewusst, würde die Errichtung einer Stiftung sein. Sie soll den Geist und den Auftrag der Gründer weitertragen. Kunstbegeisterte Mitglieder unserer Familie sollen dem Stiftungsvorstand zu Seite stehen. So wurde die »Sammlung Essl Privatstiftung« ins Leben gerufen. Es ist unser inniger Wunsch, dass unser Werk und Wirken erhalten und in unserem Geist weitergeführt wird.

Mein Mann und ich, 2009

Epilog

Agnes Essl im Gespräch mit Gert Dressel

GD: Wenn man über das eigene Leben schreibt, kann man ja nie das ganze eigene Leben erzählen. Man vergisst immer etwas, und man muss ein Ende setzen, auch wenn das Leben noch weiterverläuft. Sie beschließen Ihre Erinnerungen mit der Eröffnung des Essl Museums 1999.

AE: Ja, ich schließe ab mit diesem damaligen Höhepunkt. Dabei hat neulich ein Bekannter zu mir gesagt: »Viel Spannendes ist erst später geschehen.« Damit hat er schon recht. Wir mussten überlegen, wie wir nach der Eröffnung mit Ausstellungen, Konzepten und Programmen Leben in das Essl Museum bringen könnten. In unserem Museum ist es möglich, drei unterschiedliche Ausstellungen gleichzeitig zu präsentieren, und wir gestalten zehn davon pro Jahr. Eine Aufgabe, der wir uns mit mehr als fünfzig Mitarbeitern im Museum gerne stellen. Dazu muss uns immer etwas Neues einfallen, und das ist eine interessante Herausforderung. Auch ist es ein enormer Aufwand, mit anderen Museen zusammenzuarbeiten, um ihnen Kunstwerke aus unserer Sammlung zur Verfügung zu stellen. Aber wir fühlen uns den Künstlern verpflichtet, die Werke, die uns anvertraut worden sind, publik zu machen. Für diese ist es wichtig, in Ausstellungen so oft wie möglich präsent zu sein.

Ich hätte auch noch mehr über meinen Mann und mich schreiben können. Dass wir gemeinsam sammeln, hat etwas sehr Verbindendes. Karlheinz hat zu meinem Glück nichts dagegen, wenn ich Kunstwerke, die mir besonders am Herzen liegen, ankaufe. Es gibt ja Werke, die er nie sammeln würde, die aber immer wieder in Ausstellungen ihren Platz finden. Dagegen habe ich mit gewissen Kunsttendenzen manchmal Probleme. Wir haben durchaus unterschiedliche Zugänge zur Kunst: Mein Mann liest sehr viel über die Künstler und ihre Werke. Ich liebe das unmittelbare Kunsterlebnis und den persönlichen Kontakt mit unseren Künstlern. In Gesprächen wird mir vieles klar.

Es geschieht sehr selten, dass ich einen Künstler sammle, ohne ihn zu kennen. Es sind auch viele Freundschaften entstanden, über die ich leider nur unzureichend berichten konnte. Über meine Freundschaft mit Freda Meissner-Blau, die mir sehr wichtig ist, hätte ich gerne auch mehr erzählt. Der freundschaftliche Kontakt mit ihr hat aber erst nach 1999 stattgefunden. Irgendwann muss man doch chronologisch einen Punkt machen.

»Wie ein gewebter Teppich?« Warum haben Sie diesen Titel für Ihr Buch gewählt?

Ursprünglich habe ich ja an »Der rote Faden« gedacht, weil ich ihn in der Erinnerung an mein Leben immer wieder gesucht habe, wenn ich mich an meinen Computer gesetzt und weitergeschrieben habe. Es sind ja so viele Dinge in meinem Leben zusammengekommen, nicht nur die Kunst, sondern auch das Geschäft, die Kinder, die Familie, die Freunde und vieles mehr – und alles, alle Fäden fügen sich eigentlich zu einem gewebten Teppich zusammen. Außerdem liebe ich künstlerische Teppiche. Dass ich als Coverhintergrund eine Tapisserie von Franka Lechner ausgewählt habe, ist natürlich nicht zufällig.

Jeder Mensch ist in gewisser Weise ein Kind seiner Zeit und seines Milieus, in der und in das er hineingeboren wird und aufwächst. Wie sehen Sie das für sich selbst?

Ich wurde – und darüber schreibe ich ja auch – in meinem Elternhaus ziemlich streng erzogen. Es war wohl auch die Zeit im und nach dem Zweiten Weltkrieg, die dafür verantwortlich ist, neben der pietistischen Einstellung meiner Mutter. Als Pflegekind in der Schweiz habe ich erstmals so etwas wie Freiheit und den Wunsch verspürt, ein Mensch zu sein, der selber entscheiden kann und will. Deshalb bin ich auch als junge Frau in die USA gefahren und bin dort zum ersten Mal mit moderner Kunst in Kontakt gekommen. Die Freiheit zu leben, war aber nicht immer leicht. Gerade als unsere Ehe noch sehr jung war, als wir mit der Großfamilie in meinem Elternhaus gewohnt haben, war das alles andere als ideal. Aber mit einem liebevollen Ehepartner und der Kinderschar entwickelte ich mich weiter. Unseren

Kindern dann auch ihre Freiheiten zuzugestehen, war ein Lernprozess für uns Eltern. Sobald wir merkten, dass die Kinder ihren eigenen Weg suchten, war die Zeit für uns gekommen, zeitweise auf Distanz zu gehen. Mittlerweile kann ich meinen Kindern oder Enkelkindern vorschlagen, gemeinsam zu verreisen. Und sie sagen sehr gerne zu. Wie ich ja überhaupt sagen muss, dass ich mit meinen inzwischen 75 Lebensjahren meine Freiheit gut auskosten kann. Als junge Frau hatte ich ja zum Beispiel selten die Zeit, Bücher zu lesen. Jetzt kann ich das, und ich genieße es.

Auf der anderen Seite war es in meinem Leben wirklich so: Ich bin immer wieder geführt worden, auch durch Tiefen. Möglicherweise kommt das im Buch gar nicht so sehr heraus. Zum Beispiel meine Reise in die Schweiz, davon war ich ja anfangs überhaupt nicht begeistert. Auch dass ich so viele Kinder bekommen habe, war nicht geplant, und als junge Mutter war ich schon sehr gefordert. Es gab auch bei mir immer wieder ein Auf und Ab im Leben. Aber wir als Christen leben anders als Leute, die schnell verzweifeln. Wir wissen, dass uns der Herr führt. Und ich glaube, mein Leben wäre nicht so verlaufen, wenn ich diese Gewissheit nicht gehabt hätte. Ich wäre sicher so manches Mal aus der Bahn geworfen worden. Das Leben hätte sich anders entwickelt.

Eine Autobiografie ist ja ein spezielles Genre: Die Autorin ist zugleich immer auch die Heldin, weil sie eben über das eigene Leben erzählt und damit im Mittelpunkt der Geschichte steht. Das war ja nicht immer leicht für Sie, insbesondere dieses Erzählen und Schreiben im Ich.

Ja, das stimmt. Ich stehe nicht so gerne im Mittelpunkt. Das ist etwas, was mir überhaupt nicht liegt.

Aber dennoch haben Sie dieses Buch geschrieben, nachdem ich vor vier Jahren, im Jahre 2008 ist das gewesen, damit begonnen habe, für ein Dokumentationsprojekt des Bundeslandes Niederösterreich lebensgeschichtliche Interviews mit Ihnen zu führen. Im Zuge dessen sind Sie quasi auf den Geschmack gekommen, Ihre Lebenserinnerungen selbst niederzuschreiben. Was ist jetzt bei Ihnen anders als noch vor vier Jahren?

Zunächst einmal denke ich, dass mein Mann die Geschichte anders erzählt hätte als ich. Wahrscheinlich erzählen generell Frauen ihr Leben anders als Männer. Als Mann erinnert man sich wohl weniger daran, was tief drinnen im Herzen geschieht, man erinnert sich weniger an Emotionen. Es ist einem Mann wahrscheinlich egal, und darüber kann er sich auch nicht ausdrücken. Frauen sind vermutlich offener. Ich habe meinem Mann in den letzten Jahren die einzelnen Kapitel dieses Buches immer wieder vorgelesen, und er hat mir sehr aufmerksam zugehört. Manchmal hat er erstaunt gesagt: »Dass du dich daran noch erinnerst!« Vielleicht bin ich durch das Erinnern und Schreiben überhaupt ein wenig sicherer in der Kommunikation mit Fremden geworden. Mir ist beim Schreiben auch bewusst geworden, dass ich ein sehr optischer Typ bin, und dass es für mich sehr wichtig ist, Ordnung um mich herum zu haben. Hin und wieder leidet meine Umgebung, weil ich gar so pedantisch bin. Aber für die Sammlung ist es gut, dass ich so bin. Und auch für mein Erinnern und mein Schreiben war es wichtig, dass ich so viele Unterlagen aufgehoben und geordnet hatte. Man kann sich nicht an alles erinnern. Immer wieder habe ich in meinen Dokumentationen nachgeschaut – und dann sind mir Erlebnisse eingefallen, die ich längst vergessen hatte. Beim Schreiben, aber auch wenn Sie oder andere Menschen mich in den vergangenen vier Jahren nach meinem Leben gefragt haben, ist mir deutlich geworden, was wirklich wichtig im Leben ist. Freundschaften zum Beispiel! Wenn ich Freunde gefunden habe, dann existieren sie für mich mein ganzes Leben lang. Es ist ein gegenseitiges Geben und Nehmen. Man lernt so viel voneinander. Ebenso kann man als Ehepaar, wenn man zusammenhält, viel voneinander lernen. Karlheinz und ich ergänzen uns da sehr.

Was würden Sie anderen Menschen raten, die sich überlegen, sich ebenso intensiv wie Sie an die eigene Biografie zu erinnern?

Sich des eigenen Lebens zu erinnern, ist manchmal anstrengend, aber es tut gut. Es muss kein besonderes Leben sein. Aber was ist schon besonders? Jedes Leben ist doch etwas Besonderes! Man lernt sich selbst besser kennen, indem man über das eigene Leben nachdenkt, darüber erzählt oder schreibt.

IV.

Anhang

Künstlerinnen und Künstler der Sammlung Essl

Eine Auswahl

Ài, Wèiwèi (1957) CN
Alamilla, Miguel Ángel (1955) MX
Alechinsky, Pierre (1927) BE
Anzinger, Siegfried (1953) AT
Appel, Karel (1921–2006) NL
Atelier van Lieshout (Künstlerkollektiv gegr. 1995) NL
Attersee, Christian Ludwig (1940) AT
Avramidis, Joannis (1922) AT
Axente, Teodora (1984) RO

Bacher, Markus (1983) AT
Bacon, Francis (1909–1992) GB
Baechler, Donald (1956) US
Bai, Yiluo (1968) CN
Bajević, Maja (1967) BA
Baldessari, John (1931) US
Balkenhol, Stephan (1957) DE
Baselitz, Georg (1938) DE
Baumgärtel, Tilo (1972) DE
Becher, Bernd und Hilla (1931–2007, 1934) DE
Beckman, Ford (1952) US
Beecroft, Vanessa (1969) US
Beqiri, Sokol (1964) RS
Belin, Valérie (1964) FR
Bell, Richard (1953) AU
Berg, Werner (1904–1981) AT
Bischoffshausen, Hans (1927–1987) AT
Boeckl, Herbert (1894–1966) AT
Boetti, Alighiero (1940–1994) IT
Bohatsch, Erwin (1951) AT
Bourgeois, Louise (1911–2010) FR
Brandl, Christian (1970) DE
Brandl, Herbert (1959) AT
Brauer, Arik (1929) AT
Breiter, Herbert (1927–1999) AT
Brown, Cecily (1969) GB
Brus, Günter (1938) AT
Buren, Daniel (1938) FR
Bustamante, Jean-Marc (1952) FR

Calle, Sophie (1953) FR
Chapman, Jake und Dinos (1966 und 1962) GB
Chi, Peng (1981) CN
Chia, Sandro (1946) IT
Chillida, Eduardo (1924–2002) ES
Clemente, Francesco (1952) IT
Close, Chuck (1940) US
Corneille (1922–2010) NL
Cragg, Tony (1949) GB
Crewdson, Gregory (1962) US
Cui, Guotai (1964) CN

Damisch, Gunter (1958) AT
Dater, Judy (1941) US
Demand, Thomas (1964) DE
de Maria, Nicola (1954) IT
diCorcia, Philip-Lorca (1951) US
Dier, Amadeus Erhard (1893–1968) AT
Dimitrijević, Braco (1948) BA
Dine, Jim (1935) US
Djurdjević, Biljana (1973) RS
Domig, Daniel (1983) AT
Downs, Jarinyanu David (1925–1995) AU

Ebersbach, Hartwig (1940) DE
Eder, Martin (1968) DE
Egger, Jean (1897–1934) AT
Egger-Lienz, Albin (1868–1926) AT
Eisler, Georg (1928–1998) AT
Eitel, Tim (1971) DE
Eliasson, Olafur (1967) DK
Esser, Elger (1967) DE
EXPORT, VALIE (1940) AT

Fang, Lijun (1963) CN
Fischli, Peter und Weiss, David
(1952, 1946–2012) CH
Flanagan, Barry (1941) GB
Fleury, Sylvie (1961) CH
Fontana, Lucio (1899–1968) IT
Förg, Günther (1952) DE
Fox, Judy (1957) US
Francis, Sam (1923–1994) US
Frize, Bernard (1949) FR
Frohner, Adolf (1934–2007) AT
Fronius, Hans (1903–1988) AT

Gáberová, Mira (1979) SK
gelitin/gelatin (Künstlergruppe,
gegr. 1993) AT
general idea (Künstlerkollektiv,
1967–1994) CA
Gilbert & George (1943) I, (1942) GB
Gironcoli, Bruno (1936–2010) AT
Golder, Andreas (1979) DE
Goldin, Nan (1953) US
Gormley, Antony (1950) GB
Grabmayr, Franz (1927) AT
Grosse, Katharina (1961) DE
Grosz, George (1893–1959) DE
Gudapi, Willie (1916–1996) AU
Gupta, Subodh (1964) IN
Gursky, Andreas (1955) DE
Gütersloh, Albert Paris (1887–1973) AT

Hai, Bo (1962) CN
Halley, Peter (1953) US
Hartung, Hans (1904–1989) DE
Hauser, Johann (1926–1996) AT
Hausner, Rudolf (1914–1995) AT
Havekost, Eberhard (1967) DE
Hein, Jeppe (1974) DK
Helnwein, Gottfried (1948) AT
Henning, Anton (1964) DE
Herzig, Wolfgang (1941) AT
Herzmanovsky-Orlando, Fritz von
(1877–1954) AT
Hirst, Damien (1965) GB
Hoch, Matthias (1958) DE
Hofer, Andreas (1963) DE
Hofer, Siggi (1970) IT
Höfer, Candida (1944) DE
Hoke, Giselbert (1927) AT
Hollegha, Wolfgang (1929) AT
Höller, Carsten (1961) DE
Holzer, Jenny (1950) US
Hradil, Rudolf (1925–2007) AT
Hrdlicka, Alfred (1928–2009) AT
Hundertwasser, Friedensreich
(1928–2000) AT
Hütte, Axel (1951) DE
Hutter, Wolfgang (1928) AT

Immendorff, Jörg (1945–2007) DE
IRWIN (Künstlerkollektiv,
gegr. 1983) SL
Isepp, Sebastian (1884–1954) AT

Jagamara, Michael Nelson (1949) AU
Jampijinpa, Kaapa Mbetyane
(1920–1989) AU
Jangala, Abie (Walpajirri) (1919–?)
AU
Jha, Manisha (1970) IN
Jorn, Asger (1914–1973) DK

Jungwirth, Martha (1940) AT
Jürgenssen, Birgit (1949–2003) AT

Kandl, Johanna (1954) AT
Kapoor, Anish (1954) IN
Karamustafa, Gülsün (1946) TR
Katz, Alex (1927) US
Kelley, Mike (1954–2012) US
Kiefer, Anselm (1945) DE
Kippenberger, Martin (1953–1997) DE
Kirkeby, Per (1938) DK
Kngwarreye, Emily Kame (1910–1996) AU
Knoebel, Imi (1940) DE
Kobe, Martin (1973) DE
Kocherscheidt, Kurt (1943–1992) AT
Kodritsch, Ronald (1970) AT
Kogelnik, Kiki (1935–1997) AT
Kogler, Peter (1959) AT
Kokoschka, Oskar (1886–1980) AT
Kolig, Anton (1886–1950) DE/AT
Kolig, Cornelius (1942) AT
Komu, Riyas (1971) IN
Korab, Karl (1937) AT
Kørner, John (1967) DK
Kosuth, Joseph (1945) US
Kounellis, Jannis (1936) GR
Kowanz, Brigitte (1957) AT
Kowski, Uwe (1963) DE
Krawagna, Peter (1937) AT
Krystufek, Elke (1970) AT
Kubin, Alfred (1877–1959) AT

Lafontaine, Marie-Jo (1950) BE
Land, Peter (1966) DK
Lassnig, Maria (1919) AT
Lebschik, Marie Luise (1952) AT
Lechner, Franka (1944) AT
Lehmden, Anton (1929) AT
LeWitt, Sol (1928–2007) US
Lezama, Daniel (1968) MX
Liu, Wei (1972) CN
Longo, Robert (1953) US
Louis, Morris (1912–1962) US
Loy, Rosa (1958) DE
Lüpertz, Markus (1941) DE

Maciejowski, Marcin (1974) PL
Mahringer, Anton (1902–1974) DE/AT
Mathieu, Georges (1921–2012) FR
Mayer, Maix (1960) DE
McCarthy, Paul (1945) US
McKenzie, Queenie Nakarra (1930–1998) AU
Meese, Jonathan (1970) DE
Melgaard, Bjarne (1967) NO
Merz, Mario (1925–2003) IT
Messensee, Jürgen (1936) AT
Miao, Xiaochun (1964) CN
Mikl, Josef (1929–2008) AT
Milpurrurru, George (1934–1998) AU
Mlenek, Hannes (1949) AT
Moffatt, Tracey (1960) AU
Moldovan, Kurt (1918–1977) AT
Moll, Carl (1861–1945) AT
Morimura, Yasumasa (1951) JP
Morris, Sarah (1967) GB
Mosbacher, Alois (1954) AT
Moser, Karl (?) DE
Muehl, Otto (1925) AT
Muñoz, Juan (1953–2001) ES
Muntean, Markus/Rosenblum, Adi (1962) AT/IL
Mušić, Zoran (1909–2005) SL

Nepraš, Jakub (1981) CZ
Neshat, Shirin (1957) IR
Niedermayr, Walter (1952) IT

Nitsch, Hermann (1938) AT
Nitsche, Frank (1964) DE

Oberhuber, Oswald (1931) AT
Oehlen, Albert (1954) DE
Oehlen, Markus (1956) DE
Ofili, Chris (1968) GB
Okamoto, Yoichi (1915–1985) JP
Oman, Valentin (1935) AT
Opie, Julian (1958) GB
Orozco, Gabriel (1962) MX
Oursler, Tony (1957) US

Paik, Nam June (1932–2006) US
Pakosta, Florentina (1933) AT
Paladino, Mimmo (1948) IT
Penck, A. R. (1939) DE
Penny, Evan (1953) CA
Pettibon, Raymond (1957) US
Petyarre, Kathleen (1940) AU
Pichler, Walter (1936–2012) AT
Pisalkar, Sandip (1978) IN
Pistoletto, Michelangelo (1933) IT
Plavčak, Katrin (1970) DE
Plessi, Fabrizio (1940) IT
Poirier, Anne & Patrick (1942) FR
Polke, Sigmar (1941–2010) DE
Ponger, Lisl (1947) DE
Pongratz, Peter (1940) AT
Pousttchi, Bettina (1971) DE
Prachensky, Markus (1932–2011) AT
Prantl, Karl (1923–2010) AT

Quinn, Marc (1964) GB

R, Tal (1967) DL/IL
Rabinovich, Ilya (1965) MD
Rainer, Arnulf (1929) AT
Rauch, Neo (1960) DE
Rehberger, Tobias (1966) DE
Renner, Lois (1961) AT
Rheims, Bettina (1952) FR
Richter, Daniel (1962) DE
Richter, Gerhard (1932) DE
Ringel, Franz (1940–2011) AT
Rockenschaub, Gerwald (1952) AT
Roggan, Ricarda (1972) DE
Rondinone, Ugo (1964) CH
Rong Rong (1968) CN
Roth, Dieter (1930–1998) CH
Ruckhäberle, Christoph (1972) DE
Ruff, Thomas (1958) DE
Rühm, Gerhard (1930) AT
Ruyter, Lisa (1968) US

Saint Phalle, Niki de (1930–2002) FR
Salle, David (1952) US
Salzmann, Gottfried (1943) AT
Saura, Antonio (1930–1998) ES
Sawada, Tomoko (1977) JP
Scheibl, Hubert (1952) AT
Schellander, Meina (1946) AT
Schilling, Alfons (1934) CH/AT
Schinwald, Markus (1973) AT
Schlegel, Eva (1960) AT
Schmalix, Hubert (1952) AT
Schnabel, Julian (1951) US
Schnell, David (1971) DE
Schnur, Martin (1964) AT
Schönwald, Rudolf (1928) AT
Schwarzkogler, Rudolf (1940–1969) AT
Schwontkowski, Norbert (1949) DE
Scully, Sean (1945) IE
Šedá, Kateřina (1977) CZ
Sengl, Deborah (1974) AT
Sengl, Peter (1945) AT
Sherman, Cindy (1954) US
Shkololli, Erzen (1976) RS

Sierra, Santiago (1966) ES
Silvis, John (1970) US
Soulages, Pierre (1919) FR
Spoerri, Daniel (1930) CH
Staudacher, Hans (1923) AT
Stella, Frank (1936) US
Stocker, Esther (1974) IT
Struth, Thomas (1954) DE
Szüts, Barbara (1952) AT

Taaffe, Philip (1955) US
Tàpies, Antoni (1923–2012) ES
Taylor-Wood, Sam (1967) GB
Thomas, Rover Julama (1926–1998) AU
Thöny, Wilhelm (1888–1949) AT
Tjakamarra, Anatjari (1930–1992) AU
Tjampitjinpa, Ronnie (1943) AU
Tjangala, Uta Uta (1920–1990) AU
Tjapaltjarri, Clifford Possum (1932–2002) AU
Tjapaltjarri, Mick Namarari (1926–1998) AU
Tjapangarti, Wimmitji (1925–2000) AU
Tjungurrayi, Yala Yala Gibbs (1925–1999) AU
Tjupurrula, Johnny Warangkula (1932–2001) AU
Tobias, Gert und Uwe (1973) RO/DE
Trockel, Rosemarie (1952) DE
Tschirtner, Oswald (1920–2007) AT

Uecker, Günther (1930) DE

Vallazza, Markus (1936) IT
Vasarely, Victor (1908–1997) FR
Vedova, Emilio (1919–2006) IT
Venet, Bernar (1941) FR
Viola, Bill (1951) US
Viskin, Boris (1960) MX
Vitali, Massimo (1944) IT

Walde, Alfons (1891–1958) AT
Walla, August (1936–2001) AT
Wang, Guangyi (1957) CN
Weiler, Max (1910–2001) AT
Weischer, Matthias (1973) DE
West, Franz (1947–2012) AT
Wiegele, Franz (1887–1944) AT
Wolf, Clemens (1981) AT
Wotruba, Fritz (1907–1975) AT
Wukounig, Reimo S. (1943) AT
Wurm, Erwin (1954) AT

Yang, Shaobin (1963) CN
Yirawala, Billy (1905–1976) AU
Yue, Minjun (1962) CN

Zadrazil, Franz (1942–2005) AT
Zechner, Johanes (1953) AT
Zeppel-Sperl, Robert (1944–2005) AT
Zhang, Xiaogang (1958) CN
Zitko, Otto (1959) AT
Zobernig, Heimo (1958) AT

Personenregister

Danksagung

Dieses Buch hätte ich so nicht schreiben können, wenn mich nicht viele Menschen dabei unterstützt hätten. Mein Mann Karlheinz ist für mich in den vergangenen vier Jahren, in denen die Idee zu diesem Buch mehr und mehr gereift ist, wieder einmal ein ständiger und motivierender Begleiter gewesen. Zahlreiche Gespräche mit meiner Schwester Lore haben meine Herkunft und Kindheit wieder lebendig werden lassen. Einmal mehr konnte ich mich auch auf die Mitarbeiterinnen und Mitarbeiter unseres Museums verlassen, allen voran auf Erwin Uhrmann, Renate Claudi und viele andere aus dem Team, die bei der Fertigstellung des Buches Arbeiten, die ich nicht selbst machen konnte, erledigt haben. Der Amalthea Verlag und seine Leiterin Brigitte Sinhuber-Harenberg haben sich letztlich dazu entschlossen, das Buch in ihr Programm aufzunehmen und zu publizieren. Auch die Verlagsmitarbeiter Alfred Rankel, Ingeborg Lux, Katarzyna Lutecka und Carina Kerschbaumsteiner haben viel zur Realisierung beigetragen. Den ursprünglichen Impuls für dieses Buch lieferte übrigens der Wiener Historiker Gert Dressel. Mit Unterstützung des Niederösterreichischen Landesarchivs und der IFF (Fakultät für Interdisziplinäre Forschung und Fortbildung) Wien der Alpen-Adria-Universität begann er 2008 im Rahmen eines biografischen Projekts damit, mich über mein Leben zu befragen. Er war es auch, der mich infolge in meinem Erinnerungs- und Schreibprozess begleitete und beriet und letztlich die vielen von mir geschriebenen Seiten für das Buch redigierte. Schließlich gibt es zahlreiche weitere Personen, die hier nicht alle genannt werden können oder wollen, die das Manuskript oder Teile daraus kritisch gelesen oder die mich zwischenzeitlich immer wieder motiviert haben, mein Vorhaben, mein Leben niederzuschreiben, auch fortzusetzen und zu Ende zu führen. All den Genannten und Ungenannten möchte ich von ganzem Herzen danken.

Agnes Essl, im Juli 2012

Bildnachweis

Budd New York (S. 63), Frank Garzarolli (S. 127, 286), Graphisches Atelier Neumann Wien (S. 167), Mischa Nawrata Wien (S. 171), Franz Hubmann (S. 180, 204), Flugphotographie Frank & Popelka Wien (S. 187), Archiv Maria Lassnig (S. 189), Ali Schafler Wien (S. 202), Archiv der Autorin